JURISTISCHE
FALL-LÖSUNGEN

———

Hilgendorf
Fälle zum Strafrecht für
Fortgeschrittene

Fälle zum Strafrecht für Fortgeschrittene

Klausurenkurs II

von

Dr. Dr. Eric Hilgendorf
o. Professor an der Universität Würzburg

Verlag C. H. Beck München 2010

Verlag C. H. Beck im Internet:
beck.de

ISBN 978 3 406 58021 5

© 2010 Verlag C. H. Beck oHG
Wilhelmstraße 9, 80801 München
Druck und Bindung: Nomos Verlagsgesellschaft
In den Lissen 12, 76547 Sinzheim

Satz: Druckerei C. H. Beck Nördlingen

Gedruckt auf säurefreiem, alterungsbeständigem Papier
(hergestellt aus chlorfrei gebleichtem Zellstoff)

Vorwort

Band 2 folgt der im Vorwort von Band 1 beschriebenen Methodik. Die Fälle sind von mittlerem bis hohem Schwierigkeitsgrad.

Für tatkräftige Unterstützung danke ich herzlich *Achim Bischof, Christopher Jones, Susanne Beck* und *Susanne Röchner.*

Würzburg, im Januar 2010   *Eric Hilgendorf*

Inhaltsverzeichnis

Abkürzungsverzeichnis

a.A.	andere Ansicht
Abs.	Absatz
a.E.	am Ende
a.F.	alte Fassung
alic.	actio libera in causa
ArbGG	Arbeitsgerichtsgesetz
AT	Allgemeiner Teil
Aufl.	Auflage
BAK	Blutalkoholkonzentration
BayObLG	Bayerisches Oberstes Landesgericht
Bd.	Band
BGB	Bürgerliches Gesetzbuch
BGH	Bundesgerichtshof
BGHSt	Sammlung der Entscheidungen des Bundesgerichtshofes in Strafsachen
BT	Besonderer Teil
BT-Drs.	Bundestags-Drucksache
BVerfG	Bundesverfassungsgericht
bzgl.	bezüglich
bzw.	beziehungsweise
d.h.	das heißt
e.A.	eine Ansicht
f.	folgende
ff.	fortfolgende
FS	Festschrift
GA	Goltdammers Archiv für Strafrecht
gem.	gemäß
GmbH	Gesellschaft mit beschränkter Haftung
GS	Großer Senat
h.L.	herrschende Lehre
h.M.	herrschende Meinung
i.S.	im Sinne
i.S.d.	im Sinne des/r
i.S.v.	im Sinne von
i.V.m.	in Verbindung mit
JA	Juristische Arbeitsblätter
JR	Juristische Rundschau
Jura	Juristische Ausbildung
JuS	Juristische Schulung
JW	Juristische Wochenschrift
JZ	Juristenzeitung
lit.	litera
m.Anm.	mit Anmerkung
m.w.N.	mit weiteren Nachweisen
NJW	Neue Juristische Wochenschrift
Nr.	Nummer

NStZ	Neue Zeitschrift für Strafrecht
NStZ-RR	Neue Zeitschrift für Strafrecht – Rechtsprechungsreport
o. ä.	oder Ähnliches
OLG	Oberlandesgericht
RGSt	Sammlung der Entscheidungen des Reichsgerichts in Strafsachen
Rn.	Randnummer
Rspr.	Rechtsprechung
S.	Satz, Seite, siehe
s. o.	siehe oben
sog.	so genannte(r/s)
StGB	Strafgesetzbuch
StPO	Strafprozessordnung
str.	strittig
StrÄndG	Strafrechtsänderungsgesetz
StV	Strafverteidiger
unstr.	unstrittig
Var.	Variante
vgl.	vergleiche
z. B.	zum Beispiel
ZJS	Zeitschrift für das Juristische Studium
z. N.	zum Nachteil
ZPO	Zivilprozessordnung
ZStW	Zeitschrift für die gesamte Strafrechtswissenschaft

Literaturverzeichnis

Arzt/Weber/Heinrich/Hilgendorf, BT .. *Arzt/Weber/Heinrich/Hilgendorf,* Strafrecht Besonderer Teil, 2. Aufl., 2009

Auer/Menzel/Eser .... *Auer/Menzel/Eser*, Zwischen Heilauftrag und Sterbehilfe, 1977

Baumann/Weber/Mitsch, AT .... *Baumann/Weber/Mitsch*, Strafrecht Allgemeiner Teil, 11. Aufl., 2003

BeckOK-StGB/*Bearbeiter* .... Beck'scher Online-Kommentar Strafgesetzbuch, 8. Aufl., 2009

BeckOK-StPO/*Bearbeiter* .... Beck'scher Online-Kommentar Strafprozessordnung, 3. Aufl., 2009

Beulke .... *Beulke*, Strafprozessrecht, 10. Aufl., 2008

Beulke, Klausurenkurs II .... *Beulke*, Klausurenkurs im Strafrecht II, 2007

Eisele .... *Eisele*, Strafrecht Besonderer Teil II, 2009

Fischer .... *Fischer*, Strafgesetzbuch, 56. Aufl., 2009

Frister, AT .... *Frister*, Strafrecht – Allgemeiner Teil, 4. Aufl., 2009

Gössel, BT2 .... *Gössel*, Strafrecht Besonderer Teil 2, 1996

Gössel/Dölling, BT 1 .... *Gössel/Dölling*, Strafrecht Besonderer Teil 1, 2. Aufl., 2004

Gropp, AT .... *Gropp*, Strafrecht Allgemeiner Teil, 3. Aufl., 2005

Haft, AT .... *Haft*, Strafrecht– Allgemeiner Teil, 9. Aufl., 2009

Haft, BT II .... *Haft*, Strafrecht– Besonderer Teil II, 8. Aufl., 2005

Haft/Hilgendorf, BT I .... *Haft/Hilgendorf*, Strafrecht – Besonderer Teil I, 9. Aufl., 2009

Heinrich, AT II .... *Heinrich*, Strafrecht – Allgemeiner Teil II, 2. Aufl., 2010

Hilgendorf .... *Hilgendorf*, Tatsachenaussagen und Werturteile im Strafrecht, 1998

Hilgendorf/Frank/Valerius .... *Hilgendorf/Frank/Valerius*, Computer- und Internetstrafrecht, 2005

Hillenkamp, AT .... *Hillenkamp*, 32 Probleme aus dem Strafrecht – Allgemeiner Teil, 12. Aufl., 2006

Hillenkamp, BT .... *Hillenkamp*, 40 Probleme aus dem Strafrecht – Besonderer Teil, 11. Aufl., 2009

Jakobs .... *Jakobs*, Strafrecht – Allgemeiner Teil, 2. Aufl., 1993

Jauernig/Bearbeiter .... *Jauernig*, Bürgerliches Gesetzbuch, 13. Aufl., 2009

Jescheck/Weigend, AT .... *Jescheck/Weigend*, Lehrbuch des Strafrechts, Allgemeiner Teil, 5. Aufl., 1996

Joecks .... *Joecks*, Strafgesetzbuch, 7. Aufl., 2008

Kindhäuser, AT .... *Kindhäuser*, Strafrecht – Strafrecht Allgemeiner Teil, 3. Aufl., 2008

Kindhäuser, BT I .... *Kindhäuser*, Strafrecht – Besonderer Teil 1, 4. Aufl., 2009

Kindhäuser, BT II .... *Kindhäuser*, Strafrecht – Besonderer Teil 2, 5. Aufl., 2008

Köhler/Bornkamm .... *Köhler/Bornkamm*, Gesetz gegen den unlauteren Wettbewerb, 27. Aufl., 2009

Krey/Heinrich, BT I .... *Krey/Heinrich*, Strafrecht Besonderer Teil Bd. 1, 14. Aufl., 2008

Krey/Hellmann, BT II .... *Krey/Hellmann*, Strafrecht Besonderer Teil Bd. 2, 15. Aufl., 2008

Kühl, AT .... *Kühl*, Strafrecht – Allgemeiner Teil, 6. Aufl., 2008

Lackner/Kühl .... *Lackner/Kühl*, Strafgesetzbuch, 26. Aufl., 2007

LK/*Bearbeiter* .... Leipziger Kommentar zum Strafgesetzbuch, 12. Aufl., 2006 ff.; 11. Aufl., 1992 ff.

Maurach/Schroeder/Maiwald, BT 1 ..... *Maurach/Schroeder/Maiwald*, Strafrecht – Besonderer Teil 1, 10. Aufl., 2009

Meyer-Goßner .... *Meyer-Goßner*, Strafprozessordnung, 52. Aufl., 2009

MünchKomm/*Bearbeiter* .... Münchener Kommentar zum Strafgesetzbuch, 2003 ff.

NK/*Bearbeiter*	*Kindhäuser/Neumann/Paeffgen,* Nomos–Kommentar, Strafgesetzbuch, 3. Aufl., 2009
Otto, AT	*Otto,* Grundkurs Strafrecht – Allgemeine Strafrechtslehre (AT), 7. Aufl., 2004
Otto, BT	*Otto,* Grundkurs Strafrecht – Die einzelnen Delikte (BT), 7. Aufl., 2005
Pfeiffer	*Pfeiffer,* Strafprozessordnung, 5. Aufl., 2005
Rengier, AT	*Rengier,* Strafrecht – Besonderer Teil I, 11. Aufl., 2009
Rengier, BT I	*Rengier,* Strafrecht – Besonderer Teil II, 10. Aufl., 2009
Roxin, AT I	*Roxin,* Strafrecht – Allgemeiner Teil I, 4. Aufl., 2006
Schmidhäuser, AT	*Schmidhäuser,* Strafrecht – Allgemeiner Teil, 1982
Schmidhäuser, BT	*Schmidhäuser,* Strafrecht, Besonderer Teil, 2. Aufl., 1983
Schönke/Schröder/*Bearbeiter*	*Schönke/Schröder,* Strafgesetzbuch, 27. Aufl., 2006
SK/*Bearbeiter*	*Rudolphi/Horn/Samson,* Systematischer Kommentar zum Strafgesetzbuch (Loseblatt), 116. Ergänzungslieferung, Stand: 11/2008
Stratenwerth/Kuhlen, AT I	*Stratenwerth/Kuhlen,* Allgemeiner Teil I, 5. Aufl., 2004
Welzel	*Welzel,* Das deutsche Strafrecht, 11. Aufl., 1969
Wessels/Beulke, AT	*Wessels/Beulke,* Strafrecht Allgemeiner Teil, 39. Aufl., 2009
Wessels/Hettinger, BT 1	*Wessels/Hettinger,* Strafrecht Besonderer Teil/1, 33. Aufl., 2009
Wessels/Hillenkamp, BT 2	*Wessels/Hillenkamp,* Strafrecht Besonderer Teil/2, 32. Aufl., 2009
Zieschang	*Zieschang,* Strafrecht – Allgemeiner Teil, 2. Aufl., 2009

Fall 1. Handtaschenraub

Sachverhalt

Handtaschendieb T hat es auf die Tasche der 70-jährigen O abgesehen. Von hinten nähert er sich seinem Opfer und reißt ihr die Handtasche von der Schulter. O kommt dabei ins Straucheln und stürzt zu Boden, wobei sie sich den Arm bricht. Das hatte T nicht vorausgesehen. Er schaut kurz zurück und überlegt, ob er O helfen solle. Aus Angst, gefasst zu werden, wendet er sich aber wieder um, rennt davon und lässt die O mit schmerzverzerrtem Gesicht liegen. Einige hundert Meter weiter und außer Sichtweite der O wirft er, wie er es von Anfang an geplant hatte, den gesamten Inhalt der Tasche mit Ausnahme der Geldbörse fort. Die Geldbörse steckt er ein, um sie für sich zu behalten. Die Handtasche, die er eigentlich ebenfalls selbst behalten wollte, schenkt er aus einem spontanen Impuls der gerade vorbeikommenden Passantin P. P hält es zwar für sehr wahrscheinlich, dass die Tasche unrechtmäßig erworben sein könnte, nimmt die Tasche aber dennoch entgegen, weil sie ihr gut gefällt. Ein weiterer Passant, Q, der die Übergabe der Tasche beobachtet, glaubt ebenfalls nicht, dass die Tasche T gehört. Aus Bequemlichkeit unternimmt er jedoch nichts. Als er später von der Polizei vernommen wird, legt er ein von ihm unterschriebenes Papier vor, in dem er erklärt, von einer Übergabe nichts gesehen zu haben. Die Polizei kann daher die Vorgänge um P und T erst nach weiteren langwierigen Recherchen aufklären, wobei nicht klar ist, ob und inwieweit die Aussage des Q diese Recherchen hätte vermeiden können.

Wie haben sich T, P und Q strafbar gemacht?

Gliederung

Lösung

I. Strafbarkeit des T

1   **Hinweis:** Hier ist es auch denkbar, die Lösung zusätzlich zu der Einteilung nach Personen in Tatkomplexe (Wegreißen der Handtasche, Verschenken der Handtasche) zu unterteilen. Da die Strafbarkeit der Beteiligten P und Q nur einen Bereich betrifft, ist dies aber nicht zwingend.

1. Raub, § 249 Abs. 1 StGB

2   T könnte sich durch das Wegreißen der Handtasche wegen Raubes nach § 249 Abs. 1 StGB strafbar gemacht haben.

a) Tatbestand

Dazu müsste er eine fremde bewegliche Sache unter Einsatz eines qualifizierten Nö- **3** tigungsmittels weggenommen haben. Die Handtasche, eine bewegliche Sache, steht im Eigentum der O und ist somit für T fremd.

T müsste der O die Handtasche unter Anwendung von Gewalt oder durch Drohung **4** mit einer gegenwärtigen Gefahr für Leib oder Leben weggenommen haben. T hat sich der O von hinten genähert und ihr die Handtasche aufgrund seiner Schnelligkeit entrissen. Fraglich ist bereits, ob T damit Gewalt angewendet hat. Gewalt im Sinne des § 249 Abs. 1 StGB ist der körperlich wirkende Zwang durch unmittelbare oder mittelbare Einwirkung auf einen anderen, die nach Vorstellung des Täters dazu geeignet und bestimmt ist, einen tatsächlich geleisteten oder erwarteten Widerstand zu überwinden oder unmöglich zu machen.[1]

Zu beachten ist, dass aufgrund der hohen Strafandrohung des Raubtatbestandes von **5** einer restriktiven Auslegung des Gewaltbegriffs auszugehen ist. Der BGH zieht zur Einschränkung der Anwendung das Kriterium der Erheblichkeit heran.[2] Danach werden insbesondere unbedeutende Beeinträchtigungen der Körperintegrität[3] oder Handlungen, bei denen die Schnelligkeit und Ausnutzung des Überraschungsmoments im Vordergrund stehen und das Tatbild in erster Linie prägen,[4] nicht als Gewalt angesehen. Insgesamt lässt sich sagen, dass zur Gewaltanwendung der Wille gehören muss, Widerstand zu überwinden.[5] Eine allein durch Schnelligkeit und List gekennzeichnete Wegnahme und somit auch die hier vorgenommene Überwindung des üblichen Haltens der Tasche stellt demnach keine Gewaltanwendung dar.

b) Ergebnis

T hat sich nicht wegen Raubes nach § 249 Abs. 1 StGB strafbar gemacht. **6**

2. Diebstahl, § 242 Abs. 1 StGB

T könnte sich durch das Wegreißen der Handtasche jedoch wegen Diebstahls nach **7** § 242 Abs. 1 StGB strafbar gemacht haben.

a) Tatbestand

aa) Objektiver Tatbestand

Dazu müsste er eine fremde bewegliche Sache weggenommen haben. Die Handta- **8** sche ist eine fremde bewegliche Sache, s. o. Wegnahme meint den Bruch fremden sowie die Begründung neuen, nicht notwendig tätereigenen Gewahrsams.[6] Dabei ist Gewahrsam die von einem natürlichen Herrschaftswillen getragene tatsächliche Sachherrschaft unter Berücksichtigung der Verkehrsanschauung.[7] Durch das Wegreißen und Sich-Entfernen hat T den ursprünglichen Gewahrsam der O gebrochen und durch eigenen ersetzt, die Sache also weggenommen. Der objektive Tatbestand ist somit erfüllt.

---

[1] *Wessels/Hillenkamp*, BT II, Rn. 319.
[2] *BGH* StV 1990, 262; zust. MünchKomm/*Sander*, § 249 Rn. 15.
[3] Beispiel: Wegschieben der Hand eines Sterbenden von der Gesäßtasche, in der sich dessen Geldbörse befindet.
[4] Beispiel: Überraschendes Zugreifen auf eine Handtasche.
[5] *Rengier*, BT I, § 7 Rn. 12.
[6] *Fischer*, § 242 Rn. 16.
[7] BGHSt 8, 275.

bb) Subjektiver Tatbestand

9   T handelte hinsichtlich der objektiven Tatbestandsmerkmale auch willentlich und wissentlich, also mit Vorsatz im Sinne des § 15 StGB.

Zudem muss T mit Zueignungsabsicht gehandelt haben. Dazu muss er sich die Sache zumindest vorübergehend aneignen wollen und hinsichtlich einer dauerhaften Enteignung mindestens mit bedingtem Vorsatz handeln.[8] Hinsichtlich aller Gegenstände nahm er die dauerhafte Entziehung des Zugriffs der O zumindest billigend in Kauf. Dies ist für die Enteignungskomponente der Zueignungsabsicht ausreichend.

10   Allerdings müsste er zudem die Absicht gehabt haben, sich die Sache zumindest vorübergehend anzueignen, also eine eigentümerähnliche Stellung auszuüben. Hinsichtlich der Geldbörse ist dies der Fall. T will gerade diese Geldbörse behalten und handelt von Beginn an mit der Intention, diese zu erlangen. Insoweit handelt er mit Aneignungsabsicht. Dasselbe gilt hinsichtlich der Handtasche, die er ebenfalls selbst behalten wollte. Dass er später seinen Vorsatz änderte, spielt keine Rolle, es genügt die Absicht der Zueignung im Moment der Wegnahme.

11   Fraglich ist, inwieweit dies auch für den restlichen Inhalt der Handtasche zutrifft. Diesbezüglich hatte T von vornherein geplant, ihn wegzuwerfen. Insofern will er also zu keinem Zeitpunkt eine eigentümerähnliche Stellung an den Sachen erwerben. Dass er den Inhalt wegwerfen will, ist noch keine Anmaßung einer derartigen Stellung.[9] Dieses von Anfang an geplante Wegwerfen zeigt im Gegenteil, dass der Täter keinerlei Aneignungsabsicht hatte. Bezüglich des restlichen Inhalts der Handtasche fehlt es also am subjektiven Element des Diebstahls.

12   Im Übrigen war die Zueignung objektiv rechtswidrig und T hatte auch diesbezüglichen Vorsatz.

b) Rechtswidrigkeit und Schuld

13   Hinsichtlich der Geldbörse und der Handtasche, für die der Tatbestand des Diebstahls verwirklicht ist, handelte T rechtswidrig und schuldhaft.

c) Ergebnis

14   T hat sich bezüglich der Geldbörse und der Handtasche der O wegen Diebstahls nach § 242 Abs. 1 StGB strafbar gemacht.

3. Unterschlagung, § 246 Abs. 1 StGB

15   T könnte sich bezüglich der Handtasche zudem wegen Unterschlagung nach § 246 Abs. 1 StGB strafbar gemacht haben. T hat sich bezüglich der Handtasche bereits wegen Diebstahls strafbar gemacht, was einer Unterschlagung entgegenstehen könnte. Andererseits liegt im Verschenken der Handtasche eine erneute Manifestation des Zueignungswillens.

16   Die Rechtsprechung und ein Teil der Literatur sehen in solchen wiederholten Manifestationen keine Zueignungsakte, sodass eine Unterschlagung bereits tatbestandlich ausscheide (sog. Tatbestandslösung).[10]

17   Ein anderer Teil der Literatur sieht demgegenüber unabhängig von der vorhergehenden Strafbarkeit wegen Diebstahls in jeder nachfolgenden Handlung des Täters,

---

[8] Schönke/Schröder/*Eser,* § 242, Rn. 47.
[9] *Wessels/Hillenkamp*, BT 2, Rn. 138.
[10] BGHSt 14, 38; *Rengier*, BT I, § 5 Rn. 22 m.w.N.

mit der er seine eigentümerähnliche Stellung manifestiert, eine Unterschlagung, deren Strafbarkeit (als mitbestrafte Nachtat)[11] lediglich im Wege der Konkurrenz hinter die Strafbarkeit der Ursprungstat zurücktrete (sog. Konkurrenzlösung).[12] Für diese Lösung soll sprechen, dass auch deliktisch entzogene Sachen gegen weitere Eigentumsverletzungen zu schützen seien. Außerdem käme es bei Fehlen der Voraussetzungen der §§ 257, 259 StGB (Bereicherungs- bzw. Vorteilssicherungsabsicht) zu Strafbarkeitslücken bei einer Teilnahme.[13]

Für die Tatbestandslösung spricht jedoch, dass eine Zueignung schon dem Wortsinn **18** nach nur die Begründung einer eigentümerähnlichen Position, nicht auch die bloße Ausnutzung einer solchen Stellung sein kann.[14] Darüber hinaus führte die Konkurrenzlösung zu einer faktischen Aufhebung der für die Ursprungstat geltenden Verjährungsfrist. Außerdem würde sich im Rahmen der Konkurrenzlösung jemand, der dem Täter bei der zweiten Zueignung behilflich ist, wegen Beihilfe zur Unterschlagung strafbar machen, obwohl das Gesetz in den §§ 257, 259 StGB spezielle Voraussetzungen für eine Strafbarkeit von solchen Anschlusstaten verlangt.

Diese Argumente lassen die Tatbestandslösung überzeugen. Damit scheidet eine Strafbarkeit wegen Unterschlagung bereits auf Tatbestandsebene aus.

4. Fahrlässige Körperverletzung, § 229 StGB

T könnte sich durch das Umstoßen der O wegen fahrlässiger Körperverletzung **19** nach § 229 StGB strafbar gemacht haben.

Hinweis: Eine vorsätzliche Strafbarkeit kommt von vornherein nicht in Betracht, weil dem Sachver- **20** halt eindeutig zu entnehmen ist, dass T das Umstoßen nicht vorhergesehen hatte und auch nicht wollte.

a) Tatbestand

Es müsste eine körperliche Misshandlung oder Gesundheitsschädigung vorliegen. **21** Körperliche Misshandlung ist eine üble, unangemessene Behandlung, die das körperliche Wohlbefinden oder die körperliche Unversehrtheit mehr als nur unerheblich beeinträchtigt.[15] Eine Gesundheitsschädigung ist das Hervorrufen oder Steigern eines pathologischen Zustands.[16] In dem Sturz und dem Bruch des Arms liegt sowohl eine körperliche Misshandlung als auch eine Gesundheitsschädigung im Sinne des § 223 Abs. 1 StGB.

T müsste eine Sorgfaltspflicht verletzt haben, also die im Verkehr erforderliche **22** Sorgfalt außer acht gelassen haben.[17] Das gewaltsame An-Sich-Reißen einer Tasche einer Passantin stellt eine solche dar.

Dadurch wurde der Erfolg herbeigeführt; das Stoßen der O ist kausal für die kör- **23** perliche Misshandlung und Gesundheitsschädigung. Zudem ist T der Erfolg objektiv zurechenbar. Da es außerdem wahrscheinlich ist, dass eine ältere Frau, der man gewaltsam ihre Tasche entreißt, ins Straucheln kommt, dabei stürzt und sich verletzt, war der Erfolg dem T auch objektiv vorhersehbar. Der Erfolg war außerdem vermeidbar, T hätte lediglich auf das Entreißen der Tasche verzichten müssen.

---

[11] Hier wäre eine Strafbarkeit wegen der Subsidiarität gem. § 246 Abs. 1 StGB a. E. zu verneinen.

[12] Etwa Schönke/Schröder/*Eser*, § 246 Rn. 19; *Wessels/Hillenkamp*, BT 2, Rn. 303. Ausführliche Darstellung des Streites mit umfangreichen Literaturhinweisen bei *Hillenkamp*, BT, 24. Problem.

[13] *Joecks*, § 246 Rn. 29.

[14] BGHSt 14, 38.

[15] *Fischer*, § 223 Rn. 3 a m. w. N.

[16] *Fischer*, § 223 Rn. 6 m. w. N.

[17] Allgemein zur Fahrlässigkeit *Beck*, JA 2009, 111, 114.

b) Rechtswidrigkeit und Schuld

24   T handelte rechtswidrig und schuldhaft, insbesondere ist nichts dafür ersichtlich, dass für ihn der Erfolg nicht auch subjektiv vorhersehbar und vermeidbar war.

c) Ergebnis

25   T ist strafbar wegen fahrlässiger Körperverletzung nach § 229 StGB. Nach § 230 Abs. 1 StGB ist ein Strafantrag erforderlich.

5. Aussetzung, § 221 Abs. 1 Nr. 1 StGB

26   T könnte sich durch das Entfernen vom Tatort wegen Aussetzung nach § 221 Abs. 1 Nr. 1 StGB strafbar gemacht haben. Hierfür wäre jedoch erforderlich, dass sich O in der Gefahr des Todes oder einer schweren Gesundheitsbeschädigung befand. Dies war hier zu keinem Zeitpunkt der Fall. Somit ist T nicht wegen Aussetzung strafbar.

6. Körperverletzung durch Unterlassen, §§ 223 Abs. 1, 13 StGB

27   T könnte sich durch sein Wegrennen im Anschluss an die Wegnahme der Handtasche aber wegen Körperverletzung durch Unterlassen nach §§ 223 Abs. 1, 13 StGB strafbar gemacht haben.

a) Tatbestand

aa) Objektiver Tatbestand

28   Dazu müsste eine körperliche Misshandlung oder eine Gesundheitsschädigung vorliegen. Nicht eindeutig steht fest, ob der pathologische Zustand der O gegenüber dem Zustand im Zeitpunkt des Umstoßens noch verschlechtert wurde. Somit ist in dubio pro reo davon auszugehen, dass keine Gesundheitsschädigung vorliegt. Allerdings kann im Liegenlassen eines Verletzten eine üble, unangemessene Behandlung gesehen werden, die das körperliche Wohlbefinden des liegen gelassenen Verletzten auch mehr als nur unerheblich beeinträchtigt. Insbesondere ist zu beachten, dass O sich den Arm gebrochen hat und unter Schmerzen am Boden liegt.

29   T hat hier auch eine gebotene Handlung, etwa das Herbeirufen von Hilfe, unterlassen. T müsste weiter Garant sein, also rechtlich dafür einzustehen haben, dass der Erfolg nicht eintritt, § 13 Abs. 1 StGB. Er könnte Garant aus Ingerenz, d.h. aus vorangegangenem gefährdendem Tun, sein. Die zuvor erfolgte fahrlässige Körperverletzung der O stellt ein derartiges gefährliches Tun dar. Er ist aufgrund dessen verpflichtet, anschließend dem Opfer nicht noch durch ein Entfernen vom Tatort weitere körperliche Misshandlungen zuzufügen. Somit ist er Garant aus Ingerenz. Der objektive Tatbestand ist erfüllt.

bb) Subjektiver Tatbestand

30   Bezüglich dieser Handlung liegt auch, im Gegensatz zum vorherigen Stoßen der O, Vorsatz vor, § 15 StGB. T entschließt sich im Anschluss an den Sturz der O von Neuem, sie liegen zu lassen und sich trotz ihrer Verletzung und ihren offensichtlichen Schmerzen nicht um sie zu kümmern. Er überlegt sich nach dem Sturz explizit, ob er ihr helfen soll, und entscheidet sich bewusst dagegen. Dieser neu gefasste Vorsatz hat eine Zäsurwirkung, die dazu führt, dass hier der subjektive Tatbestand bezüglich des Liegenlassens zu bejahen ist.

b) Rechtswidrigkeit

T handelte rechtswidrig.   31

c) Schuld

T müsste überdies schuldhaft handeln. Hier könnte man argumentieren, dass ihm 32 ein normgemäßes Verhalten wegen der damit verbundenen Entdeckungsgefahr unzumutbar war und er deshalb nicht schuldhaft handelte.

Hinweis: Diese Voraussetzung ist nach a. A. bereits im Tatbestand zu prüfen.[18]

Bei der Frage nach der Unzumutbarkeit ist eine Interessenabwägung vorzunehmen. 33 Hier ist zu berücksichtigen, dass T einen anonymen Hilferuf hätte vornehmen oder sich zumindest kurz nach dem Befinden der O hätte erkundigen können. Diese Hilfemaßnahmen hätten nicht zwingend zu seiner Entdeckung geführt und waren ihm deshalb nicht von vornherein unzumutbar. Zudem überwiegen hier die Interessen der O an körperlicher Unversehrtheit die des T. T hat deshalb schuldhaft gehandelt.

Hinweis: Hier ist auch eine andere Lösung mit der Begründung, dass O nicht schwer verletzt ist und andere Passanten unterwegs sind, also alsbaldige Hilfe sicher ist, vertretbar.

d) Ergebnis

T ist strafbar wegen Körperverletzung durch Unterlassen nach §§ 223 Abs. 1, 13 34 StGB.

7. Unterlassene Hilfeleistung, § 323 c StGB

T ist überdies wegen unterlassener Hilfeleistung nach § 323 c StGB strafbar, dieses 35 Delikt tritt jedoch im Wege der Subsidiarität hinter §§ 223 Abs. 1, 13 StGB zurück.

Hinweis: Soweit oben die Unzumutbarkeit des Handelns bejaht wird, muss dies konsequent auch hier angenommen werden, so dass ebenfalls diese Strafbarkeit entfiele.

8. Ergebnis

T ist strafbar wegen Diebstahls in Tateinheit mit fahrlässiger Körperverletzung in 36 Tatmehrheit mit Körperverletzung durch Unterlassen, §§ 242 Abs. 1, 229, 52; 223 Abs. 1, 13; 53 StGB.

II. Strafbarkeit der P

1. Hehlerei, § 259 Abs. 1 StGB

P könnte sich durch das Annehmen der Handtasche wegen Hehlerei gem. § 259 37 Abs. 1 StGB strafbar gemacht haben.

a) Tatbestand

aa) Objektiver Tatbestand

Dafür müsste sich P eine Sache verschafft haben, die ein anderer gestohlen oder 38 sonst durch eine gegen fremdes Vermögen gerichtete rechtswidrige Tat erlangt hat. Die Tasche wurde vorher von T durch einen Diebstahl erlangt (s.o.). Sich-Verschaffen ist

---

[18] *Heinrich*, AT II, Rn. 904 m. w. N.

die Herstellung tatsächlicher Sachherrschaft über die Sache im Einverständnis mit dem Vortäter.[19] P hat die Tasche von T mit dessen Einverständnis angenommen und sich somit verschafft.

bb) Subjektiver Tatbestand

39   P rechnete damit, dass die Tasche unrechtmäßig erworben sein könnte. Da ihr die Tasche jedoch gut gefiel, nahm sie dies billigend in Kauf und nahm die Tasche dennoch an. Damit hatte sie bedingten Vorsatz.

b) Rechtswidrigkeit und Schuld

40   P handelte rechtswidrig und schuldhaft.

c) Ergebnis

41   P ist somit wegen Hehlerei strafbar. Je nach Wert der Tasche ist gem. § 259 Abs. 2 StGB in Verbindung mit § 248a StGB Strafantrag zu stellen, wenn die Strafverfolgungsbehörde nicht von Amts wegen einschreitet.[20]

2. Unterschlagung, § 246 Abs. 1 StGB

42   P hat sich auch wegen Unterschlagung nach § 246 Abs. 1 StGB strafbar gemacht, die jedoch wegen der Anordnung formeller Subsidiarität in § 246 Abs. 1 a. E. StGB zurücktritt.[21]

3. Ergebnis für P

43   P hat sich somit wegen Hehlerei nach § 259 Abs. 1 StGB strafbar gemacht.

III. Strafbarkeit des Q

1. Falsche uneidliche Aussage, § 153 StGB

44   Q könnte sich durch das Aushändigen des Papiers, in dem er bekräftigte, nichts gesehen zu haben, wegen uneidlicher Falschaussage nach § 153 StGB strafbar gemacht haben. Es ist jedoch schon zu beachten, dass die Polizei keine zur eidlichen Vernehmung zuständige Stelle ist.[22] Q hat sich somit nicht wegen uneidlicher Falschaussage strafbar gemacht.

2. Strafvereitelung, § 258 Abs. 1 StGB

45   Q könnte sich wegen Strafvereitelung in Form der Verfolgungsvereitelung nach § 258 Abs. 1 StGB strafbar gemacht haben, indem er der Polizei keine Angaben über die von ihm gesehene Übergabe machte.

---

[19] *Fischer*, § 259 Rn. 11.

[20] Die Geringwertigkeitsgrenze wird unterschiedlich beurteilt. Der *BGH* setzt sie wohl bei 25 Euro an (Az: 2 StR 176/04), andere Gerichte bei 50 Euro (*OLG Frankfurt a. M.* NStZ-RR 2008, 311; *OLG Zweibrücken* NStZ 2000, 536), was für *Fischer* wiederum zu hoch ist (30 Euro „noch vertretbar", § 248a Rn. 3).

[21] Es ist strittig, ob die Subsidiaritätsklausel nur bei Vorliegen anderer Vermögensdelikte greifen soll oder auf alle Strafvorschriften mit höherer Strafdrohung zu erstrecken ist. Dazu *Wessels/Hillenkamp*, BT 2, Rn. 300a.

[22] Dazu LK/*Ruß*, § 153 Rn. 5 ff.

a) Objektiver Tatbestand

Da das Geschehen um P und T aufgeklärt werden konnte, wurde die Verfolgung **46** letztlich nicht vereitelt. Andererseits konnte das Geschehen erst nach weiteren langwierigen Recherchen der Polizei aufgeklärt werden. Es stellt sich also die Frage, ob eine Verzögerung der Strafverfolgung bereits ausreicht, um den Eintritt des Vereitelungserfolges bejahen zu können.

Manche verlangen, die Verfolgung (bzw. Vollstreckung gem. Abs. 2) müsse endgül- **47** tig ausbleiben, eine bloße Verzögerung reiche nicht aus, sondern stelle nur einen Versuch der Strafvereitelung dar, denn § 258 schütze den staatlichen Strafanspruch und nicht den Beschleunigungsgrundsatz.[23] Wenn aber die Tat letztlich aufgeklärt werden kann, könne man nicht von einer Verletzung des staatlichen Strafanspruches sprechen.

Demgegenüber soll nach h. M. bereits eine Verzögerung für den Vereitelungserfolg **48** ausreichen,[24] schon mit dieser Verzögerung sei der staatliche Strafanspruch verletzt. Lediglich kurzfristige Verzögerungen werden freilich ausgeschlossen. Die Verwirklichung des Strafanspruches müsse für „geraume Zeit" ausbleiben, die Verzögerung also eine gewisse Erheblichkeit aufweisen. Welche Anforderungen hieran im Einzelnen genau zu stellen sind,[25] kann dahinstehen, denn hier musste die Polizei jedenfalls langwierige Recherchen aufnehmen. Damit kann nicht von einer nur unerheblichen Verzögerung ausgegangen werden. Der Vereitelungserfolg ist eingetreten.

Die Falschaussage müsste für den Vereitelungserfolg auch kausal gewesen sein. Da **49** jedoch nicht klar ist, ob und inwieweit die Aussage des Q die Verzögerung hätte vermeiden können, kann keine Kausalität bejaht werden. Damit ist schon der objektive Tatbestand nicht erfüllt.

b) Ergebnis

Q hat sich nicht wegen Strafvereitelung nach § 258 Abs. 1 StGB strafbar gemacht. **50**

3. Versuchte Strafvereitelung, §§ 258 Abs. 1, 22, 23 Abs. 1 StGB

Q könnte sich wegen versuchter Strafvereitelung gemäß §§ 258 Abs. 1, 22, 23 Abs. 1 **51** StGB strafbar gemacht haben.

a) Vorprüfung

Die Tat ist nicht vollendet, der Versuch der Strafvereitelung ist strafbar gemäß §§ 23 **52** Abs. 1 Var. 2, 12 Abs. 2, 258 Abs. 4 StGB.

b) Tatentschluss

Der Tatbestand der Strafvereitelung setzt voraus, dass der Täter absichtlich oder **53** wissentlich handelt. Absicht liegt nicht vor. Wissentlichkeit ist gegeben, wenn der Handelnde die Besserstellung des Täters als sichere Folge voraussieht.[26] Dies kann dem Q nicht unterstellt werden, zumal es auch tatsächlich nicht nachweisbar ist, ob sein Schreiben zu einer Besserstellung des T geführt hat.

---

[23] SK/*Hoyer*, § 258 Rn. 13 ff. m. w. N.

[24] BGHSt 45, 97, 100; LK/*Ruß*, § 258 Rn. 10 m. w. N.

[25] So wird ein Zeitraum von zwei Wochen genannt (*Wessels/Hettinger*, BT 1, Rn. 727; *Rengier*, BT I, § 21 Rn. 8). Manche gehen von zehn Tagen aus (*LG Stuttgart* NJW 1976, 2084), andere verlangen mehrere Wochen (*Joecks*, § 258 a Rn. 12).

[26] *Fischer*, § 258 Rn. 33.

c) Ergebnis

54   Q ist straflos.

4. Urkundenfälschung, § 267 Abs. 1 StGB

55   Q könnte sich wegen Urkundenfälschung gem. § 267 Abs. 1 StGB strafbar gemacht haben. Das unterschriebene Papier, in dem er erklärt, von einer Übergabe nichts gesehen zu haben ist eine verkörperte Gedankenerklärung, die zum Beweis im Rechtsverkehr geeignet und bestimmt ist und den Aussteller erkennen lässt[27] und somit eine Urkunde. T täuscht jedoch nicht über den Aussteller der Urkunde, er stellt also keine unechte Urkunde her. Eine lediglich schriftliche Lüge ist nicht vom Tatbestand der Urkundenfälschung umfasst.[28] Damit ist Q nicht wegen Urkundenfälschung nach § 267 Abs. 1 StGB strafbar.

5. Ergebnis für Q

56   Q hat sich folglich nicht strafbar gemacht.

IV. Gesamtergebnis

57   T ist strafbar wegen Diebstahls in Tateinheit mit fahrlässiger Körperverletzung in Tatmehrheit mit Körperverletzung durch Unterlassen, §§ 242 Abs. 1, 229, 52; 223 Abs. 1, 13; 53 StGB.
P ist strafbar wegen Hehlerei gem. § 259 Abs. 1 StGB.
Q hat sich nicht strafbar gemacht.

Fallbeurteilung

Es handelt sich um eine eher leichte Klausur, die Standardprobleme der Vermögensdelikte behandelt.

Zum Raub: In Fallbearbeitungen fällt häufig negativ auf, dass Bearbeiter den Diebstahl und Körperverletzungs- bzw. Nötigungstatbestände ausführlich prüfen, den Raub aber anschließend nur kurz bejahen. Es ist umgekehrt zu verfahren: Immer wenn mittels Gewalt oder Drohung etwas weggenommen wird (oder dies versucht wird), ist vorrangig an Raub zu denken. Sollten Raubqualifikationen einschlägig sein, empfiehlt sich diesbezüglich eine getrennte Prüfung.[29] Das wohl problematischste Merkmal des Raubtatbestandes stellt das Erfordernis der finalen Verknüpfung von qualifiziertem Nötigungsmittel und Wegnahme dar. Hier liegt häufig ein Klausurschwerpunkt. Dabei wird die finale Verknüpfung teilweise im objektiven, teilweise im subjektiven Tatbestand verortet. Für eine Prüfung im subjektiven Tatbestand spricht, dass gerade die Tätervorstellung der Beziehung von Nötigungsmittel und Wegnahme ihren Sinngehalt verleiht.

Zur Unterschlagung: Anders als beim Diebstahl bedarf es bei der Unterschlagung einer objektiven Zueignung. Eine Zueignungsabsicht reicht also nicht aus, der Zueignungswille muss sich vielmehr objektiv niederschlagen (manifestieren).

Zur Strafvereitelung: Im Rahmen der Strafvereitelung ist stets an die (hier nicht einschlägigen) Absätze 5 und 6 des § 258 StGB zu denken.

---

[27] *Fischer*, § 267 Rn. 2.
[28] *Fischer*, § 267 Rn. 18 a.
[29] Dazu *Rengier*, BT I, § 7 Rn. 4 ff.

§ 258 Abs. 5 StGB schließt eine Strafbarkeit desjenigen aus, der ganz oder zum Teil vereiteln will, dass er selbst bestraft oder einer Maßnahme unterworfen wird oder dass eine gegen ihn verhängte Strafe oder Maßnahme vollstreckt wird. Dabei kommt es darauf an, ob der Täter ausschließlich sich selbst oder sich selbst neben anderen begünstigen will. Begünstigt er nur sich selbst, ist schon der Tatbestand des § 258 Abs. 1 StGB nicht erfüllt („wer vereitelt, dass ein anderer bestraft oder einer Maßnahme (§ 11 Abs. 1 Nr. 8 StGB) unterworfen wird"). Begünstigt er neben sich selbst auch andere, schließt § 258 Abs. 5 StGB die Strafe aus.

Abs. 6 betrifft das sog. Angehörigenprivileg. Wer die Tat zugunsten eines Angehörigen (§ 11 Abs. 1 Nr. 1 StGB) begeht, ist demnach ebenfalls straffrei. Strittig ist hier, ob die Norm wie bei § 35 StGB auch auf sonstige nahestehende Personen ausgedehnt werden sollte. Da sich dafür jedoch im Gegensatz zu § 35 StGB keine Stütze im Gesetz finden lässt, besteht hier ein erhöhter Begründungsaufwand. Klausurtaktisch sollte man das Problem (falls es auftritt) kurz ansprechen, sich dann aber mit dem Verweis auf den Wortlaut gegen eine Erstreckung auf sonstige nahestehende Personen entscheiden.

Weiterführende Hinweise: *Böse/Keiser,* Referendarexamensklausur Strafrecht: Ein Handtaschen-raub und seine Folgen, JuS 2005, 440–446; *Duttge/Sotelsek,* Die vier Probleme bei der Auslegung des § 246 StGB, Jura 2002, 526–534; *Eckstein,* „Wiederholte Zueignung", Grundsatzentscheidung des BGH zum Verhältnis zwischen Unterschlagung und anderen Vermögensdelikten aus dem Jahre 1959, JA 2001, 25–30; *Kudlich,* Neuere Probleme bei der Hehlerei, JA 2002, 672–677.

Fall 2. Nachbarschaftswache

Sachverhalt

In der Kleinstadt X treibt ein gefährlicher Krimineller sein Unwesen. Schon mehrfach sind Menschen am helllichten Tag in ihrer Wohnung überfallen und ausgeraubt worden; nicht wenige davon wurden lebensgefährlich verletzt. Eines Nachmittags beobachtet A aus seinem Küchenfenster, wie sich ein Fremder (B) an seinem hinter dem Haus gelegenen Gartentor zu schaffen macht und verstohlen das Grundstück betritt. A glaubt, den gesuchten Verbrecher vor sich zu haben, doch in Wirklichkeit ist B ein harmloser Landstreicher, der eine Bleibe für die Nacht sucht. Um sein Hab und Gut zu verteidigen und B festzunehmen, ergreift A ein Paar Handschellen, das er einmal auf einem Flohmarkt erstanden hat, und verlässt das Haus durch die Vordertür. Sodann nähert er sich unauffällig dem Gartentor und verwickelt B in ein Gespräch. Plötzlich zieht er die Handschellen hervor und legt sie dem völlig überraschten B an, noch ehe dieser zu Gegenwehr fähig ist. Dann schleppt er B in sein Haus und sperrt ihn im Keller ein, um den vermeintlichen Verbrecher zunächst ein paar Stunden „schmoren" zu lassen. Erst später möchte A die Polizei verständigen.

Doch dazu kommt es nicht mehr: B, der seinerseits annimmt, in die Hände des gefürchteten Kriminellen gefallen zu sein, ruft zunächst verzweifelt um Hilfe. Als dies nicht fruchtet, tritt er entschlossen die Kellertür ein und versucht zu fliehen. Vor dem Hauseingang trifft er zu seinem Entsetzen auf A. Dieser, nicht weniger erschrocken, versucht auszuweichen, weil ihm eine offene Konfrontation mit B zu gefährlich ist. B missversteht die Bewegung des A jedoch als Angriff und will sich wehren. Es kommt zu einem Handgemenge, in dessen Verlauf A einige schwere Schläge einstecken muss. Um die Wut der B zu mildern und den Kampf zu beenden, lässt sich A zu Boden fallen. B, der in Wahrheit um sein Leben fürchtet, sieht keine andere Möglichkeit, einer späteren Verfolgung durch den vermeintlich gemeingefährlichen A zu entgehen, als den Kopf seines Widerparts mehrfach heftig auf eine steinerne Bodenplatte zu schlagen. Dass A dabei sterben könnte, ist ihm egal. Alsdann gelingt ihm die Flucht. A wird schwer verletzt, doch überlebt.

Wie haben sich A und B strafbar gemacht?

Gliederung

Lösung

I. Strafbarkeit des A: Die Fesselung

1. Freiheitsberaubung, § 239 Abs. 1 Var. 2 StGB

1　　A könnte sich durch das Anlegen der Handschellen wegen Freiheitsberaubung auf sonstige Weise gemäß § 239 Abs. 1 Var. 2 StGB strafbar gemacht haben.

a) Tatbestand

aa) Objektiver Tatbestand

2　　Dazu müsste er den B auf andere Weise als durch Einsperren der Freiheit beraubt haben. In Betracht kommt dabei jede Handlung, die die Fortbewegungsfreiheit des Opfers aufhebt.[1] Durch das Anlegen der Handschellen und das Verbringen in den Keller kann sich B nicht mehr frei bewegen. Eine Freiheitsberaubung auf sonstige Weise liegt vor.

3　　**Hinweis:** Das Einsperren nach § 239 Abs. 1 Var. 1 StGB muss hier nicht geprüft werden, da es offensichtlich nicht vorliegt.

bb) Subjektiver Tatbestand

4　　A handelt vorsätzlich, § 15 StGB.

b) Rechtswidrigkeit

5　　Er könnte jedoch gerechtfertigt sein.

aa) Notwehr, § 32 StGB

6　　In Betracht kommt eine Rechtfertigung durch Notwehr nach § 32 StGB. Diese setzt zunächst das Bestehen einer Notwehrlage, d.h. einen gegenwärtigen rechtswidrigen Angriff voraus. Angriff ist jede durch menschliches Verhalten drohende Beeinträchtigung rechtlich geschützter Güter oder Interessen.[2] B betritt gegen den Willen des A dessen Garten. Darin liegt zumindest ein Angriff auf das Hausrecht sowie das Eigentumsrecht des A.

7　　Der Angriff ist gegenwärtig, wenn er unmittelbar bevorsteht, bereits begonnen hat oder fortdauert.[3] B hat das Grundstück bereits betreten. Der Angriff hat somit begonnen und ist gegenwärtig. Rechtswidrig ist der Angriff, wenn er nicht seinerseits durch Rechtfertigungsgründe gedeckt ist. Solche sind hier nicht ersichtlich. Der Angriff ist rechtswidrig, eine Notwehrlage liegt vor.

8　　Die Notwehrhandlung müsste erforderlich gewesen sein. Dazu müsste sie geeignet gewesen sein, den Angriff überhaupt zu beenden.[4] Dies ist vorliegend der Fall. Weiterhin müsste die Notwehrhandlung das mildeste der in Betracht kommenden Notwehrmittel darstellen.[5] Im vorliegenden Fall hätte A versuchen können, den B zuerst von seinem Grundstück zu verweisen. Die Fesselung war somit nicht erforderlich. Eine Rechtfertigung durch Notwehr scheidet aus.

---

[1] *Fischer*, § 239 Rn. 8.
[2] *Wessels/Beulke*, AT, Rn. 325.
[3] *BGH* NJW 1973, 255.
[4] *Wessels/Beulke*, AT, Rn. 335.
[5] *Wessels/Beulke*, AT, Rn. 335.

bb) Rechtfertigender Notstand gemäß § 34 StGB

Zwar liegt eine gegenwärtige Gefahr für das Eigentumsrecht des A vor. Auch der 9 rechtfertigende Notstand setzt jedoch voraus, dass die Gefahr nicht auf andere Weise abwendbar ist. § 34 StGB greift daher aus denselben Gründen nicht wie § 32 StGB.

cc) Festnahmerecht nach § 127 Abs. 1 S. 1 StPO

Die Handlung des A könnte jedoch durch das Festnahmerecht nach § 127 Abs. 1 10 S. 1 StPO gerechtfertigt sein. Voraussetzung ist, dass B auf frischer Tat betroffen ist. B könnte einen Hausfriedensbruch gemäß § 123 Abs. 1 StGB begangen haben. Dazu müsste er widerrechtlich in das befriedete Besitztum des A eingedrungen sein. Eindringen ist das Betreten gegen den Willen des Berechtigten.[6] Befriedetes Besitztum ist ein abgegrenzter Bereich, der einer konkreten Person zugeordnet werden kann.[7] B dringt gegen den Willen des A in dessen umzäunten Garten ein und begeht damit einen Hausfriedensbruch.

Hinweis: Der Streit, ob die Tat wirklich begangen sein muss (h.L.) oder ob ein durch die Umstände 11 nahe gelegter dringender Tatverdacht genügt (Rspr.),[8] kann hier offen gelassen werden, da der Hausfriedensbruch tatsächlich vorliegt.

Er ist auf frischer Tat betroffen. Weiterhin müsste er der Flucht verdächtig sein 12 oder seine Identität dürfte nicht sofort festgestellt werden können. Fluchtverdacht liegt vor, wenn nach den Umständen des Falles vernünftigerweise die Annahme gerechtfertigt ist, der Täter werde sich dem Strafverfahren durch Flucht entziehen.[9] Es ist davon auszugehen, dass B nach seiner Entdeckung versuchen wird, zu flüchten, da ihm schließlich eine Anzeige wegen Hausfriedensbruchs droht. Damit ist er der Flucht verdächtig.

c) Ergebnis

Die Handlung des A ist nach § 127 Abs. 1 S. 1 StPO gerechtfertigt. A ist nicht straf- 13 bar.

2. Nötigung, § 240 StGB

A könnte sich wegen Nötigung nach § 240 StGB strafbar gemacht haben. Durch die 14 Fesselung des B hat A diesen vorsätzlich mit Gewalt dazu genötigt, nicht wegzulaufen. Jedoch ist die Handlung des A auch hier durch das Festnahmerecht gerechtfertigt. A bleibt straflos.

II. Strafbarkeit des A: Das Einsperren

1. Freiheitsberaubung, § 239 Abs. 1 Var. 1 StGB

Durch das Einsperren in den Keller könnte sich A wegen Freiheitsberaubung gemäß 15 § 239 Abs. 1 Var. 1 StGB strafbar gemacht haben.

---

[6] *Fischer*, § 123 Rn. 14.
[7] *Fischer*, § 123 Rn. 8.
[8] Vgl. *Hillenkamp*, AT, 8. Problem.
[9] *Meyer-Goßner*, § 127 Rn. 10.

a) Tatbestand

aa) Objektiver Tatbestand

16   A könnte B eingesperrt haben. Einsperren ist das Festhalten in einem umschlossenen Raum unter Anwendung äußerer Vorrichtungen.[10] A hat B in den Keller gesperrt und diesen abgeschlossen. Ein Einsperren liegt vor.

bb) Subjektiver Tatbestand

17   A handelte vorsätzlich.

b) Rechtswidrigkeit

18   Fraglich ist jedoch wiederum, ob A nach § 127 Abs. 1 S. 1 StPO gerechtfertigt ist. B ist auf frischer Tat betroffen, die Voraussetzungen des § 127 Abs. 1 S. 1 StPO liegen grundsätzlich vor, vgl. oben. Zweifelhaft ist jedoch, ob A den B für längere Zeit in den Keller sperren durfte, um ihn ein paar Stunden „schmoren" zu lassen. Die Norm verleiht Privatpersonen nicht die Befugnis zur Selbstjustiz, sondern soll lediglich die Strafverfolgung sichern. A hätte sich deshalb sofort um die Identitätsfeststellung bemühen müssen. Er ist nicht nach § 127 Abs. 1 S. 1 StPO gerechtfertigt.

19   Da auch andere Rechtfertigungsgründe nicht in Betracht kommen, ist die Tat rechtswidrig.

c) Schuld

20   Die Schuld des A könnte jedoch aufgrund eines Erlaubnistatbestandsirrtums ausgeschlossen sein. Dazu müsste A an das Vorliegen der tatsächlichen Voraussetzungen eines Rechtfertigungsgrundes geglaubt haben. Möglicherweise glaubte A, durch das Festnahmerecht gerechtfertigt zu sein. Weiterhin müsste bei Zutreffen der tatsächlichen Voraussetzungen die Handlung auch gerechtfertigt sein. A überschreitet jedoch die sich aus § 127 StPO ergebenden Befugnisse, vgl. oben. Dasselbe gilt für die Notwehr, denn das Einsperren war nicht erforderlich. Ein schuldausschließender Erlaubnistatbestandsirrtum liegt daher nicht vor.

21   Wenn A jedoch glaubte, so handeln zu dürfen, unterlag er einem Verbotsirrtum nach § 17 StGB. Dieser führt jedoch nur dann zum Ausschluss der Schuld, wenn er unvermeidbar war (§ 17 S. 1 StGB). Unvermeidbar ist der Verbotsirrtum, wenn der Täter auch bei gehöriger Anspannung seines Gewissens und bei zumutbarem Einsatz aller seiner Erkenntniskräfte das Unrecht seiner Tat nicht hätte einsehen können.[11] Hätte A nachgedacht, hätte er ohne Weiteres erkennen können, dass er nicht dazu befugt war, dem vermeintlichen Kriminellen einen Denkzettel zu verpassen, sondern dass die Bestrafung Aufgabe der Strafverfolgungsbehörden ist. Der Irrtum war daher vermeidbar. A handelt schuldhaft, die Strafe kann allenfalls gemildert werden, § 17 S. 2 i. V. m. § 49 Abs. 1 StGB.

d) Ergebnis

22   A ist strafbar wegen Freiheitsberaubung gemäß § 239 Abs. 1 Var. 1 StGB.

---

[10] _Fischer_, § 239 Rn. 7.
[11] BGHSt (GS) 2, 194.

2. Nötigung, § 240 StGB

Durch das Einsperren hat A den B auch vorsätzlich unter Anwendung von Gewalt **23** dazu genötigt, im Keller zu bleiben. Die Tat ist rechtswidrig und schuldhaft, die Nötigung tritt jedoch hinter der Freiheitsberaubung zurück.

III. Strafbarkeit des B

1. Hausfriedensbruch, § 123 StGB

B dringt vorsätzlich in das befriedete Besitztum des A ein, vgl. oben. Der Tatbestand **24** des Hausfriedensbruchs ist erfüllt. B handelt rechtswidrig und schuldhaft und ist strafbar wegen Hausfriedensbruchs. Nach § 123 Abs. 2 StGB muss ein Strafantrag gestellt werden.

2. Sachbeschädigung, § 303 Abs. 1 StGB

Durch das Eintreten der Kellertür könnte B sich wegen Sachbeschädigung gemäß **25** § 303 Abs. 1 StGB strafbar gemacht haben.

a) Tatbestand

aa) Objektiver Tatbestand

Dazu müsste er eine fremde Sache beschädigt oder zerstört haben. Die Kellertür **26** steht im Eigentum des A und ist eine fremde Sache. Durch das Eintreten wurde die Gebrauchsfähigkeit der Tür vollständig aufgehoben, sie wurde zerstört. Der objektive Tatbestand der Sachbeschädigung liegt vor.

bb) Subjektiver Tatbestand

B handelt vorsätzlich. **27**

b) Rechtswidrigkeit

Er könnte jedoch durch Notwehr gemäß § 32 StGB gerechtfertigt sein. Dazu müsste **28** er sich in einer Notwehrlage befinden, d.h. einem gegenwärtigen und rechtswidrigen Angriff ausgesetzt sein. Zu den Definitionen vgl. bereits oben Rn. 6. Das Einsperren in den Keller ist ein Angriff auf die Freiheit des B. Der Angriff ist rechtswidrig, vgl. oben unter Rn. 18 f. Er ist gegenwärtig, da B noch eingesperrt ist. Eine Notwehrlage liegt vor.

Weiterhin müsste die Notwehrhandlung erforderlich sein. Zu den Definitionen vgl. **29** wiederum oben Rn. 6. Das Eintreten der Tür war geeignet, die Freiheitsberaubung zu beenden. Es war auch das mildeste, dem B zur Verfügung stehende Mittel und somit erforderlich.

c) Ergebnis

B handelte mit Verteidigungswillen. Er ist durch Notwehr gerechtfertigt und somit **30** straflos.

3. Körperverletzung, § 223 Abs. 1 StGB (Faustschläge)

Durch die Faustschläge könnte sich B wegen Körperverletzung nach § 223 Abs. 1 **31** StGB strafbar gemacht haben.

a) Tatbestand

aa) Objektiver Tatbestand

32   Dazu müsste er A körperlich misshandelt oder in seiner Gesundheit geschädigt haben. Körperliche Misshandlung ist jede üble und unangemessene Behandlung, durch welche das körperliche Wohlbefinden oder die körperliche Unversehrtheit nicht nur unerheblich beeinträchtigt wird.[12] Durch die Schläge wird das Wohlbefinden des A erheblich beeinträchtigt. Eine körperliche Misshandlung liegt vor. Ob eine Gesundheitsbeschädigung, also das Hervorrufen oder Steigern eines pathologischen Zustandes[13] vorliegt, geht dagegen aus dem Sachverhalt nicht hervor. Der objektive Tatbestand der Körperverletzung ist erfüllt.

bb) Subjektiver Tatbestand

33   B schlägt den A vorsätzlich.

b) Rechtswidrigkeit

34   Die Schläge des B könnten jedoch gerechtfertigt sein. In Betracht kommt zunächst Notwehr nach § 32 StGB. Voraussetzung ist eine Notwehrlage, also ein gegenwärtiger rechtswidriger Angriff seitens des A. Zu den Definitionen vgl. Rn. 6. B glaubt jedoch nur, dass A ihn angreift, da er die Armbewegung falsch deutet. Tatsächlich liegt keine Notwehrlage vor. Eine Rechtfertigung durch § 32 StGB scheidet aus.

35   Ebenso scheidet eine Rechtfertigung nach § 34 StGB aus, da B nur glaubt, ihm drohe eine Gefahr. Tatsächlich liegt eine solche jedoch nicht vor, eine Notstandslage ist nicht gegeben. Weitere Rechtfertigungsgründe kommen nicht in Betracht. B handelt rechtswidrig.

c) Schuld

36   B könnte sich jedoch in einem Erlaubnistatbestandsirrtum befinden, da er an das Vorliegen eines gegenwärtigen rechtswidrigen Angriffs durch A glaubt. Fraglich ist, ob die Schläge in diesem Fall eine erforderliche Notwehrhandlung gewesen wären. Geeignet wären sie, da sie den vermeintlichen Angriff abwehren können. Erforderlich wären sie gewesen, wenn dem B kein ebenso geeignetes, milderes Mittel zur Verfügung stand. B glaubt dem äußerst gefährlichen Kriminellen gegenüberzustehen, der in der Vergangenheit bereits mehrere Menschen lebensgefährlich verletzt hat. In dieser Situation muss er nicht auf weniger schwere, aber auch weniger wirksame Schläge zurückgreifen. Die Schläge wären erforderlich gewesen. Damit liegt ein Erlaubnistatbestandsirrtum vor.

37   **Hinweis:** Vertretbar ist es aber auch, den Erlaubnistatbestandsirrtum wegen eines Exzesses des B zu verneinen. Dann sollte § 33 StGB angesprochen werden (Putativnotwehrexzess). Nach wohl h. M. ist hier sowohl eine direkte als auch eine analoge Anwendung der Norm ausgeschlossen.[14] Eine a. A. ist vertretbar. B fehlt jedoch das Unrechtsbewusstsein (§ 17 StGB), wenn er glaubt, sich so verteidigen zu dürfen. Wer wegen der Notlage des B, die eine schnelle Entscheidung erfordert, die Unvermeidbarkeit des Irrtums annimmt, kommt zur Verneinung der Schuld.

38   Die rechtlichen Folgen des Erlaubnistatbestandsirrtums sind umstritten. Nach der strengen Schuldtheorie ist der Erlaubnisirrtum ein Unterfall des Verbotsirrtums, da

---

[12] *Fischer*, § 223 Rn. 3 a.
[13] *Fischer*, § 223 Rn. 6.
[14] Vgl. *Kühl*, AT, § 12 Rn. 156 ff.

dem Täter das Unrechtsbewusstsein fehlt, er aber alle Tatumstände kennt und somit vorsätzlich handelt.[15] Anzuwenden ist danach § 17 StGB, der Täter ist also nur straffrei, wenn der Irrtum für ihn unvermeidbar war. Gegen diese Theorie wird jedoch eingewendet, dass sie den Unterschied zwischen Erlaubnistatbestandsirrtum und Verbotsirrtum nicht ausreichend berücksichtigt. Beim Erlaubnistatbestandsirrtum handelt der Täter an sich rechtstreu, er beurteilt lediglich die Tatsachen falsch. Insoweit kann ihm zwar Fahrlässigkeit vorgeworfen werden, jedoch nicht mangelndes Unrechtsbewusstsein. Es wäre ungerecht, den Täter in diesem Fall wegen einer vorsätzlichen Tat zu bestrafen.[16]

Nach der Lehre von den negativen Tatbestandsmerkmalen sind die Rechtfertigungsgründe Bestandteile eines Gesamt-Unrechtstatbestandes. Die einzelnen Rechtfertigungsgründe sind dabei negative Tatbestandsvoraussetzungen. Der Vorsatz des Täters muss sich auf diese negativen Tatbestandsvoraussetzungen erstrecken, ein Irrtum hierüber lässt den Vorsatz nach § 16 Abs. 1 S. 1 StGB entfallen.[17] Diese Ansicht führt zu einem zweistufigen Deliktsaufbau, welcher von der h.M. abgelehnt wird. Die Lehre von den negativen Tatbestandsmerkmalen verkennt den Wertunterschied zwischen Tatbestand und Erlaubnisnorm. Es ist ein Unterschied, ob ein Verhalten von vornherein nicht erlaubt ist oder ob es nur unter ganz bestimmten Voraussetzungen gerechtfertigt ist.[18] **39**

Den Argumenten gegen die oben genannten Theorien trägt die eingeschränkte Schuldtheorie Rechnung, welche zwischen Tatsachen- und Verbotsirrtum unterscheidet. Dabei werden zwei Varianten vertreten. Die reine eingeschränkte Schuldtheorie wendet § 16 Abs. 1 S. 1 StGB analog an mit der Folge, dass der Tatbestandsvorsatz entfällt.[19] Gegen diese Theorie spricht jedoch, dass dadurch auch die Strafbarkeit des bösgläubigen Teilnehmers ausgeschlossen wird. **40**

Aus diesem Grund ist die rechtsfolgenverweisende eingeschränkte Schuldtheorie vorzugswürdig. Diese wendet auch § 16 Abs. 1 S. 1 StGB analog an, lässt jedoch nicht den Vorsatz entfallen, sondern den Vorsatzschuldvorwurf.[20] Damit ist die Teilnahme weiterhin möglich, der Täter handelt lediglich ohne Schuld. **41**

d) Ergebnis

B ist straflos. **42**

4. Versuchter Totschlag, §§ 212 Abs. 1, 22, 23 Abs. 1 StGB (Bodenplatte)

Durch das Stoßen auf die Bodenplatte könnte sich B wegen versuchten Totschlags zum Nachteil des A strafbar gemacht haben. **43**

a) Vorprüfung

A lebt noch, die Tat ist damit nicht vollendet. Der Versuch des Totschlags ist strafbar gemäß §§ 212 Abs. 1, 12 Abs. 1, 23 Abs. 1 StGB. **44**

---

[15] *Bockelmann*, NJW 1950, 830 ff.; *Hartung*, NJW 1951, 209; *Hirsch*, ZStW 94 (1982), 257 ff., LK/*Vogel*, § 16 Rn. 114.
[16] Schönke/Schröder/*Cramer/Sternberg-Lieben*, § 16 Rn. 15 m.w. N.
[17] *Kaufmann*, JZ 1954, 653; *Lange*, JZ 1953, 9; *Schünemann*, GA 1985, 341, (348 ff.).
[18] *Jescheck/Weigend*, AT, § 25 III.
[19] Schönke/Schröder/*Cramer/Sternberg-Lieben*, § 16 Rn. 18.
[20] *Gallas*, ZStW 67 (1955), 1 (46); *Jescheck/Weigend*, § 41 IV 1 d; *Fischer*, § 16 Rn. 22.

b) Tatentschluss

45   B müsste den Tatentschluss, d. h. den Vorsatz gehabt haben, A zu töten. Dazu müsste er den Tod des A zumindest billigend in Kauf genommen haben. Nach dem Sachverhalt ist es dem B egal, dass A sterben könnte. Er erkennt also die Möglichkeit, dass er A töten könnte und nimmt dies billigend in Kauf. Bedingter Vorsatz liegt vor.

46   **Hinweis:** Ohne diesen Zusatz im Sachverhalt, dass B der Tod des A egal ist, wäre der bedingte Vorsatz zu verneinen gewesen, da der BGH bei Tötungsdelikten von einer besonders hohen Hemmschwelle ausgeht.[21] Allein aus dem Schlagen des Kopfes auf die Steinplatte kann nicht auf einen Tötungsvorsatz geschlossen werden.

c) Unmittelbares Ansetzen

47   Auch das unmittelbare Ansetzen (§ 22 StGB) liegt vor, da B die tatbestandliche Ausführungshandlung bereits vorgenommen hat.

d) Rechtswidrigkeit

48   Die Tat ist rechtswidrig, eine Notwehrlage liegt nicht vor, vgl. Rn. 34.

e) Schuld

49   Es könnte jedoch wiederum ein Erlaubnistatbestandsirrtum vorliegen, da B glaubt, bei A handle es sich um den gesuchten Kriminellen. Voraussetzung ist wieder, dass B tatsächlich gerechtfertigt wäre, wenn seine falschen Vorstellungen zutreffen würden. In Betracht kommt eine Rechtfertigung durch Notwehr, es müsste also nach Vorstellung des B ein gegenwärtiger, rechtswidriger Angriff vorliegen. Derzeit ist jedoch kein Angriff gegeben, denn A liegt nach dem Schlag am Boden. B will vielmehr „Präventivnotwehr" für den Fall einer späteren Verfolgung üben. Ein gegenwärtiger Angriff liegt auch nach Vorstellung des B nicht vor.

50   Jedoch könnte eine Gefahr und damit eine Notstandslage nach § 34 StGB gegeben sein. In Betracht kommt eine Dauergefahr, also ein Zustand von längerer Dauer, der jederzeit in eine Rechtsgutsbeeinträchtigung umschlagen kann, wobei der Eintritt der Gefahr aber auch noch auf sich warten lassen kann.[22] Fraglich ist dann allerdings, ob das Schlagen des Kopfes auf den Boden wirklich erforderlich war. Der rechtfertigende Notstand scheitert jedoch in jedem Fall daran, dass Leben gegen Leben nicht gegeneinander abgewogen werden darf.

51   Weitere Rechtfertigungsgründe kommen nicht in Betracht, somit scheidet ein Erlaubnistatbestandsirrtum aus.

52   Ein entschuldigender Notstand nach § 35 Abs. 1 StGB scheidet ebenfalls aus, da keine gegenwärtige Gefahr vorliegt. In Betracht kommt aber der Putativnotstand nach § 35 Abs. 2 StGB. Dieser setzt voraus, dass der Täter irrig annimmt, dass er entschuldigt wäre. Eine Dauergefahr kann bejaht werden, vgl. oben. Anders als bei § 34 StGB findet hier keine Güterabwägung statt. Jedoch muss die Tat gemäß § 35 Abs. 1 StGB objektiv erforderlich sein, die Gefahr darf „nicht anders abwendbar" sein. Der Täter muss also das mildeste unter mehreren geeigneten Mitteln wählen. Ein mehrfaches Schlagen des Kopfes auf eine steinerne Bodenplatte stellt sich nicht als ein solch mildestes Mittel dar, insbesondere hätte B weniger empfindliche Stellen (etwa die Beine) wählen können.

53   B handelt somit schuldhaft.

---

[21] *BGH* StV 1982, 509.
[22] *Wessels/Beulke*, AT, Rn. 306.

f) Kein Rücktritt

B könnte jedoch strafbefreiend zurückgetreten sein, indem er die weitere Ausfüh- 54
rung der Tat aufgab und floh. Der Versuch ist nicht fehlgeschlagen. Es handelt sich um
einen beendeten Versuch, da B glaubt, durch das Schlagen des Kopfes auf den Boden
könnte der Tod des A herbeigeführt worden sein. Er geht davon aus, alles zur Tatbestandsverwirklichung Erforderliche getan zu haben. Ein Rücktritt ist deshalb nur
möglich, wenn B den Eintritt des Erfolgs verhindert hat (§ 24 Abs. 1 S. 1 Var. 2 StGB)
oder sich zumindest freiwillig und ernsthaft bemüht hat, den Eintritt des Erfolges zu
verhindern (§ 24 Abs. 1 S. 2 StGB). B hat vorliegend dem Erfolgseintritt nicht aktiv
entgegengewirkt. Ein Rücktritt scheidet daher aus.

5. Gefährliche Körperverletzung, §§ 223 Abs. 1, 224 Abs. 1 StGB (Bodenplatte)

B könnte sich durch das Schlagen des A wegen gefährlicher Körperverletzung nach 55
§§ 223, 224 Abs. 1 StGB strafbar gemacht haben.

a) Tatbestand

aa) Objektiver Tatbestand

Durch das Schlagen des Kopfes auf die Steinplatte hat B den A körperlich misshan- 56
delt und dessen Gesundheit geschädigt, § 223 Abs. 1 StGB.

Die Steinplatte könnte ein gefährliches Werkzeug nach § 224 Abs. 1 Nr. 2 Var. 2 StGB 57
sein. Gefährliches Werkzeug ist jeder Gegenstand, der nach seiner objektiven Beschaffenheit und der Art seiner konkreten Verwendung dazu geeignet ist, erhebliche Verletzungen hervorzurufen.[23] Zwar können durch das Schlagen des Kopfes auf die Steinplatte
erhebliche Verletzungen hervorgerufen werden, Werkzeug ist jedoch nach der Rspr. und
Teilen der Literatur nur ein beweglicher Gegenstand.[24] Die Gegenmeinung subsumiert
auch den unbeweglichen Gegenstand unter den Begriff des Werkzeugs, da es vom
Schutzzweck der Norm her keinen Unterschied machen kann, ob der Täter einen beweglichen Gegenstand einsetzt oder einen unbeweglichen.[25] Dagegen spricht jedoch, dass
mit dieser Auslegung der Begriff des Werkzeugs über seinen Wortsinn hinaus ausgedehnt
wird. Die Steinplatte ist daher kein gefährliches Werkzeug.

Es liegt jedoch eine das Leben gefährdende Behandlung nach § 224 Abs. 1 Nr. 5 58
StGB vor. Durch das Schlagen des Kopfs auf die Steinplatte, durch das A schwere Verletzungen erlitt, wurde sein Leben konkret gefährdet, so dass der Meinungsstreit, ob
eine abstrakte Gefährdung genügt, dahinstehen kann.[26]

bb) Subjektiver Tatbestand

B handelt gemäß der Einheitstheorie mit Körperverletzungsvorsatz bzgl. § 223 59
Abs. 1 StGB. Er handelt auch mit dem Vorsatz, das Leben des A zu gefährden, d.h.
vorsätzlich bezüglich § 224 Abs. 1 Nr. 5 StGB.

b) Rechtswidrigkeit, Schuld

Die Tat ist rechtswidrig. B handelt schuldhaft. 60

---

[23] *Fischer,* § 224, Rn. 9.
[24] BGHSt 22, 235; NK/*Paeffgen*, § 224 Rn. 13.
[25] Schönke/Schröder/*Stree*, § 224 Rn. 8.
[26] Vgl. dazu Schönke/Schröder/*Stree*, § 224 Rn. 12.

c) Ergebnis

61   B ist strafbar wegen gefährlicher Körperverletzung gemäß §§ 223 Abs. 1, 224 Abs. 1 Nr. 5 StGB.

IV. Konkurrenzen und Gesamtergebnis

62   A ist strafbar wegen Freiheitsberaubung gemäß § 239 Abs. 1 Var. 1 StGB.

B ist strafbar wegen Hausfriedensbruchs in Tatmehrheit mit versuchtem Totschlag §§ 123; 212, 22, 23; 53 StGB. Die vollendete gefährliche Körperverletzung steht mit dem versuchten Totschlag in Tateinheit, § 52 StGB.

Fallbeurteilung

Es handelt sich um eine leichte Klausur, in der überwiegend Probleme des Allgemeinen Teils des Strafrechts geprüft werden. Der Sachverhalt ist relativ kompliziert, da sowohl A als auch B annehmen, dem gefürchteten Kriminellen gegenüberzustehen. Hier muss genau zwischen den einzelnen Handlungen differenziert werden.

Im ersten Teil war die Strafbarkeit des A wegen Freiheitsberaubung zu prüfen. Wichtig war hier, das Problem der Rechtfertigung zu erkennen und dabei nicht nur die §§ 32, 34 StGB zu prüfen, sondern auch das Festnahmerecht nach § 127 StPO.

Im zweiten Handlungsabschnitt war zunächst wiederum die Freiheitsberaubung zu prüfen. Hier musste erkannt werden, dass im Gegensatz zum vorangehenden Tatkomplex eine Rechtfertigung ausscheidet. Allerdings liegt ein Verbotsirrtum nach § 17 StGB vor, der jedoch vermeidbar ist.

Auch bei der Strafbarkeit des B spielen die Rechtfertigungsgründe eine wesentliche Rolle. Die Sachbeschädigung ist gerechtfertigt. Bezüglich der ersten Körperverletzungshandlung unterliegt B einem Erlaubnistatbestandsirrtum. Hier muss der Bearbeiter die unterschiedlichen Ansichten darstellen. Empfehlenswert ist es, der (rechtsfolgenverweisenden) eingeschränkten Schuldtheorie zu folgen. Bei der Prüfung des versuchten Totschlags muss erkannt werden, dass hier B die Grenzen der Notwehr überschreitet und somit ein Erlaubnistatbestandsirrtum ausscheidet. Schließlich ist bei § 224 StGB auf den Streit einzugehen, ob die Steinplatte ein gefährliches Werkzeug sein kann.

Weiterführende Hinweise: *Gasa,* Die Behandlung des Irrtums über rechtfertigende Umstände im Gutachten. Typische Fehler, JuS 2005, 890–895; *Geppert,* Notwehr und Irrtum. Putativnotwehr, intensiver und extensiver Notwehrexzess, Putativnotwehrexzess, Jura 2007, 33–40; *Kretschmer,* Die gefährliche Körperverletzung (§ 224 StGB) anhand neuer Rechtsprechung, Jura 2008, 916–922; *Momsen/Rackow,* Der Erlaubnistatbestandsirrtum in der Fallbearbeitung, Teil 1 in: JA 2006, 550–555; Teil 2 in: JA 2006, 654–664; *Rönnau/Faust/Fehling,* Durchblick: Der Irrtum und seine Rechtsfolgen, JuS 2004, 667–674; *Schuster,* Der Doppelirrtum auf Rechtfertigungsebene, JuS 2007, 617–621.

Fall 3. Der gekündigte Programmierer

Sachverhalt

Programmierer A ist gekündigt worden. Um sich an seinem früheren Arbeitgeber und seinen beiden ehemaligen Kollegen X und Y, von denen er sich verraten fühlt, zu rächen, bringt er eines Nachts am Werksgebäude mit einer tief in den Stein eindringenden Spezialfarbe das Wort „Ausbeuter" an. Anschließend dringt er mit Hilfe seines alten Firmenschlüssels in das Gebäude ein und begibt sich in das Großraumbüro, wo er am Computer von X die gesamte Festplatte löscht. Dabei ist A bewusst, dass X gerade eine Bilanz für die Firma F erstellt, der durch die Datenlöschung ein nicht unerheblicher Schaden entsteht. Dem Computer von Y implantiert er einen mit üblichen Schutzprogrammen kaum auffindbaren Virus, der bewirkt, dass sich der Bildschirm alle zwei Minuten automatisch abschaltet. Weitere Schäden entstehen nicht. Seinem früheren Kollegen Z, dem A wohl gesonnen ist, richtet er noch schnell das Textverarbeitungssystem neu ein, das nun bedeutend besser läuft. Dann verlässt er das Gebäude wieder. Auf dem Rückweg wirft er den Firmenschlüssel in einen Teich. Zu Hause angekommen, löscht A alle Dateien, die sich auf seinen alten Betrieb beziehen, darunter auch ein Spielprogramm, das ihm sein früherer Arbeitgeber geschenkt hatte.

Wie hat sich A nach dem StGB strafbar gemacht? Erforderliche Strafanträge sind gestellt.

Gliederung

Lösung

I. Erster Tatkomplex: Vor dem Gebäude

1. Sachbeschädigung, § 303 Abs. 1 StGB, durch Beschmieren

A könnte sich durch das Beschreiben des Werksgebäudes wegen Sachbeschädigung **1** nach § 303 Abs. 1 StGB strafbar gemacht haben.

a) Tatbestand

aa) Objektiver Tatbestand

Dazu müsste er eine fremde Sache beschädigt oder zerstört haben. Das Werksge- **2** bäude ist eine für A fremde Sache. Beschädigen ist das Einwirken auf die Substanz einer Sache, bei der ihre bestimmungsgemäße Brauchbarkeit mehr als nur unerheblich verletzt oder beeinträchtigt wird.[1]

Fraglich ist, ob das Aufsprühen eines Graffitos zu einer Substanzverletzung eines Ge- **3** bäudes führen kann. Zum Teil wird ein Beschädigen bereits bei einer jedenfalls nicht mühelos behebbaren Verunstaltung angenommen; ein Einwirken auf die Sachsubstanz bei der Reinigung sei nicht notwendig.[2] Die Rechtsprechung schränkt das Merkmal hingegen so ein, dass eine Beschädigung nur dann zu bejahen ist, wenn die Entfernung der Verunstaltung zwangsläufig eine Substanzverletzung nach sich zieht.[3] Die Spezialfarbe des A ist tief in den Stein eingedrungen. Wenn man die Verunreinigung beseitigen will, muss man einige Schichten des Steins abnehmen, also in seine Substanz eingreifen. Ein Beschädigen liegt also auch nach der engeren Auffassung vor.

Hinweis: Die einschränkende Gegenmeinung war vor allem für die vom „Graffiti-Unwesen" betrof- **4** fenen Eigentümer nicht verständlich.[4] Durch das 39. StrÄndG wurde 2005 daher § 303 Abs. 2 StGB neu eingeführt, der das bloße Verändern des Erscheinungsbildes einer Sache, unabhängig von einer etwaigen Substanzverletzung, unter Strafe stellt.

Hier ist es aber nicht notwendig, § 303 Abs. 2 StGB heranzuziehen, da die Beseitigung der Verunrei- **5** nigung eine Substanzverletzung zur Folge hat und damit bereits die engeren Voraussetzungen des § 303 Abs. 1 StGB erfüllt sind.

Auch ist die Beeinträchtigung mehr als nur unerheblich, da die Entfernung der Auf- **6** schrift einen nennenswerten Aufwand an Zeit, Kosten und Mühen nach sich ziehen wird. A hat also eine fremde Sache beschädigt.

---

[1] RGSt 66, 305.
[2] Vgl. Schönke/Schröder/*Stree*, § 303 Rn. 8c.
[3] *OLG Düsseldorf* NJW 1982, 1167.
[4] Schönke/Schröder/*Stree*, § 303 Rn. 8c, 9a.

bb) Subjektiver Tatbestand

7   A handelt vorsätzlich.

b) Rechtswidrigkeit und Schuld

8   Auch handelte er rechtswidrig und schuldhaft.

c) Ergebnis

9   A hat sich durch das Beschreiben des Werksgebäudes wegen Sachbeschädigung nach § 303 Abs. 1 StGB strafbar gemacht. Der Strafantrag nach § 303 c StGB ist gestellt.

2. Zerstörung von Bauwerken, § 305 Abs. 1 StGB

10   A könnte sich durch das Anbringen des Schriftzuges auch wegen Zerstörung von Bauwerken nach § 305 Abs. 1 StGB strafbar gemacht haben. Das Werksgebäude ist ein Gebäude im Sinne des § 305 Abs. 1 StGB. Zerstören setzt aber eine so schwere Beschädigung der Sache voraus, dass ihre Gebrauchsfähigkeit völlig aufgehoben wird.[5] Die Außenwand eines Gebäudes zu beschmieren führt jedoch nicht zu einer Zerstörung, auch nicht zu einer teilweisen. A hat sich demnach nicht wegen Zerstörung von Bauwerken nach § 305 Abs. 1 StGB strafbar gemacht.

3. Üble Nachrede, § 186 StGB

11   Durch das Anbringen des Schriftzuges „Ausbeuter" könnte sich A aber wegen Übler Nachrede nach § 186 StGB strafbar gemacht haben.

12   Dazu müsste er eine ehrenrührige Tatsache in Beziehung auf einen anderen behauptet haben. Tatsachen sind Ereignisse, Vorgänge oder Zustände der Außen- oder Innenwelt, die der Vergangenheit oder Gegenwart angehören und dem Beweis zugänglich sind. Ehrenrührig ist eine Tatsachenaussage dann, wenn sie geeignet ist, dem Betroffenen den sittlichen, personalen oder sozialen Geltungswert abzusprechen.[6]

13   Problematisch ist, ob die Bezeichnung als „Ausbeuter" dem Beweis zugänglich ist. Ob jemand ein Ausbeuter ist, lässt sich grundsätzlich überprüfen; die Aussage kann wahr oder falsch sein, ist demnach also dem Beweis zugänglich.[7] Allerdings ist die Aussage hier sehr pauschal, es gibt insbesondere keinen Bezug zu bestimmten Geschehnissen. Es überwiegt daher der Bereich des subjektiven Meinens und Wertens.[8] Es liegt also keine Tatsachenaussage, sondern ein Werturteil vor.

14   A hat sich demnach nicht wegen Übler Nachrede nach § 186 StGB strafbar gemacht.

15   **Hinweis:** Ist nicht offensichtlich, ob eine Äußerung als Tatsachenaussage oder Werturteil einzuordnen ist, empfiehlt es sich, in der Prüfung mit §§ 186 f. StGB zu beginnen, um dort die Abgrenzung vornehmen zu können.

4. Beleidigung, § 185 StGB

16   Durch das Anbringen des Schriftzuges „Ausbeuter" könnte sich A jedoch wegen Beleidigung nach § 185 StGB strafbar gemacht haben.

---

[5] *Fischer*, § 305 Rn. 5.
[6] *Wessels/Hettinger*, BT 1, Rn. 492 ff.
[7] *Fischer*, § 186 Rn. 2.
[8] *Rengier*, BT II, § 29 Rn. 20 ff.

Dazu müsste er eine andere Person beleidigt haben. Eine Beleidigung ist der Angriff **17** auf die Ehre eines anderen durch Kundgabe der Miss- oder Nichtachtung.[9] Die Bezeichnung als „Ausbeuter" ist ein Werturteil (vgl. o.), mit dem A seine Geringschätzung und Missachtung zum Ausdruck bringen will.

Fraglich ist, ob A seine Miss- oder Nichtachtung kundgegeben hat. Eine Kundgabe **18** setzt nämlich voraus, dass der Kundgabeempfänger den ehrenrührigen Inhalt richtig erfassen kann.[10] Hier ist jedoch nicht eindeutig erkennbar, wer von der Kundgabe betroffen ist. Zwar ist es naheliegend, bei einem Schriftzug auf dem Firmengebäude den Inhaber der Firma als Betroffenen anzusehen. Zwingend ist dies jedoch nicht. Der Begriff „Ausbeuter" nimmt keinen direkten Bezug auf den Betroffenen. Es ist genauso möglich, etwa einen Abteilungsleiter als Betroffenen oder die Inschrift als völlig unabhängig von der Firma zu verstehen. Die Beziehung zu einer bestimmten Person ist nicht eindeutig und kann nicht hinreichend sicher gestellt werden.

Eine Bestrafung wegen Beleidigung nach § 185 StGB kommt daher nicht in Betracht. **19**

Hinweis: Bei entsprechender Begründung ist hier eine andere Ansicht vertretbar. **20**

5. Hausfriedensbruch, § 123 Abs. 1 Alt. 1 StGB

A könnte sich durch das Eindringen in das Firmengebäude wegen Hausfriedensbru- **21** ches nach § 123 Abs. 1 Alt. 1 StGB strafbar gemacht haben.

a) Tatbestand

aa) Objektiver Tatbestand

Dazu müsste er in die Geschäftsräume eines anderen eingedrungen sein. Das Fir- **22** mengebäude stellt einen Geschäftsraum dar.[11] Eindringen ist das Betreten gegen oder ohne den Willen des Berechtigten.[12] A öffnet die Tür mit seinem alten Firmenschlüssel. Eigentlich ist der Firmenschlüssel zum Öffnen der Tür bestimmt. Allerdings wurde A von seinem nunmehr früheren Arbeitgeber gekündigt; er darf das Firmengebäude daher nicht mehr ohne Weiteres alleine betreten. A dringt in das Gebäude ein, betritt es also zumindest ohne den Willen des Berechtigten.

Hinweis: *Widerrechtlich* ist kein Tatbestandsmerkmal des § 123 StGB, sondern ein Hinweis auf das **23** allgemeine Deliktsmerkmal der Rechtswidrigkeit.

bb) Subjektiver Tatbestand

A handelte vorsätzlich. **24**

b) Rechtswidrigkeit und Schuld

Er handelte rechtswidrig und schuldhaft. **25**

c) Ergebnis

A hat sich durch das Eindringen in das Firmengebäude wegen Hausfriedensbruches **26** nach § 123 Abs. 1 StGB strafbar gemacht. Der Strafantrag nach § 123 Abs. 2 StGB ist gestellt.

---

[9] BGHSt 1, 288; 11, 67.
[10] *Rengier*, BT II, § 28 Rn. 20 ff.
[11] Vgl. *Fischer*, § 123 Rn. 7.
[12] *Lackner/Kühl*, § 123 Rn. 5.

6. Sachbeschädigung, § 303 Abs. 1 StGB, durch Eindringen

27   A hat sich durch das Eindringen in das Firmengebäude nicht wegen Sachbeschädigung nach § 303 Abs. 1 StGB strafbar gemacht. Da er seinen alten Firmenschlüssel benutzt hat, wurde das Firmengebäude nicht beschädigt.

7. Ergebnis zum ersten Tatkomplex

28   A hat sich nach § 303 Abs. 1 StGB und § 123 Abs. 1 Alt. 1 StGB strafbar gemacht. Die Delikte stehen zueinander in Tatmehrheit nach § 53 StGB.

II. Zweiter Tatkomplex: Der Computer des X

1. Sachbeschädigung, § 303 Abs. 1 StGB

29   Durch das Löschen der Daten auf der Festplatte des Computers des X könnte sich A wegen Sachbeschädigung nach § 303 Abs. 1 StGB strafbar gemacht haben. Dazu müsste er eine fremde Sache beschädigt haben. Eine Sache ist jeder körperliche Gegenstand.[13] Daten auf einer Festplatte sind jedoch nicht körperlich, sie sind vielmehr lediglich magnetisch gespeicherte Informationen. Die Festplatte selbst ist aber ein körperlicher Gegenstand. Allerdings hat A nicht auf die Sachsubstanz der Festplatte eingewirkt, hat sie also nicht beschädigt. A hat sich demnach nicht wegen Sachbeschädigung nach § 303 Abs. 1 StGB strafbar gemacht.

2. Datenveränderung, § 303 a Abs. 1 StGB

30   Er könnte sich durch das Löschen der Daten aber wegen Datenveränderung nach § 303 a Abs. 1 StGB strafbar gemacht haben.

a) Tatbestand

aa) Objektiver Tatbestand

31   Dazu müsste er rechtswidrig Daten gelöscht haben. Der Inhalt der Festplatte besteht aus magnetisch gespeicherten Daten, also handelt es sich um Daten nach § 202 a Abs. 2 StGB. A müsste diese Daten gelöscht haben. Löschen ist das unwiederbringliche Unkenntlichmachen der konkreten Speicherung. A hat die komplette Festplatte des X gelöscht. Ob die Daten tatsächlich unwiederbringlich verloren sind oder nicht doch durch ein spezielles Programm zur Datenrettung wiederhergestellt werden können, ist jedoch nicht sicher.[14] § 303 a Abs. 1 Var. 4 StGB erfasst aber jedes Verändern, also inhaltliches Umgestalten gespeicherter Daten. Zumindest diese Tatvariante hat A erfüllt.

32   Das Verändern der Daten müsste rechtswidrig sein, es müsste also ein Eingriff in fremde Rechtspositionen erfolgt sein, der Berechtigte hätte nicht in die Verletzung einwilligen dürfen.[15] X, der Berechtigte über die Daten auf seinem Computer, hat nicht in die Datenveränderung eingewilligt.

33   **Hinweis:** Es ist umstritten, ob das Merkmal der Rechtswidrigkeit in § 303 a StGB auf das allgemeine Merkmal der Rechtswidrigkeit hinweist oder ein einschränkendes Tatbestandsmerkmal darstellt. Es besteht aber Übereinstimmung, dass der Tatbestand des § 303 a Abs. 1 StGB insofern einzuschränken ist, dass nur Daten erfasst sind, an denen ein unmittelbares Recht einer anderen Person auf Verarbei-

---

[13] *Fischer*, § 303 Rn. 2.
[14] Vgl. *Hilgendorf/Frank/Valerius*, Rn. 194 ff., 201.
[15] *Lackner/Kühl*, § 303 a Rn. 4; *Hilgendorf/Frank/Valerius*, Rn. 203.

tung, Löschung oder Nutzung besteht.[16] Versteht man „rechtswidrig" bei § 303 a Abs. 1 StGB nicht als Tatbestandsmerkmal, ist eine einschränkende Auslegung des Begriffs „Daten" vorzunehmen.

bb) Subjektiver Tatbestand

A hatte Vorsatz zur Verwirklichung des objektiven Tatbestandes. **34**

b) Rechtswidrigkeit und Schuld

Er handelte rechtswidrig und schuldhaft. **35**

c) Ergebnis

Damit hat sich A wegen Datenveränderung nach § 303 a Abs. 1 Var. 4 StGB strafbar **36** gemacht. Nach § 303 c StGB ist ein Strafantrag erforderlich.

3. Computersabotage, § 303 b Abs. 1, 2 StGB

A könnte sich durch das Löschen der Festplatte von Xs Computer wegen Compu- **37** tersabotage nach § 303 b Abs. 1 und Abs. 2 StGB strafbar gemacht haben.

a) Tatbestand

aa) Objektiver Tatbestand

Er müsste dazu zunächst eine Datenverarbeitung, die für einen fremden Betrieb **38** oder eine fremdes Unternehmen von wesentlicher Bedeutung ist, erheblich gestört haben. Unter Datenverarbeitung sind diejenigen technischen Vorgänge zu verstehen, bei denen durch Aufnahme von Daten und ihre Verknüpfung nach Programmen Arbeitsergebnisse erzielt werden.[17] Das Merkmal der Datenverarbeitung ist bei Computerarbeitsplätzen in der Regel erfüllt. Die Datenverarbeitung muss für einen anderen Betrieb oder ein Unternehmen[18] von wesentlicher Bedeutung sein. X erstellt gerade eine Bilanz für die Firma F. Durch die Datenlöschung entsteht der Firma ein nicht unerheblicher Schaden, die Datenverarbeitung ist also für F von wesentlicher Bedeutung.

A müsste die Datenverarbeitung durch eine der in § 303 b Abs. 1 Nr. 1–3 StGB ge- **39** nannten Varianten gestört haben. A hat eine Tat nach § 303 a Abs. 1 StGB begangen, also § 303 b Abs. 1 Nr. 1 StGB verwirklicht.

bb) Subjektiver Tatbestand

A handelte vorsätzlich. **40**

b) Rechtswidrigkeit und Schuld

Er handelte rechtswidrig und schuldhaft. **41**

c) Ergebnis

A hat sich also wegen Computersabotage nach § 303 b Abs. 1 Nr. 1, Abs. 2 StGB **42** strafbar gemacht. § 303 b Abs. 1 Nr. 1, Abs. 2 StGB ist eine Qualifikation zu § 303 a StGB, der deshalb im Wege der Spezialität zurücktritt.

---

[16] *Fischer*, § 303 a Rn. 4.
[17] *Fischer*, § 263 a Rn. 3.
[18] Ob es sich um einen Betrieb oder ein Unternehmen handelt, braucht nicht geklärt zu werden, da die Unterscheidung kaum vorgenommen werden kann und ohne Bedeutung ist, vgl. Schönke/Schröder/ *Lenckner/Perron* § 14 Rn. 28, 29.

4. Untreue, § 266 Abs. 1 StGB

43   Durch das Löschen der Festplatte vom Computer des X könnte sich A zudem wegen Untreue nach § 266 Abs. 1 StGB strafbar gemacht haben. A wurde aber gekündigt.
Er ist nicht mehr Mitarbeiter der Firma F, er hat deshalb keine Vermögensbetreuungs-
pflicht. Eine Strafbarkeit nach § 266 Abs. 1 StGB scheidet somit aus.

5. Urkundenunterdrückung, § 274 Abs. 1 StGB

44   A könnte sich durch das Löschen der Festplatte vom Computer des X jedoch wegen
Urkundenunterdrückung nach § 274 Abs. 1 StGB strafbar gemacht haben.

a) Tatbestand

aa) Objektiver Tatbestand

45   Zunächst müsste die Festplatte eine technische Aufzeichnung sein. Nach § 268
Abs. 2 StGB handelt es sich dabei um die dauerhafte Darstellung von Daten, die durch
ein technisches Gerät selbsttätig aufgezeichnet werden. Für eine Darstellung ist eine
optisch-visuelle oder sinnliche Wahrnehmung nicht erforderlich, eine elektromagneti-
sche Fixierung auf Festplatten ist ausreichend.[19] Bei der Speicherung von Inhalten auf
der Festplatte handelt es sich also um die dauerhafte Darstellung von Daten. Problematisch ist hier aber, dass die Daten auf der Festplatte nicht vom Computer selbsttätig
bewirkt wurden. Vielmehr wurden die Daten der Bilanz von X eingegeben. Da die
menschliche Mitwirkung am Prozess der Datenerstellung überwiegt, handelt es sich
beim Festplatteninhalt nicht um eine technische Aufzeichnung.

46   A könnte jedoch § 274 Abs. 1 Nr. 2 StGB verwirklicht haben. Beim Festplatteninhalt handelt es sich um beweiserhebliche Daten im Sinne des § 202a Abs. 2 StGB. Zudem hat A kein Verfügungsrecht an diesen Daten. Er hat sie gelöscht oder zumindest
verändert (vgl. o.). A hat demnach § 274 Abs. 1 Nr. 2 StGB erfüllt.

bb) Subjektiver Tatbestand

47   Er müsste das auch vorsätzlich getan haben, § 15 StGB. A wollte die Daten von der
Festplatte löschen. Außerdem müsste er mit Nachteilszufügungsabsicht gehandelt haben, also mit unbedingtem Vorsatz, fremde Beweisführungsrechte zu beeinträchtigen.[20] Das ist der Fall.

b) Rechtswidrigkeit und Schuld

48   A handelte rechtswidrig und schuldhaft.

c) Ergebnis

49   Er hat sich demnach wegen Urkundenunterdrückung nach § 274 Abs. 1 Nr. 2 StGB
strafbar gemacht.

6. Ergebnis zum zweiten Tatkomplex

50   A hat sich nach §§ 303b Abs. 1, 274 Abs. 1 Nr. 2, 52 StGB strafbar gemacht.

---

[19] *Joecks*, § 268 Rn. 8.
[20] MünchKomm/*Freund*, § 174 Rn. 47.

III. Dritter Tatkomplex: Der Computer des Y

1. Sachbeschädigung, § 303 Abs. 1 StGB

Durch das Implantieren des Computervirus auf den Computer des Y könnte sich A **51** wegen Sachbeschädigung nach § 303 Abs. 1 StGB strafbar gemacht haben. Dazu müsste er eine fremde Sache beschädigt oder zerstört haben. Der Bildschirm ist eine fremde Sache. A hat jedoch nicht auf den Bildschirm selbst eingewirkt. Am Bildschirm selbst ist es zu keiner Substanzverletzung gekommen, würde man ihn an einen anderen Rechner anschließen, würde er einwandfrei funktionieren. A hat den Bildschirm also nicht beschädigt. Er könnte indes den Computer selbst beschädigt haben. Voraussetzung für eine Sachbeschädigung ist jedoch die Einwirkung auf die Sachsubstanz, was durch das Aufspielen eines Computervirus gerade nicht geschieht. Auch das Betriebssystem ist kein körperlicher Gegenstand, also kein taugliches Tatobjekt. A hat sich demnach nicht wegen § 303 Abs. 1 StGB strafbar gemacht.

2. Datenveränderung, § 303 a Abs. 1 StGB

Er könnte sich durch das Aufspielen des Virus aber wegen Datenveränderung nach **52** § 303 a Abs. 1 StGB strafbar gemacht haben.

a) Tatbestand

Es könnte ein Fall der Datenunterdrückung nach § 303 a Abs. 1 Var. 2 StGB vorliegen. **53** Unterdrücken von Daten bedeutet, dass sie dem Berechtigten auf Dauer oder zeitweilig entzogen werden und er sie deshalb nicht mehr benutzen kann.[21] Das automatische Abschalten des Bildschirms führt dazu, dass Y die Daten auf seinem Computer nicht mehr sehen und deshalb auch nicht mehr benutzen kann. Allerdings ist der Entzug der Daten nur von einer sehr geringen Zeitdauer, Y muss den Bildschirm lediglich wieder einschalten, um die Daten wieder benutzen zu können. Die Dauer der Entziehung bedeutet für Y also keine Beeinträchtigung, eine Datenunterdrückung liegt nicht vor.[22]

Hinweis: Mit der Begründung, das Zeitintervall von zwei Minuten sei so kurz, dass auch der jeweils **54** nur kurze Entzug der Daten auf Dauer zu einer erheblichen Beeinträchtigung führt, ist eine andere Ansicht gut vertretbar.

A könnte indessen eine Datenveränderung nach § 303 a Abs. 1 Var. 4 StGB begangen **55** haben. Er hat aber gar keine bestehenden Daten inhaltlich umgestaltet, sondern durch das Installieren des Schadprogrammes lediglich neue Daten hinzugefügt. Das bloße Hinzufügen von Daten stellt jedoch keine Datenveränderung dar; vielmehr wurde nur leerer Speicherplatz beschrieben, nicht aber der Bedeutungsgehalt der übrigen Daten verändert.[23]

Hinweis: Es gibt keinen Anhaltspunkt dafür, dass das Virus vorhandene Daten beeinflusst. Von ei- **56** nem Bearbeiter können jedoch keine detaillierten technischen Kenntnisse verlangt werden. Wichtig ist, dass mit dem Wortlaut des Gesetzes argumentiert wird.

b) Ergebnis

A hat sich daher nicht wegen Datenveränderung nach § 303 a Abs. 1 StGB strafbar **57** gemacht.

---

[21] *Fischer*, § 303 a Rn. 10.
[22] Vgl. Schönke/Schröder/*Stree*, § 303 a Rn. 4.
[23] LK/*Wolff*, § 303 a Rn. 27 f; *Ernst*, NJW 2003, 3233, 3238.

3. Computersabotage, § 303 b Abs. 1 StGB

58 A könnte sich jedoch durch das Implantieren des Schadprogrammes wegen Computersabotage nach § 303 b Abs. 1 StGB strafbar gemacht haben.

a) Tatbestand

59 Zunächst müsste es sich um eine Datenverarbeitung handeln, die für einen Betrieb oder ein Unternehmen von wesentlicher Bedeutung ist. Der Computer des Y müsste also grundlegende Informationen für die Firma F enthalten. Anders als beim Computer des X, auf dem gerade eine Bilanz erstellt wird, fehlen Angaben, die auf eine wesentliche Bedeutung des Computers des Y schließen lassen. Im Zweifel ist daher anzunehmen, dass es sich bei den Informationen auf dem Computer des Y um keine Daten von wesentlicher Bedeutung für F handelt.

60 **Hinweis:** Eine andere Ansicht erscheint hier mit der Begründung, dass auf Betriebsrechnern in der Regel bedeutsame Daten gespeichert sind, *gerade noch* vertretbar.

61 Dann ist aber zu beachten, dass § 303 b Abs. 1 Nr. 1 StGB nicht gegeben ist. In Betracht kommt aber § 303 b Abs. 1 Nr. 2 StGB in der Form des Eingebens von Daten. Ob § 303 b Abs. 1 Nr. 3 StGB vorliegt, ist zweifelhaft. In Betracht kommt die Tatvariante des Unbrauchbarmachens. Voraussetzung dafür ist jedoch eine Einwirkung auf die Sache, also auf die Hardware. Ob ein Computervirus dazu ausreicht, ist umstritten, wohl aber zu verneinen.[24]

b) Ergebnis

62 A hat sich also nicht wegen Computersabotage nach § 303 b Abs. 1 StGB strafbar gemacht.

4. Ergebnis zum dritten Tatkomplex

63 A hat sich im dritten Tatkomplex nicht strafbar gemacht.

IV. Vierter Tatkomplex: Der Computer des Z

1. Sachbeschädigung, § 303 Abs. 1 StGB

64 Durch das Einrichten des Textverarbeitungsprogrammes auf dem Computer des Z könnte sich A wegen Sachbeschädigung nach § 303 Abs. 1 StGB strafbar gemacht haben. Wie beim Computer des Y im dritten Tatkomplex fehlt es auch beim Computer des Z bereits an der Sacheigenschaft des Tatobjekts bzw. an einer Substanzverletzung. A hat sich demnach nicht wegen Sachbeschädigung nach § 303 Abs. 1 StGB strafbar gemacht.

2. Datenveränderung, § 303 a Abs. 1 Var. 4 StGB

65 A könnte sich durch das Modifizieren des Textverarbeitungsprogrammes wegen Datenveränderung nach § 303 a Abs. 1 Var. 4 StGB strafbar gemacht haben.

a) Tatbestand

aa) Objektiver Tatbestand

66 Beim Textverarbeitungsprogramm handelt es sich um Daten im Sinne des § 202 a Abs. 2 StGB. Diese Daten müsste A verändert haben. Verändern ist jedes inhaltliche

---

[24] Vgl. *Hilgendorf/Frank/Valerius*, Rn. 209 ff.

Umgestalten. A hat das Textverarbeitungsprogramm inhaltlich geändert. Eigentlich ist die Tatvariante des § 303 a Abs. 1 Var. 4 StGB erfüllt. Allerdings hat A das Programm objektiv verbessert. Man könnte in Frage stellen, ob eine objektive Verbesserung überhaupt in den Anwendungsbereich des § 303 a StGB fallen soll. Es wäre etwa eine teleologische Reduktion des Tatbestandes dahin denkbar, nur schädliche Veränderungen der Daten zu pönalisieren. Dem ist jedoch entgegenzuhalten, dass eine objektive Verbesserung nicht zwingend zu einer subjektiven Verbesserung für den an den Daten Berechtigten führen muss.[25] Wenn dieser einen Ablauf in einer bestimmten Art und Weise ausführen will, kann selbst eine objektive Verbesserung unerwünscht sein. A hat also im Sinne des § 303 a Abs. 1 StGB Daten verändert.

A hatte kein Verfügungsrecht am Textverarbeitungsprogramm, so dass die Datenänderung auch rechtswidrig war.[26]   **67**

bb) Subjektiver Tatbestand

A handelte vorsätzlich.   **68**

b) Rechtswidrigkeit

Die Tat des A könnte aber über eine mutmaßliche Einwilligung des Z gerechtfertigt   **69** sein. Der Rechtfertigungsgrund greift dann ein, wenn die Handlung im Interesse des Betroffenen vorgenommen wird und dieser vermutlich einwilligen würde, aber nicht rechtzeitig einwilligen kann.[27] Eine Rechtfertigung über eine mutmaßliche Einwilligung ist aber dann auszuschließen, wenn es problemlos möglich gewesen wäre, den Rechtsgutsinhaber vorher zu befragen.[28] A hätte Z, zu dem er – gerade im Vergleich zu den anderen Kollegen – ein offenkundig besseres Verhältnis hatte, ohne Weiteres vorher fragen können. A ist demnach nicht über eine mutmaßliche Einwilligung gerechtfertigt.

c) Schuld und Ergebnis

A handelte schuldhaft. Er hat sich wegen Datenveränderung nach § 303 a Abs. 1   **70** StGB strafbar gemacht.

3. Computersabotage, § 303 b Abs. 1, 2 StGB

A könnte sich zudem wegen Computersabotage nach § 303 b Abs. 1, 2 StGB straf-   **71** bar gemacht haben. Es gibt jedoch keine Anhaltspunkte dafür, dass es sich beim Textverarbeitungsprogramm des Z um eine Datenverarbeitung von wesentlicher Bedeutung für die Firma F handelt (vgl. o.). Eine Strafbarkeit des A nach § 303 b Abs. 1, 2 StGB ist somit nicht gegeben.

4. Ergebnis zum vierten Tatkomplex

A hat sich nach § 303 a Abs. 1 Var. 4 StGB strafbar gemacht.   **72**

V. Fünfter Tatkomplex: Wegwerfen des Schlüssels

1. Diebstahl, § 242 Abs. 1 StGB

A könnte sich durch das Wegwerfen des Schlüssels wegen Diebstahls nach § 242   **73** Abs. 1 StGB strafbar gemacht haben.

---

[25] *Hilgendorf/Frank/Valerius*, Rn. 194.
[26] Zur systematischen Einordnung des Merkmals der Rechtswidrigkeit s. o. Rn. 33.
[27] *Fischer*, Vor § 32 Rn. 4.
[28] Schönke/Schröder/*Lenckner*, Vor §§ 32 ff. Rn. 59.

74   Dazu müsste er eine fremde bewegliche Sache weggenommen haben. Beim Schlüssel handelt es sich um eine bewegliche Sache; er steht im Eigentum der Firma und ist daher für A fremd. A müsste den Schlüssel weggenommen haben. Wegnahme ist der Bruch fremden und die Begründung neuen, nicht notwendig tätereigenen, Gewahrsams.[29] A hat den Schlüssel aber nicht weggenommen, vielmehr wurde er ihm im Rahmen seines Arbeitsverhältnisses ausgehändigt. Mangels Wegnahme hat sich A also nicht wegen Diebstahls nach § 242 Abs. 1 StGB strafbar gemacht.

2. Unterschlagung, § 246 Abs. 1 StGB

75   Er könnte sich aber durch das Werfen des Schlüssels in den Teich wegen Unterschlagung nach § 246 Abs. 1 StGB strafbar gemacht haben. Dazu müsste er sich eine fremde bewegliche Sache zugeeignet haben. Zueignung ist die Manifestation des Zueignungswillens, es muss also nach außen hin erkennbar sein, dass der Täter die Sache behalten will.[30] A wirft den Schlüssel in einen Teich, maßt sich damit also eine Eigentümerstellung an. Im Wegwerfen des Schlüssels zeigt sich jedoch gerade nicht der Wille, ihn auch behalten zu wollen. A eignet sich den Schlüssel nicht an. Er hat sich damit nicht wegen Unterschlagung nach § 246 Abs. 1 StGB strafbar gemacht.

3. Sachbeschädigung, § 303 Abs. 1 StGB

76   A könnte sich indes wegen Sachbeschädigung nach § 303 Abs. 1 StGB strafbar gemacht haben. Dazu müsste er eine fremde Sache beschädigt oder zerstört haben. Der Firmenschlüssel steht im Eigentum der Firma und ist damit eine für A fremde Sache. Ob A den Schlüssel aber beschädigt hat, ist fraglich. Der bloße Sachentzug stellt nämlich kein Beschädigen im Sinne des § 303 Abs. 1 StGB dar.[31] Hinweise auf eine Substanzverletzung des Schlüssels gibt es nicht; im Zweifel ist davon auszugehen, dass der Schlüssel nicht von A beschädigt wurde. A hat sich demnach nicht wegen Sachbeschädigung nach § 303 Abs. 1 StGB strafbar gemacht.

4. Ergebnis zum fünften Tatkomplex

77   A hat sich nicht strafbar gemacht.

VI. Sechster Tatkomplex: Computer des A zu Hause

1. Datenveränderung, § 303 a Abs. 1 StGB

78   A hat alle Dateien, die sich auf seinen alten Betrieb beziehen, von seinem Computer gelöscht, unter anderem das geschenkte Spielprogramm. Er könnte sich deshalb wegen Datenveränderung nach § 303 a Abs. 1 StGB strafbar gemacht haben. Sowohl bei den betriebsbezogenen Dateien als auch bei dem Spielprogramm handelt es sich um Daten nach § 202 a Abs. 2 StGB. A hat diese Daten gelöscht (§ 303 a Abs. 1 Var. 1 StGB) oder zumindest verändert (Var. 4, vgl. o.).

79   Fraglich ist, ob er das auch rechtswidrig tat.[32] Die Löschung bzw. Veränderung der Daten war nicht rechtswidrig, wenn sie im Interesse des Berechtigten erfolgte. Wegen der Kündigung hatte der frühere Arbeitgeber gerade kein Interesse mehr am Verbleib firmenbezogener Daten auf dem Privatrechner des A. Das Löschen dieser Daten war

---

[29] *Fischer*, § 242 Rn. 16.
[30] *Fischer*, § 246 Rn. 6.
[31] *Joecks*, § 303 Rn. 9.
[32] Zur systematischen Einordnung des Merkmals der Rechtswidrigkeit s. o. Rn. 33.

somit nicht rechtswidrig. Das Spielprogramm ist A sogar geschenkt worden; er ist daher Verfügungsberechtigter an den Daten des Spielprogramms. Das Löschen des Spielprogramms war daher ebenfalls nicht rechtswidrig.

A hat sich nicht wegen Datenveränderung nach § 303 a Abs. 1 StGB strafbar gemacht. **80**

2. Ergebnis zum sechsten Tatkomplex

A hat sich nicht strafbar gemacht. **81**

VII. Gesamtergebnis und Konkurrenzen

A hat sich nach §§ 303 Abs. 1; 123 Abs. 1; 303 b Abs. 1, 274 Abs. 1, 52; 303 a Abs. 1; **82** 53 StGB strafbar gemacht.

Fallbeurteilung

Die Schwerpunkte des eher einfach gehaltenen Falls liegen im Bereich der Sachbeschädigungs- und Computerdelikte. Von einem Bearbeiter werden im Bereich der Computerdelikte keine detaillierten technischen Kenntnisse verlangt, allerdings sollte er zeigen, in der Lage zu sein, Probleme aus dem Gesetzeswortlaut entwickeln und lösen zu können.

Das Graffiti-Problem im ersten Tatkomplex gehört zum Standardwissen im Bereich der Sachbeschädigungsdelikte. Hier kommt es darauf an, zu erkennen, dass die Entfernung des Graffitos zwangsläufig eine Substanzverletzung nach sich zieht, so dass eher § 303 Abs. 1 StGB zu bejahen ist – jedenfalls sollte nicht ohne Argumentation auf § 303 Abs. 2 StGB ausgewichen werden. Bei § 185 StGB sollte das Problem der Erkennbarkeit des Betroffenen bei der Kundgabe herausgearbeitet werden.

Die Definition der technischen Aufzeichnung im Sinne des § 274 Abs. 1 StGB, die im zweiten Tatkomplex eine Rolle spielt, gehört zum Basiswissen.

Die Tatkomplexe 2 bis 4 und 6 beinhalten verschiedene Probleme der § 303 a und § 303 b StGB. Der Sachverhalt ist dabei so angelegt, dass sich notwendige Differenzierungen geradezu aufdrängen. So gilt es etwa zu erkennen, dass es für das Merkmal der wesentlichen Bedeutung im Sinne des § 303 b Abs. 1 StGB einen Unterschied zwischen dem Computer des X, auf dem eine Bilanz erstellt wird, und den Rechnern von Y und Z gibt. Dabei sollte eine Auseinandersetzung mit der Einordnung des Deliktsmerkmals der Rechtswidrigkeit im Rahmen des § 303 a Abs. 1 StGB stattfinden.

Im fünften Tatkomplex ist der klassische Fall einer Unterschlagung einer Sache durch Wegwerfen zu prüfen, dessen Behandlung beherrscht werden muss.

Weiterführende Hinweise: *Ernst,* Hacker und Computerviren im Strafrecht, NJW 2003, 3233–3239; *Fülling/Rath,* Internet-Dialer – Eine strafrechtliche Untersuchung, JuS 2005, 598–602; *Hilgendorf,* Grundfälle zum Computerstrafrecht, JuS 1996, 1082–1084, JuS 1997, 323–331; *Kudlich/Noltensmeier,* Die Fremdheit der Sache als Tatbestandsmerkmal in strafrechtlichen Klausuren, JA 2007, 863–867; *Satzger,* Der Tatbestand der Sachbeschädigung (§ 303 StGB) nach der Reform durch das Graffiti-Bekämpfungsgesetz, Jura 2006, 428–436; *Schuhr,* Verändern des Erscheinungsbildes einer Sache als Straftat, JA 2009, 169–175.

Fall 4. Im Selbstbedienungsladen

Sachverhalt

In einem Supermarkt nimmt A eine Musik-CD und legt sie auf den Boden seines Einkaufswagens. Darüber deckt er ein Warenprospekt. Eine Armbanduhr, die ihm besonders gefällt, steckt er gleich in seine Hosentasche. An der Kasse legt er, wie er es von Anfang an vorhatte, alle Waren mit Ausnahme der noch immer von dem Prospekt verdeckten CD und der Armbanduhr auf das Band und bezahlt den von der Kassiererin genannten Betrag. Dann schiebt er den Wagen durch die Kasse. Anschließend verpackt A die gekauften Waren in eine mitgebrachte Tasche. Als er gerade die CD dazu stecken möchte, wird er von dem Ladendetektiv B, der ihn die ganze Zeit über beobachtet hatte, gestellt. A übergibt dem B die Tasche mit der Musik-CD. B fordert A auf, auch noch die Armbanduhr herauszugeben, doch dieser weigert sich mit der Bemerkung, es handele sich um seine eigene Uhr. Als der Detektiv B insistiert, entreißt A dem B die Tasche und die CD, stößt ihn zu Boden und stürmt aus dem Laden. B bleibt völlig überrascht zurück. Erst ein paar Tage später kann A von der Polizei verhaftet werden.
Wie hat sich A strafbar gemacht?

Gliederung

Lösung

I. Erster Handlungsabschnitt: Das Geschehen im Ladenbereich

1. Diebstahl, § 242 Abs. 1 StGB (Armbanduhr)

1   A könnte sich durch das Einstecken der Armbanduhr im Ladenbereich wegen Diebstahls nach § 242 Abs. 1 StGB strafbar gemacht haben.

a) Tatbestand

aa) Objektiver Tatbestand

2   A müsste hierzu nach § 242 Abs. 1 StGB einem anderen eine fremde bewegliche Sache weggenommen haben. Fremd ist eine Sache, die im Eigentum eines anderen steht. Maßgeblich hierfür ist die Bestimmung des Eigentums im bürgerlichen Recht.[1] Bei einer Armbanduhr handelt es sich jedenfalls um eine fremde bewegliche Sache, die auch tatsächlich fortgeschafft werden kann.

3   Zusätzlich müsste A auch das Tatbestandsmerkmal der „Wegnahme" erfüllt haben. „Wegnahme" bedeutet Bruch fremden und Begründung neuen, nicht notwendig eigenen Gewahrsams.[2] Gewahrsam wiederum ist ein tatsächliches, von einem entsprechenden Beherrschungswillen getragenes Herrschaftsverhältnis, dessen genaue Grenzen sich nach der Verkehrsanschauung bestimmen.[3] Gewahrsam besteht nur dann, wenn der Verwirklichung des Herrschaftswillens zur unmittelbaren Einwirkung auf

---

[1] *BGH* NStZ-RR 2000, 234; *Lackner/Kühl*, § 242 Rn. 4.
[2] *Lackner/Kühl*, § 242 Rn. 8; *Wessels/Hillenkamp*, BT 2, Rn. 71.
[3] Ausführlich hierzu: *Lackner/Kühl*, § 242 Rn. 8 a ff.

die Sache keine Hindernisse entgegenstehen.[4] Der Herrschaftswille des Gewahrsamsinhabers kann sich dabei auch auf einen generellen Herrschaftsbereich erstrecken.[5]

Im vorliegenden Fall besaß zunächst der Geschäftsinhaber Gewahrsam an der Arm- 4
banduhr. Indem A die Uhr in seine Hosentasche steckte, hat er diesen Gewahrsam
gegen den Willen des Berechtigten aufgehoben, ihn also gebrochen.[6]

A müsste ferner bereits neuen, eigenen Gewahrsam an der Uhr begründet haben. 5
Dies ist im vorliegenden Fall aus zwei Gründen problematisch: Zum einen befand
sich A zu dem Zeitpunkt, als er die Uhr einsteckte, noch im Ladengeschäft, also im
generellen Herrschaftsbereich des Geschäftsinhabers, zum anderen wurde das Einstecken der Uhr vom Ladendetektiv beobachtet. Letzteres ist allerdings im Hinblick
auf die Definition des Gewahrsamsbegriffs grundsätzlich unerheblich; Diebstahl ist
kein heimliches Delikt.[7] Fraglich könnte allenfalls sein, ob A unter den gegebenen
Umständen bereits eigenen Gewahrsam im Sinne eines unbehinderten Herrschafts-
verhältnisses begründen konnte. Dies lässt sich nach überwiegender Ansicht bei
kleinen, unauffälligen Sachen jedenfalls dann bejahen, wenn der Täter diese Gegenstände so eng an seinem Körper trägt, dass auf sie nur unter Verletzung seiner
höchstpersönlichen Sphäre zugegriffen werden kann.[8] Das Einstecken der Uhr in die
Hosentasche erfüllt diese Voraussetzungen. A hat somit nicht nur fremden Gewahrsam gebrochen, sondern auch bereits eigenen Gewahrsam an der Armbanduhr begründet, so dass insgesamt eine Wegnahme i.S.v. § 242 Abs. 1 StGB bejaht werden
kann.

bb) Subjektiver Tatbestand

A müsste zudem vorsätzlich hinsichtlich aller objektiven Tatbestandsmerkmale ge- 6
handelt haben, d.h. in Kenntnis und mit dem Willen zu ihrer Verwirklichung, und zudem Zueignungsabsicht gehabt haben. A steckte die Armbanduhr wissentlich und willentlich in die Hosentasche und legte sie gerade nicht zu den anderen Waren in dem
Einkaufswagen.

Auch müsste eine Zueignungsabsicht vorgelegen haben. Zueignen heißt das Einver- 7
leiben einer Sache in das eigene Vermögen selbst oder wenigstens den in ihr verkörperten Sachwert (Aneignungskomponente) unter dauerndem Ausschluss des Berechtigten
(Enteignungskomponente).[9] Absicht ist hier der auf Zueignung zielgerichtete Wille.[10]
A steckte die Armbanduhr gerade mit dem Ziel ein, sich eine eigentümerähnliche Ver-
fügungsgewalt zu verschaffen. Die beabsichtigte Zueignung war auch rechtswidrig. Er
handelte damit auch mit Zueignungsabsicht, weshalb der subjektive Tatbestand gegeben ist.

b) Rechtswidrigkeit und Schuld

Es sind keine Rechtfertigungsgründe ersichtlich. A handelte schuldhaft. 8

---

[4] *Lackner/Kühl*, § 242 Rn. 9.
[5] *OLG Düsseldorf* NJW 1988, 1335; *Lackner/Kühl*, § 242 Rn. 11.
[6] Vgl. *Otto*, BT, § 40 Rn. 15 ff.
[7] *Fischer*, § 242 Rn. 16; vgl. aber auch *Gössel*, BT 2, § 7 Rn. 52, 81.
[8] *OLG Düsseldorf* NJW 1986, 2266; kritisch *Roßmüller/Rohrer*, Jura 1994, 469, 474; vgl. auch
Wessels/Hillenkamp, BT 2, Rn. 113 mit umfangreichen Nachweisen.
[9] *Lackner/Kühl*, § 242 Rn. 21.
[10] *Lackner/Kühl*, § 242 Rn. 25.

c) Zwischenergebnis

9   A hat sich demnach durch das Einstecken der Armbanduhr wegen Diebstahls nach § 242 Abs. 1 StGB strafbar gemacht. Es finden sich keine Hinweise im Sachverhalt, die eine Anwendbarkeit des § 248a StGB andeuten.

10   **Hinweis:** Im Regelfall würde bei einem Vorliegen des § 248a StGB[11] zumindest ein Hinweis im Sachverhalt zu finden sein, dass es sich um eine geringwertige Sache handelt. Dies könnte beispielsweise die Angabe eines Preises sein.

2. Diebstahl, § 242 Abs. 1 StGB (CD)

11   A könnte sich des Weiteren wegen Diebstahls nach § 242 Abs. 1 StGB hinsichtlich der CD strafbar gemacht haben, indem er diese in den Wagen gelegt und durch ein Warenprospekt verdeckt hat.

a) Tatbestand

12   Hierzu müsste es sich bei der CD wiederum um eine fremde bewegliche Sache handeln und er müsste den Gewahrsam des Geschäftsleiters gebrochen und eigenen, neuen Gewahrsam begründet haben.[12] Jedoch ist schon hier der Bruch des fremden Gewahrsams problematisch. Wenn ein Käufer eine Ware aus dem Regal entnimmt und in seinen Einkaufswagen legt, entspricht dies in aller Regel dem Willen der Geschäftsleitung. Die äußerlich noch nicht erkennbar gewordene Zielsetzung des A, die CD auf unrechtmäßige Weise an sich zu bringen, steht dem nicht entgegen. Ein Gewahrsamsbruch dürfte auch nicht in dem Verdecken der CD mit einem Prospekt zu erblicken sein, denn die Zugriffsmöglichkeit des Geschäftsführers bzw. der für ihn handelnden Personen auf die CD wurde dadurch kaum eingeschränkt. Ein Eingriff in die höchstpersönliche Sphäre des A war hier, anders als bei der in seiner Hosentasche befindlichen Armbanduhr, nicht erforderlich. Es spricht deshalb einiges dafür, hier noch von einem gelockerten Gewahrsam des Geschäftsinhabers auszugehen.[13] Letztlich kann die Frage aber offen bleiben: Aus den genannten Gründen fehlt es jedenfalls an einer sicheren Gewahrsamserlangung durch A. Unter Berücksichtigung der tatsächlichen Zugriffsmöglichkeiten auf die CD hatte er nach der Verkehrsanschauung noch keine ungehinderte Sachherrschaft erlangt, als er die CD unter dem Prospekt verbarg.[14]

b) Zwischenergebnis

13   Demnach hat sich A nicht durch das Legen der CD in den Einkaufswagen nach § 242 Abs. 1 StGB strafbar gemacht.

3. Hausfriedensbruch, § 123 Abs. 1 StGB (Betreten des Supermarktes)

a) Tatbestand

14   A könnte sich wegen Hausfriedensbruchs nach § 123 Abs. 1 StGB strafbar gemacht haben, indem er den Supermarkt mit der Absicht, einen Diebstahl nach § 242 Abs. 1 StGB zu begehen, betreten hat.

---

[11] Ausführlich hierzu: *Lackner/Kühl*, § 248a Rn. 3.
[12] Wird ein Tatbestand ein zweites Mal geprüft, kann hinsichtlich der Definitionen nach oben verwiesen werden.
[13] So auch *Gössel*, BT 2, § 7 Rn. 82.
[14] Vgl. auch *Hillenkamp*, JuS 1997, 217, 221.

A müsste hierzu in einen Geschäftsraum gemäß § 123 Abs. 1 StGB widerrechtlich **15** eingedrungen sein. Ein Geschäftsraum muss dazu bestimmt sein, für eine gewisse Dauer zum Betrieb von Geschäften irgendwelcher Art zu dienen.[15] Der Ladenbereich des Supermarktes wie im vorliegenden Fall stellt einen solchen Geschäftsraum zweifelsfrei dar.

Ein „Eindringen" i.S.v. § 123 Abs. 1 StGB setzt voraus, dass der Täter zumindest **16** zum Teil einen Raum gegen den Willen des Berechtigten betritt.[16] Jedoch könnte hier ein tatbestandsausschließendes Einverständnis vorliegen.[17] Ein solches Einverständnis kommt bei den Tatbeständen in Betracht, die ein Handeln gegen den Willen des Betroffenen voraussetzen. Dies ist bei dem Hausfriedensbruch, der im Tatbestand einen entgegenstehenden Willen des Berechtigten fordert, der Fall. Hier könnte ein generelles tatbestandsausschließendes Einverständnis vorliegen, denn der Supermarkt stand dem allgemeinen Publikumsverkehr offen, so dass grundsätzlich jeder den Ladenbereich betreten durfte. Es lässt sich allenfalls argumentieren, dem Hausrechtsinhaber sei nicht daran gelegen gewesen, Personen mit kriminellen Absichten Zutritt zu gewähren. Um aber nicht bereits die böse Gesinnung zu pönalisieren, wird man verlangen müssen, dass die kriminelle Intention des Täters zum Zeitpunkt des Zutritts objektiv erkennbar geworden ist.[18] Da dies hier jedoch nicht der Fall war, entfällt aufgrund des Einverständnisses bereits der objektive Tatbestand.

b) Zwischenergebnis

A ist nicht strafbar nach § 123 Abs. 1 StGB. **17**

4. Ergebnis des ersten Handlungsabschnittes

A hat sich durch das Einstecken der Armbanduhr nach § 242 Abs. 1 StGB strafbar **18** gemacht.

II. Zweiter Handlungsabschnitt: Das Geschehen an der Kasse

1. Diebstahl, § 242 Abs. 1 StGB (CD)

A könnte sich wegen Diebstahls nach § 242 Abs. 1 StGB strafbar gemacht haben, **19** indem er die CD, die im Kassenbereich noch immer unter dem Werbeprospekt versteckt war, beim Passieren des Kassenbereichs nicht gezahlt hat.

a) Tatbestand

Hierzu müsste A die Ware weggenommen haben, also fremden Gewahrsam gebro- **20** chen und eigenen Cewahrsam begründet haben (Definition siehe oben). Fraglich ist hierbei, ob im Passieren der Kasse eine Wegnahme im Sinne des § 242 Abs. 1 StGB zu sehen ist.

Für einen Gewahrsamsbruch spricht, dass A durch das Passieren des Kassenbereichs die CD bereits aus dem Ladenbereich als solchem entfernt hat. Es fehlt jedoch an einer neuen, eigenen Gewahrsamsbegründung, denn der Ladendetektiv erwartete A gleich hinter der Kasse, um die CD, die A noch nicht eingesteckt hatte, wieder an sich zu

---

[15] *OLG Köln* NJW 1982, 2740; *Lackner/Kühl*, § 123 Rn. 3.

[16] *Lackner/Kühl*, § 123 Rn. 5.

[17] Zur Abgrenzung von (tatbestandsausschließendem) Einverständnis und (rechtfertigender) Einwilligung vgl. *Wessels/Beulke*, AT, Rn. 361 ff.

[18] *OLG Düsseldorf* NJW 1982, 2678; *Wessels/Hettinger*, BT 1, Rn. 591.

nehmen. Unter diesen Umständen lässt sich nicht von einer ungehinderten Herr-
schaftsmöglichkeit des A sprechen.[19] Daher fehlt es an einer neuen Gewahrsamsbegründung von A, weshalb der objektive Tatbestand nicht gegeben ist.

b) Zwischenergebnis

21   Somit hat sich A nicht wegen vollendeten Diebstahls der CD nach § 242 Abs. 1
StGB strafbar gemacht.

2. Versuchter Diebstahl, §§ 242, 22, 23 Abs. 1 StGB (CD)

22   A könnte sich jedoch wegen versuchten Diebstahls nach §§ 242, 22, 23 Abs. 1 StGB
strafbar gemacht haben.

a) Vorprüfung

23   Wie bereits oben festgestellt, wurde A von B noch bevor er Gewahrsam an der CD
begründen konnte, gestellt.[20] Aus diesem Grund war die Tat noch nicht vollendet.
Auch ergibt sich aus §§ 242 Abs. 2, 12 Abs. 2, 23 Abs. 1 Var. 2 StGB die Strafbarkeit
des versuchten Diebstahls.

b) Tatentschluss

24   A müsste zudem Tatentschluss gehabt haben. Dieser umfasst den Vorsatz hinsichtlich der objektiven Tatbestandsmerkmale und gegebenenfalls das Vorliegen weiterer
subjektiver Merkmale.[21] Die CD ist, wie A weiß, eine fremde bewegliche Sache. A
wollte den Gewahrsam an der CD brechen und eigenen Gewahrsam begründen, die
CD also wegnehmen. Er hatte diesbezüglich Vorsatz.

25   Auch müsste eine Zueignungsabsicht vorliegen (siehe oben unter Rn. 7). A legte die
CD in den Wagen und überdeckte sie mit dem Werbeprospekt. Man kann davon ausgehen, dass A die CD nach Passieren des Kassenbereiches auch in das eigene Vermögen einverleiben wollte. Vor allem das Verstecken der CD im Vorfeld deutet auf diese
Zueignungsabsicht hin. Die Zueignung war, wie A wusste, rechtswidrig. Somit hat A
auch mit Tatentschluss gehandelt.

c) Unmittelbares Ansetzen

26   A müsste außerdem zur Verwirklichung des Tatbestands unmittelbar angesetzt haben. Ein unmittelbares Ansetzen ist bei Handlungen des Täters gegeben, die nach dem
Tatplan der Verwirklichung eines Tatbestandsmerkmals unmittelbar vorgelagert sind
und im Falle eines ungehinderten Fortschreitens unmittelbar in der Tatbestandsverwirklichung münden würden.[22] Im vorliegenden Falle kann zweifelsfrei von einem
unmittelbaren Ansetzen ausgegangen werden. A hatte die CD bereits im Einkaufswagen versteckt und auch den Kassenbereich passiert. Die Schwelle des „Jetzt geht's los"
war demnach schon übertreten. A hat demnach auch unmittelbar zur Tatbestandsverwirklichung angesetzt.

d) Rechtswidrigkeit und Schuld

27   A handelte rechtswidrig und schuldhaft.

---

[19] A.A. *Hillenkamp*, JuS 1997, 217, 222.
[20] Siehe oben unter Rn. 22.
[21] *Wessels/Beulke*, AT, Rn. 598.
[22] BGHSt 26, 201, 203 f.; *Lackner/Kühl*, § 22 Rn. 3.

e) Kein Rücktritt

A könnte jedoch vom Versuch des Diebstahls nach § 24 Abs. 1 StGB strafbefreiend 28 zurückgetreten sein. Ein Rücktritt nach § 24 StGB ist jedoch dann ausgeschlossen, wenn ein fehlgeschlagener Versuch vorliegt.

Fehlgeschlagen ist ein Versuch dann, wenn aus objektiven oder subjektiven Grün- 29 den der Taterfolg aus der Sicht des Täters mit den bereits eingesetzten oder den zur Hand liegenden Mitteln nicht mehr erreicht werden kann, ohne dass er eine ganz neue Handlungs- oder Kausalkette in Gang setzt.[23] A wurde unmittelbar nach Passieren des Kassenbereichs vom Detektiv B gestellt, weshalb die Vollendung des Diebstahls nicht mehr möglich war. Daher liegt hier ein fehlgeschlagener Versuch vor, weshalb ein Rücktritt nach § 24 Abs. 1 StGB ausscheidet.

f) Zwischenergebnis

Demnach hat sich A wegen versuchten Diebstahls gemäß §§ 242, 22, 23 Abs. 1 StGB 30 strafbar gemacht.

Hinweis: Streng genommen hätte sich der Diebstahlsversuch bereits im ersten Handlungsabschnitt 31 prüfen lassen. Da es sich jedoch um ein und dieselbe Tat handelt, ist es aus taktischen Erwägungen zweckmäßiger, die Prüfung erst im zweiten Handlungsabschnitt durchzuführen, wo das „unmittelbare Ansetzen" keine besonderen Probleme mehr aufwirft.

3. Betrug, § 263 Abs. 1 StGB (CD)

A könnte sich außerdem wegen Betruges nach § 263 Abs. 1 StGB strafbar gemacht 32 haben, indem er den Einkaufswagen durch die Kasse schob.

a) Objektiver Tatbestand

A müsste hierzu die Kassiererin des Supermarktes getäuscht haben. In Frage kommt 33 hierbei das Passieren der Kasse, ohne dabei die CD auf das Band zu legen. Hierbei könnte er konkludent über das Vorhandensein der unbezahlten Ware getäuscht haben.

Fraglich ist, ob sich As Verhalten nicht eher als ein Unterlassen deuten lässt. Die 34 Abgrenzung zwischen Tun und Unterlassen ist außerordentlich umstritten. Die h.M. stellt auf einen „normativ" verstandenen „Schwerpunkt der Vorwerfbarkeit" ab; es ist aber nicht zu übersehen, dass dieses Kriterium außerordentlich vage ist.[24] Der Täuschungscharakter von As Verhalten entstand im vorliegenden Fall nicht nur dadurch, dass er das Vorhandensein der CD verschwieg (Unterlassen), sondern auch dadurch, dass er die anderen Waren auf das Band legte und so den Eindruck erweckte, weitere abzurechnende Waren seien nicht vorhanden (aktives Tun). In derartigen Situationen, in denen sich beide Ansätze mit guten Gründen vertreten lassen, dürfte es vorzugswürdig sein, grundsätzlich dem Begehungsdelikt den Vorrang einzuräumen.[25] Im Ergebnis heißt dies, dass A hier keine Täuschung durch Unterlassen, sondern eine Täuschung durch aktives Tun vorzuwerfen ist.[26]

Um § 263 Abs. 1 StGB bejahen zu können, müsste durch die Täuschung bei der 35 Kassiererin ein Irrtum entstanden sein. Ein Irrtum besteht in dem Auseinanderfallen

---

[23] BGHSt 39, 221, 228; *Fischer*, § 24 Rn. 7.

[24] *Jescheck/Weigend*, AT, S. 604 f.

[25] Es handelt sich dabei um eine rein pragmatische Begründung, um Mischsituationen wie die vorliegende zu lösen.

[26] So auch *OLG Düsseldorf* NStZ 1993, 286; ebenso offenbar auch BGHSt 41, 198, 200f., wo die Frage allerdings gar nicht thematisiert wird; a.A. *Hillenkamp*, JuS 1997, 217, 221.

von Vorstellung und Wirklichkeit,[27] die Kassiererin müsste also täuschungsbedingt unrichtige oder unvollständige Vorstellungen über die abzurechnenden Waren und insbesondere über die CD gehabt haben. Eine positive Fehlvorstellung über die Existenz (oder Nicht-Existenz) von Waren unter dem Prospekt wird man dabei kaum annehmen können, wohl aber die allgemein gebliebene Vorstellung, es sei „alles in Ordnung". Nach zutreffender h.M. reicht ein derartiges Bewusstsein trotz seiner mangelnden Konkretisierung für den Tatbestand des § 263 StGB aus.[28] Damit ist im vorliegenden Fall ein täuschungsbedingter Irrtum gegeben.[29]

36   Fraglich ist aber das Vorliegen einer Vermögensverfügung. Eine Vermögensverfügung ist jedes Handeln, Dulden oder Unterlassen, das sich unmittelbar vermögensmindernd auswirkt.[30] Ein Verfügungsbewusstsein, also die Erkenntnis des Getäuschten, eine Verfügung zu treffen, ist dabei nicht unbedingt erforderlich.[31] Eine Verfügung könnte hier darin zu sehen sein, dass die Kassiererin den A mitsamt der versteckten CD unbehelligt passieren ließ.[32] Dem steht jedoch entgegen, dass bei Zugrundelegung dieser Konstruktion eine Abgrenzung zwischen Betrug und heimlichem Diebstahl nicht mehr möglich wäre. Die h.M. verlangt deshalb für den Sachbetrug ausnahmsweise ein Verfügungsbewusstsein.[33] Im vorliegenden Fall hat die Verkäuferin über die Waren auf dem Band verfügt und, stellvertretend für den Geschäftsinhaber, das Eigentum daran dem A übertragen. Dagegen wusste sie von der CD nichts, so dass insoweit eine Verfügung nicht in Betracht kommt.[34]

37   Man könnte allerdings erwägen, ob nicht eine generelle Verfügung über den gesamten Inhalt des Einkaufswagens anzunehmen ist, die auch die CD miterfasst. Hierbei handelt es sich jedoch offenkundig um eine Fiktion, die im vorliegenden Fall schon deshalb nicht überzeugt, weil A die Waren auf ein Band gelegt hatte, wo sie von der Verkäuferin nacheinander erfasst und abgerechnet wurden. Eine generelle, auf den gesamten Inhalt des Einkaufswagens bezogene Vermögensverfügung ist deshalb nicht anzunehmen.

38   Um eine Vermögensverfügung bejahen zu können, ließe sich aber auch darauf abstellen, dass es die Kassiererin irrtumsbedingt unterlassen hat, für den Geschäftsinhaber einen Herausgabeanspruch[35] hinsichtlich der CD geltend zu machen. Auf diese Weise könnte man das Geschehen an der Kasse als Forderungsbetrug interpretieren, bei dem, wie bereits oben festgestellt wurde, ein Verfügungsbewusstsein des Getäuschten nicht erforderlich ist. Gegen diese Konstruktion lässt sich zwar vorbringen, dass dadurch die These von der Exklusivität zwischen Betrug und heimlichem Diebstahl in Frage gestellt wird. Die Entscheidung über die Anwendbarkeit des § 263 StGB ergibt sich jedoch allein aus einer Prüfung der Tatbestandsmerkmale; die Exklusivitätsthese ist deshalb keineswegs sakrosankt, sondern ihrerseits abhängig von der Interpretation

---

[27] Näher *Rengier*, BT I, § 13 Rn. 16ff.

[28] BGHSt 24, 389; *Wessels/Hillenkamp*, BT 2, Rn. 509; kritisch *Maurach/Schroeder/Maiwald*, BT 1, § 41 Rn. 57f.

[29] A.A. *Hillenkamp*, JuS 1997, 217, 221.

[30] BGHSt 14, 170; ausführlich zum Merkmal der Vermögensverfügung *Kindhäuser/Nikolaus*, JuS 2006, 193, 197ff.

[31] BGHSt 14, 170, 172; *Wessels/Hillenkamp*, BT 2, Rn. 517.

[32] So *OLG Düsseldorf* NJW 1993, 1407, 1408; vgl. auch *OLG Düsseldorf* NJW 1988, 922.

[33] *Wessels/Hillenkamp*, BT 2, Rn. 517.

[34] So auch BGHSt 41, 198, 202f.; vgl. auch *Rengier*, BT I, § 13 Rn. 38.

[35] Ein Anspruch aus § 433 Abs. 2 BGB kommt nicht in Frage, da ein Kaufvertrag noch nicht abgeschlossen wurde, wohl aber ein Herausgabeanspruch gem. § 985 BGB, a.A. *Zopfs*, NStZ 1996, 191. Außerdem sind Ansprüche aus den §§ 859, 862, 1004 BGB gegen die drohende Besitzentziehung gegeben.

des § 263 StGB.[36] Lässt man mit der h.M. einen Forderungsbetrug ohne Verfügungsbewusstsein des Getäuschten zu, so muss in Fällen wie dem vorliegenden eine Verfügung angenommen werden.[37]

Im Ergebnis heißt dies, dass eine Verfügung der Kassiererin über die CD zu bejahen 39 ist.

Zu prüfen ist schließlich noch das Vorliegen eines Vermögensschadens. Dazu bedarf 40 es einer Gesamtsaldierung der Vermögenssituation des Geschäftsinhabers vor und nach der Verfügung seiner Kassiererin.[38] Durch die Nichtgeltendmachung eines Herausgabeanspruchs ist dem Geschäftsinhaber letztlich kein Schaden entstanden, weil der Detektiv hinter der Kasse bereitstand, um A die CD wieder abzunehmen. Fraglich ist allerdings, ob nicht zumindest eine schadensgleiche Vermögensgefährdung anzunehmen ist. Dies wäre dann der Fall, wenn die Gefahr eines Schadens bereits so hoch einzustufen gewesen wäre, dass aus wirtschaftlicher Sicht eine Vermögensminderung angenommen werden müsste.[39] Auch dies dürfte im vorliegenden Fall aber zu verneinen sein, da A sogleich vom Ladendetektiv gestellt wurde.

b) Zwischenergebnis

Mangels Vermögensschadens scheidet damit hinsichtlich der CD ein Betrug nach 41 § 263 Abs. 1 StGB aus.

4. Versuchter Betrug, §§ 263, 22, 23 Abs. 1 StGB (CD)

A könnte sich jedoch wegen versuchten Diebstahls gemäß §§ 263, 22, 23 Abs. 1 42 StGB strafbar gemacht haben.

a) Vorprüfung

Wie oben bereits festgestellt, wurde A von B, noch bevor er Gewahrsam an der CD 43 begründen konnte, gestellt. Aus diesem Grund war die Tat noch nicht vollendet. Eine Strafbarkeit des versuchten Betruges ergibt sich aus § 263 Abs. 2 StGB.

b) Tatentschluss

Außerdem müsste A einen Tatentschluss gefasst haben. Dieser umfasst den Vorsatz 44 hinsichtlich der objektiven Tatbestandsmerkmale und gegebenenfalls das Vorliegen weiterer subjektiver Merkmale des § 263 Abs. 1 StGB.[40] A wollte die Kassiererin über das Vorhandensein der CD täuschen, um zu erreichen, dass sie keinen Herausgabeanspruch geltend machte.[41] In der Nichtgeltendmachung dieses Anspruchs hätte ein Vermögensschaden des Eigentümers der Ware gelegen.[42] Dass die Wegnahme der CD gleichzeitig auch einen vollendeten Diebstahl, § 242 Abs. 1 StGB, bedeutet hätte, steht der Annahme eines Vermögensschadens nicht entgegen.[43] Auch Bereicherungsabsicht liegt vor. Im Ergebnis heißt dies, dass im vorliegenden Fall ein auf einen Betrug gerichteter Tatentschluss anzunehmen ist.

---

[36] Vgl. auch *Hillenkamp*, JuS 1997, 217, 222, der von der Notwendigkeit eines „vorurteilsfreien Subsumtionsversuchs" spricht.
[37] Vgl. *Hillenkamp*, JuS 1997, 217, 222; a.A. (keine Vermögensverfügung) Schönke/Schröder/ *Cramer/Perron*, § 263 Rn. 63 a.
[38] *Lackner/Kühl*, § 263 Rn. 36; vgl. auch *Rengier*, BT I, § 13 Rn. 67 ff.
[39] *Lackner/Kühl*, § 263 Rn. 40.
[40] *Wessels/Beulke*, AT, Rn. 598.
[41] Vgl. oben Rn. 37 ff.
[42] Vgl. oben Rn. 40.
[43] A.A. *Hillenkamp*, JuS 1997, 217, 222 mit umfangreichen Nachweisen zu anderen Lösungsvorschlägen.

c) Unmittelbares Ansetzen

45   Auch müsste A unmittelbar zur Tatbestandsverwirklichung angesetzt haben. Ein unmittelbares Ansetzen ist bei Handlungen des Täters gegeben, die nach dem Tatplan der Verwirklichung eines Tatbestandsmerkmals unmittelbar vorgelagert sind und im Falle eines ungehinderten Fortschreitens unmittelbar in die Tatbestandsverwirklichung münden würden.[44] A hatte bereits den Kassenbereich überquert und wollte das Geschäft verlassen. Daher hat er die Schwelle zum „Jetzt geht's los" übertreten. Ein unmittelbares Ansetzen liegt demnach vor.

d) Rechtswidrigkeit und Schuld

46   A handelte rechtswidrig und schuldhaft.

e) Kein Rücktritt

47   Auch scheidet der Rücktritt gemäß § 24 StGB wegen eines fehlgeschlagenen Versuchs aus.

f) Zwischenergebnis

48   Somit ist A wegen Betrugsversuchs gemäß §§ 263, 22, 23 Abs. 1 StGB strafbar. Da es sich bei dieser Tat lediglich um eine Sicherung des zeitgleich versuchten Diebstahls handelte, tritt die Strafbarkeit nach §§ 263, 22, 23 Abs. 1 StGB hinter der des versuchten Diebstahls nach §§ 242, 22, 23 Abs. 1 StGB zurück.[45]

5. Betrug, § 263 Abs. 1 StGB (Armbanduhr)

49   A könnte sich außerdem wegen Betruges nach § 263 Abs. 1 StGB strafbar gemacht haben, indem er die Armbanduhr, die sich in seiner Hosentasche befand, durch den Kassenbereich transportiert hat, ohne diese zu bezahlen.

a) Tatbestand

aa) Objektiver Tatbestand

50   A hat die Kassiererin über das Vorhandensein der Armbanduhr getäuscht und diese hat eine Vermögensverfügung vorgenommen (vgl. bereits oben Rn. 33–39). Anders als oben liegt hier ein Vermögensschaden vor, da es dem Detektiv nicht gelungen ist, dem A die Armbanduhr abzunehmen.

bb) Subjektiver Tatbestand

51   A handelte vorsätzlich und mit Bereicherungsabsicht.

b) Rechtswidrigkeit und Schuld

52   Die Tat war rechtswidrig, A handelte schuldhaft.

---

[44] BGHSt 26, 204; *Fischer*, § 22 Rn. 10.
[45] A.A. *OLG Düsseldorf* NJW 1961, 1368 (Tateinheit); weitere Nachweise bei *Rengier*, BT I, § 13 Rn. 115.

c) Zwischenergebnis

Er ist strafbar wegen Betrugs gemäß § 263 Abs. 1 StGB. Allerdings tritt die Straf- **53** barkeit nach § 263 Abs. 1 StGB subsidiär hinter der des bereits verwirklichten Diebstahls[46] der Armbanduhr als Sicherungsbetrug zurück.[47]

Hinweis: Mitbestrafte Nachtat ist der Betrug, wenn er nur die aus einer Vortat gewonnenen Vorteile **54** sichern oder verwerten soll und keinen andersartigen Schaden verursacht.

6. Unterschlagung, § 246 Abs. 1 StGB

A könnte sich außerdem wegen Unterschlagung nach § 246 Abs. 1 StGB strafbar **55** gemacht haben, indem er die Kasse mit der in die Tasche eingesteckten Uhr passierte.

a) Tatbestand

aa) Objektiver Tatbestand

Hierzu müsste A sich eine fremde bewegliche Sache rechtswidrig zugeeignet haben. **56**
Bei der Armbanduhr handelt es sich um eine bewegliche Sache, die auch fremd im Sinne des § 246 Abs. 1 StGB ist.

Weiterhin müsste A das Tatbestandsmerkmal der Zueignung erfüllt haben. Eine Zu- **57** eignung ist dann gegeben, wenn ein Täter die Sache oder den in ihr verkörperten Sachwert mit Ausschlusswirkung gegenüber dem Eigentümer seinem eigenen oder dem Vermögen eines Dritten in der Weise zuführt, dass er selbst oder der Dritte zum Scheineigentümer wird.[48] Im Gegensatz zu der Zueignungsabsicht im Tatbestand des Diebstahls nach § 242 Abs. 1 StGB kommt es bei der Unterschlagung auf einen objektiv erkennbaren Zueignungsakt nach außen an.[49] Diese Manifestation der Zueignungsabsicht kann hier in der Tatsache erblickt werden, dass A die Kasse passierte, ohne die Uhr herauszunehmen und zu bezahlen. In diesem Moment wurde sein Zueignungswillen in unmissverständlicher Weise objektiv erkennbar.

Problematisch ist allerdings, dass A bereits durch das Einstecken der Uhr auf straf- **58** bare Weise eigenen Gewahrsam begründet hatte. Die Rechtsprechung vertritt den Standpunkt, dass eine mehrfache Zueignung begrifflich ausgeschlossen ist,[50] während in der Literatur bei der wiederholten Betätigung einer bereits deliktisch erlangten Sache überwiegend der Tatbestand des § 246 Abs. 1 StGB bejaht wird.[51] Der zweiten Ansicht sollte hierbei jedoch gefolgt werden, da sich ansonsten erhebliche Strafbarkeitslücken beispielsweise in Fällen der Teilnahme an einer deliktischen Zweitzueignung ergeben. Somit ist der objektive Tatbestand gegeben.[52]

bb) Subjektiver Tatbestand

A müsste zudem vorsätzlich gehandelt haben. Der Vorsatz besteht hierbei in dem **59** Willen des Täters, sich oder einem Dritten rechtswidrig eine fremde bewegliche Sache zuzueignen. A passiert wissentlich den Kassenbereich, ohne die eingesteckte Armbanduhr zu zahlen. Daher ist auch der subjektive Tatbestand gegeben.

---

[46] Dazu oben Rn. 1 ff.
[47] Hier unstr., vgl. nur *Lackner/Kühl*, § 263 Rn. 69.
[48] BGHSt 1, 264; *Fischer*, § 246 Rn. 5.
[49] Schönke/Schröder/*Eser*, § 246 Rn. 11; ausführlich *Hillenkamp*, BT, 24. Problem.
[50] Sog. Tatbestandslösung, vgl. BGHSt 14, 38.
[51] Schönke/Schröder/*Eser*, § 246 Rn. 19; *Wessels/Hillenkamp*, BT 2, Rn. 301; *Mitsch*, JuS 1998, 307, 312.
[52] Weitere Fälle bei *Wessels/Hillenkamp*, BT 2, Rn. 301; für eine ausführliche Darlegung des Streitstandes vgl. *Hillenkamp*, BT, 24. Problem.

b) Rechtswidrigkeit und Schuld

60   A handelt rechtswidrig und schuldhaft.

c) Zwischenergebnis

61   Im vorliegenden Fall hat sich A deshalb nach § 246 Abs. 1 StGB strafbar gemacht. Die Unterschlagung tritt in derartigen Fällen allerdings grundsätzlich als straflose Nachtat hinter die Ersttat zurück.[53]

7. Ergebnis des zweiten Handlungsabschnittes

62   A hat sich im zweiten Handlungsabschnitt demnach gemäß §§ 242 Abs. 1, 2, 22, 23 Abs. 1 StGB strafbar gemacht.

III. Dritter Handlungsabschnitt: Das Geschehen hinter der Kasse

1. Räuberischer Diebstahl, § 252 StGB (Armbanduhr)

63   A könnte sich wegen räuberischen Diebstahls nach § 252 StGB strafbar gemacht haben, indem er B zu Boden gestoßen hat.

a) Tatbestand

aa) Objektiver Tatbestand

64   A müsste hierzu nach Vollendung eines Diebstahls auf frischer Tat ertappt worden sein, Gewalt gegen eine Person ausgeübt haben und sich den Besitz am gestohlenen Gut erhalten haben. Als Vortat eines räuberischen Diebstahls kommt hier der (vollendete) Diebstahl der Armbanduhr in Betracht.[54] Im Rahmen des Diebstahls müsste A auf frischer Tat ertappt werden. Auf frischer Tat betroffen ist der Täter, der in Tatortnähe und alsbald nach Tatausführung wahrgenommen wird.[55] Detektiv B spricht A unmittelbar nach dem Passieren des Kassenbereichs an, weshalb eine unmittelbare örtliche und zeitliche Nähe zur Vortat bestanden hat. Indem A sich weigerte, dem Detektiv die Uhr herauszugeben, und ihn stattdessen zu Boden stieß, hat er physische Gewalt, deren körperliche Auswirkung der Krafteinwirkung dabei nicht erheblich sein muss,[56] im Sinne des § 252 StGB gegen eine Person verübt. Somit ist der objektive Tatbestand erfüllt.

bb) Subjektiver Tatbestand

65   A handelte vorsätzlich.

66   Weiterhin müsste A in der Absicht gehandelt haben, sich den Besitz der Armbanduhr zu erhalten. Dass er sich dabei möglicherweise gleichzeitig einer Bestrafung entziehen wollte, ist unerheblich. Neben dem Fluchtmotiv muss jedoch die Absicht vorhanden gewesen sein, sich das Diebesgut zu sichern.[57] Dabei kann zwar allein aus der Tatsache, dass der Täter sich der Beute nicht entledigt, nicht darauf geschlossen werden, dass er sie in Gewahrsamserhaltungsabsicht mitnimmt.[58] Jedoch liegt in diesen

---

[53] *Tenckhoff*, JuS 1984, 775, 779; *Wessels/Hillenkamp*, BT 2, Rn. 301.
[54] Dazu oben Rn. 1 ff.
[55] BGHSt 9, 257.
[56] BGHSt 18, 329.
[57] *Fischer*, § 252 Rn. 9.
[58] *OLG Brandenburg* NStZ-RR 2008, 201, 202.

Fällen der Schluss nahe, dass er zumindest auch in der Absicht gehandelt hat, sich die Beute zu erhalten.[59] Hier trägt A nicht nur die Armbanduhr bei seiner Flucht mit sich, er entreißt dem Detektiv noch die CD, um diese ebenso an sich zu bringen. Dieses Verhalten spricht dafür, dass er nicht nur fliehen wollte, sondern mit dem Weglaufen auch bezweckte, sich das Diebesgut und somit auch die Armbanduhr zu erhalten. Der subjektive Tatbestand liegt also vor.

Hinweis: Bei einem auf frischer Tat ertappten Dieb steht erfahrungsgemäß die Absicht, sich einer 67
Identifizierung zu entziehen, im Vordergrund. In diesen Fällen ist deshalb die Beuteerhaltungsabsicht
immer problematisch.

b) Rechtswidrigkeit und Schuld

Rechtswidrigkeit und Schuld liegen vor. 68

c) Zwischenergebnis

A hat sich nach § 252 StGB strafbar gemacht. 69

2. Versuchter Betrug, §§ 263, 22, 23 Abs. 1 StGB (Armbanduhr)

A könnte sich außerdem wegen versuchten Betruges gemäß §§ 263, 22, 23 Abs. 1 70
StGB strafbar gemacht haben, indem er B gesagt hat, dass es sich um seine Armbanduhr handelt.

a) Vorprüfung

Die Strafbarkeit des versuchten Betruges ergibt sich aus § 263 Abs. 2 StGB. Da der 71
Detektiv dem A nicht glaubte, dass es sich um seine eigene Armbanduhr handelt,
kommt ein vollendeter Betrug nicht in Betracht.

b) Tatentschluss

Fraglich ist, ob sich ein entsprechender Tatentschluss bei A annehmen lässt. A woll- 72
te über die Eigentumsverhältnisse an der Uhr täuschen und bei B einen entsprechenden Irrtum erregen. Die Vermögensverfügung des B sollte darin liegen, dass er den
Herausgabeanspruch des Geschäftsinhabers nicht geltend machte. Dass sich B bei einer geglückten Täuschung des Verfügungscharakters seines Verhaltens nicht bewusst
gewesen wäre, ist unschädlich, denn beim Forderungsbetrug ist ein Verfügungsbewusstsein nach h. M. nicht nötig.[60] Der Vermögensschaden sollte beim Eigentümer des
Supermarktes auftreten.[61] Damit ist Vorsatz hinsichtlich aller Merkmale des objektiven
Tatbestandes gegeben. A handelte außerdem mit Bereicherungsabsicht.

c) Unmittelbares Ansetzen

A hat unmittelbar zur Tatausführung angesetzt, da er die Tatbestandshandlung be- 73
reits vorgenommen hat.

---

[59] *OLG Köln* JuS 2005, 1053.
[60] BGHSt 14, 170, 172; *Wessels/Hillenkamp*, BT 2, Rn. 517.
[61] Getäuschter und Geschädigter müssen beim Betrug nicht identisch sein, wohl aber Getäuschter
und Verfügender.

d) Rechtswidrigkeit und Schuld

74   Rechtswidrigkeit und Schuld liegen vor.

e) Kein Rücktritt

75   Anhaltspunkte für einen strafbefreienden Rücktritt liegen nicht vor.

f) Zwischenergebnis

76   Demnach ist A strafbar nach §§ 263, 22, 23 Abs. 1 StGB. Diese Strafbarkeit tritt als Sicherungsbetrug erneut hinter den im ersten Handlungsabschnitt begangenen Diebstahl an der Armbanduhr zurück.

3. Räuberischer Diebstahl, § 252 StGB (CD)

77   A könnte sich wegen räuberischen Diebstahls nach § 252 StGB strafbar gemacht haben, indem er B zu Boden gestoßen und die CD mitgenommen hat. Hierzu müsste jedoch eine rechtswidrige Vortat vorliegen. Nach h.M. kommt für eine solche Vortat jede Form der Wegnahme in Zueignungsabsicht in Frage.[62] Jedoch müssen diese Vortaten vollendet sein, da § 252 StGB die Erlangung des Gewahrsams voraussetzt.[63] A wollte durch sein Handeln gerade fremden Gewahrsam brechen und nicht eigenen Gewahrsam verteidigen, weshalb der Tatbestand des § 252 StGB nicht erfüllt ist. Es fehlt an einem vollendeten Diebstahl als Vortat.

4. Raub, § 249 Abs. 1 StGB (CD und Tasche)

78   A könnte sich wegen Raubes nach § 249 Abs. 1 StGB strafbar gemacht haben, indem er B die CD und die Tasche entrissen hat.

a) Tatbestand

aa) Objektiver Tatbestand

79   Dazu müsste A nach § 249 Abs. 1 StGB einem anderen unter Anwendung von Gewalt oder einer Drohung mit einer gegenwärtigen Gefahr für Leib oder Leben eine fremde bewegliche Sache weggenommen haben.

80   Hinsichtlich der Tasche ist bereits das Merkmal der fremden beweglichen Sache fraglich. A brachte die Tasche selbst mit, weshalb davon auszugehen ist, dass es sich bei der Tasche um sein Eigentum handelte. Somit ist der objektive Tatbestand hinsichtlich der Tasche nicht gegeben. Anders verhält es sich hinsichtlich der CD. Diese stand noch immer im Eigentum des Geschäftsinhabers, weshalb die CD „fremd" im Sinne des § 249 Abs. 1 StGB war.

81   Zudem müsste A die Sache weggenommen haben. Wegnahme bedeutet Bruch fremden und die Begründung neuen, nicht zwingend eigenen Gewahrsam. Indem A dem B die Tasche mit der CD entreißt, begründet er zweifelsfrei eigenen Gewahrsam und bricht fremden Gewahrsam. Zuletzt müsste A auch noch physische Gewalt angewendet haben. Die körperliche Auswirkung der Krafteinwirkung muss dabei nicht erheblich sein.[64] A stößt B im vorliegenden Fall zu Boden. Hierhin ist eine Anwendung physischer Gewalt zu sehen. Somit ist der objektive Tatbestand gegeben.

---

[62] *Fischer*, § 252 Rn. 3.
[63] BGHSt 9, 256; 16, 277.
[64] BGHSt 18, 329.

bb) Subjektiver Tatbestand

A handelte in Kenntnis aller Tatbestandsmerkmale und somit vorsätzlich. Zudem **82** handelte A auch in der Absicht, sich die CD rechtswidrig zuzueignen.

b) Rechtswidrigkeit und Schuld

Rechtswidrigkeit und Schuld liegen vor. **83**

c) Zwischenergebnis

A hat sich nach § 249 Abs. 1 StGB strafbar gemacht. **84**

5. Nötigung, § 240 StGB (Tasche)

A könnte sich zudem wegen Nötigung nach § 240 StGB strafbar gemacht haben, in- **85** dem er B die Tasche entrissen hat.

a) Tatbestand

aa) Objektiver Tatbestand

Nach § 240 Abs. 1, 2 StGB müsste A hierzu einen Menschen rechtswidrig mit Ge- **86** walt oder durch Drohung mit einem empfindlichen Übel zu einer Handlung, Duldung oder Unterlassung genötigt haben. Gewalt im Sinne von § 240 Abs. 1 StGB ist ein körperlich wirkender Zwang zur Überwindung eines geleisteten oder zu erwartenden Widerstandes.[65] Durch das Entreißen der Tasche hat A Gewalt im Sinne des § 240 Abs. 1 StGB gegenüber B angewendet und diese Gewalteinwirkung hatte auch zur Folge, den Willen des B zu brechen. Mit der Gewaltanwendung wurde der Detektiv dazu genötigt, die Wegnahme der Tasche zu dulden. Der objektive Tatbestand ist in diesem Fall gegeben.

bb) Subjektiver Tatbestand

Auch handelte A vorsätzlich, d. h. in Kenntnis aller objektiven Tatbestandsmerkma- **87** le.

b) Rechtswidrigkeit und Schuld

Die Tat war rechtswidrig, insbesondere ist die Anwendung der Gewalt zum ange- **88** strebten Zweck verwerflich, § 240 Abs. 2 StGB. A handelte schuldhaft.

c) Zwischenergebnis

A hat sich nach § 240 Abs. 1, 2 StGB strafbar gemacht. **89**

6. Körperverletzung, § 223 Abs. 1 Alt. 1 StGB (Niederstoßen)

Zudem könnte sich A wegen Körperverletzung gemäß § 223 Abs. 1 Alt. 1 StGB **90** strafbar gemacht haben, indem er B niedergestoßen hat.

---

[65] *Lackner/Kühl*, § 240 Rn. 5.

a) Tatbestand

aa) Objektiver Tatbestand

91 Hierzu müsste A den B nach § 223 Abs. 1 Var. 1 StGB körperlich misshandelt haben. Eine körperliche Misshandlung ist eine üble, unangemessene Behandlung, die das körperliche Wohlbefinden nicht unerheblich beeinträchtigt.[66] In dem Niederstoßen des B ist bei lebensnaher Betrachtung auf jeden Fall von einer Beeinträchtigung des körperlichen Wohlbefindens auszugehen. Somit ist der objektive Tatbestand gegeben. Ob darüber hinaus eine Gesundheitsbeschädigung vorliegt, geht aus dem Sachverhalt nicht hervor.

bb) Subjektiver Tatbestand

92 Auch handelte A in Kenntnis aller objektiven Tatbestandsmerkmale und somit vorsätzlich.

b) Rechtswidrigkeit und Schuld

93 Rechtswidrigkeit und Schuld liegen vor.

c) Zwischenergebnis

94 A hat sich nach § 223 Abs. 1 Var. 1 StGB strafbar gemacht.

7. Ergebnis des dritten Handlungsabschnittes

95 A hat sich nach §§ 252, 249 Abs. 1, 240, 223 Abs. 1 Var. 1 StGB strafbar gemacht.

IV. Konkurrenzen und Gesamtergebnis

96 Der im ersten Handlungsabschnitt begangene vollendete Diebstahl gemäß § 242 Abs. 1 StGB tritt subsidiär hinter den ebenfalls verwirklichten § 252 StGB zurück.[67] Der versuchte Diebstahl an der CD bildet auf dem Weg zur Gewahrsamserlangung ein Durchgangsstadium und tritt deshalb ebenfalls als subsidiär hinter den Raub zurück. Dasselbe gilt für die im dritten Handlungsabschnitt begangene Nötigung, deren Unrechtsgehalt vollständig durch den Raub erfasst wird. Dagegen wird man § 223 Abs. 1 Var. 1 StGB im Verhältnis zum Raub eigenständig zur Geltung bringen müssen, da Raub und Körperverletzung weder begriffsnotwendig noch auch nur regelmäßig zusammengehören. Raub und räuberischer Diebstahl betreffen hier verschiedene Gegenstände (nämlich CD und Armbanduhr), so dass keine Gesetzeseinheit anzunehmen ist. Im Ergebnis stehen also die §§ 249, 252 und 223 Abs. 1 Var. 1 StGB (da sie durch eine Handlung im natürlichen Sinn verwirklicht wurden) zueinander im Verhältnis der Tateinheit, § 52 StGB.

Fallbeurteilung

Der vorliegende Fall enthält allgemeine Probleme im Zusammenhang mit den verschiedenen Stadien der Tatbestände des Diebstahls sowie des Raubes. Vor allem ist es

---

[66] BGHSt 14, 269, 271.
[67] Vgl. Schönke/Schröder/*Eser*, § 252 Rn. 13.

für den Bearbeiter zuerst wichtig, den Sachverhalt in verschiedene Handlungsabschnitte zu unterteilen. Es bietet sich an, die einzelnen Vorgänge in insgesamt drei verschiedene Handlungsabschnitte zu gliedern.

Im ersten Handlungsabschnitt liegt der Schwerpunkt in der Eingrenzung des Gewahrsamsbegriffs. Der Bearbeiter muss dabei genau unterscheiden, dass der Tatbestand des Diebstahls erst dann erfüllt ist, wenn der Täter eine ungehinderte Herrschaft über die Sache ausüben kann. Dies ist bei kleinen Dingen, die noch im Ladenbereich in die Hosentasche gesteckt werden, der Fall. Der alleinige Wille zur absoluten Sachherrschaft ist noch nicht ausreichend. Zudem steht dem Bruch des Gewahrsams auch ein Beobachten des Gewahrsamsinhabers nicht entgegen, da es sich bei dem Tatbestand des Diebstahls um kein heimliches Delikt handelt.

Im zweiten Handlungsabschnitt sollte der Schwerpunkt auf die Frage gerichtet werden, ob durch das Passieren des Kassenbereichs ein vollendeter Betrug nach § 263 Abs. 1 StGB gesehen werden kann. Nach einer durchgeführten Abgrenzung zwischen aktivem Tun und Unterlassen kommt man zum Ergebnis, dass die Kassiererin zwar getäuscht wurde, es jedoch durch das Stellen direkt noch im Ladenbereich an einem Vermögensschaden fehlt. Deshalb kommt nur eine Strafbarkeit wegen versuchten Betruges in Betracht.

Im dritten Handlungsabschnitt sind schließlich noch die Gewalteinwirkung gegenüber B und die Beuteerhaltungsabsicht zu besprechen.

Zusammenfassend zeigt sich durch den vorliegenden Fall deutlich, dass der Bearbeiter hinsichtlich der Diebstahlstatbestände sehr genau am Sachverhalt arbeiten muss und diesen genau unter die einzelnen Tatbestandsmerkmale subsumieren muss. Hierfür sollte auf jeden Fall bereits vor Lösung des Falles eine umfangreiche Gliederung erstellt werden.

Weiterführende Hinweise: *Dehne-Niemann*, Wissenswertes zum räuberischen Diebstahl (§ 252 StGB), Jura 2008, 742–749; *Kindhäuser/Nikolaus*, Der Tatbestand des Betrugs (§ 263 StGB), JuS 2006, 193–198, 293–298; *Kindhäuser/Nikolaus*, Sonderfragen des Betrugs (§ 263 StGB), JuS 2006, 590–593; *Mikolajczyk*, Das Aneignungselement der Zueignung, ZJS 2008, 18–24; *Rönnau*, Grundwissen Strafrecht. Die Zueignungsabsicht, JuS 2007, 806–808; *Schramm*, Grundfälle zum Diebstahl, JuS 2008, 678–682, 773–779; *Schwarzer*, Zum Merkmal des Betreffens bei § 252 StGB, ZJS 2008, 265–270.

Fall 5. Scherben bringen Glück

Sachverhalt

C hat dem A die Freundin ausgespannt, der sich daraufhin an ihm rächen will. Da A die „Drecksarbeit" jedoch nicht selbst erledigen will, zwingt er den B mit vorgehaltener Pistole, mit herumliegenden Steinen die Fensterscheiben von Cs Haus einzuwerfen. D, der zufällig in der Nähe ist, bemerkt den Vorgang und sieht die Steine fliegen. Er will B helfen und stößt A zu Boden. Dabei löst sich aus der Waffe des A ein Schuss, der B leicht verletzt. C hat sich vor den Steinwürfen im Schlafzimmer versteckt und deshalb das Geschehen nicht mitverfolgt. Als er den Schuss hört, glaubt er, es werde auf ihn geschossen. Entschlossen greift er eine schwere Keramikvase, eilt zum Fenster und wirft sie dem unbeteiligten Passanten E, den er für den Hauptverantwortlichen hält, gezielt an den Kopf. E wird schwer verletzt.
Wie haben sich A, B, C und D strafbar gemacht?

Lösung

I. Strafbarkeit des B

1 **Hinweis:** Die Prüfung sollte immer mit dem Tatnächsten beginnen. Dies ist hier der B, der die Steine auf die Scheibe des C wirft. Die Prüfungsreihenfolge ist vorliegend besonders wichtig, da B ein Werkzeug des mittelbaren Täters A sein könnte und die Strafbarkeit des Werkzeugs immer vor der des Hintermannes geprüft werden muss.

1. Sachbeschädigung, § 303 Abs. 1 StGB

2 Durch das Einwerfen der Fensterscheiben des C könnte sich B wegen Sachbeschädigung nach § 303 Abs. 1 StGB strafbar gemacht haben.

a) Tatbestand

aa) Objektiver Tatbestand

3 B müsste eine fremde Sache beschädigt oder zerstört haben. Bei den Fensterscheiben handelt es sich um Eigentum des C und somit um eine für B fremde Sache. Eine Beschädigung im Sinne von § 303 Abs. 1 StGB liegt vor, wenn der Täter auf die Sache in einer Weise körperlich einwirkt, die ihre Unversehrtheit oder bestimmungsgemäße Brauchbarkeit mehr als nur unerheblich beeinträchtigt.[1] Beim Zerstören wird die bestimmungsgemäße Brauchbarkeit völlig aufgehoben.[2] Indem B mit Steinen die Fensterscheiben des C einwirft, beseitigt er ihre bestimmungsgemäße Brauchbarkeit. Ein Zerstören liegt vor. Der objektive Tatbestand der Sachbeschädigung ist somit verwirklicht.

bb) Subjektiver Tatbestand

4 B müsste gemäß § 15 StGB vorsätzlich, also mit Wissen und Wollen der Verwirklichung der objektiven Tatbestandsmerkmale gehandelt haben. B hat gewusst, dass die Fensterscheibe zerstört werden würde, diese Folge nahm er zumindest billigend in Kauf. Es ist dabei nicht erforderlich, dass er die Folge gutheißt, sondern es genügt, dass sich der Täter mit einem an sich unerwünschten Erfolg abfindet.[3] Daher ist der Umstand, dass er von A zu diesem Verhalten gezwungen wird, für die Betrachtung des Vorsatzes irrelevant.

---

[1] *Fischer*, § 303 Rn. 6.
[2] *Fischer*, § 303 Rn. 14.
[3] BGHSt 7, 369; 36, 9.

b) Rechtswidrigkeit

aa) Notwehr nach § 32 StGB

B könnte aber nach § 32 StGB gerechtfertigt sein. Der Rechtfertigungsgrund der [5] Notwehr setzt einen gegenwärtigen rechtswidrigen Angriff voraus, der als unmittelbare Bedrohung rechtlich geschützter Güter durch menschliches Verhalten definiert wird.[4] Durch das Vorhalten der Pistole bedrohte A das Leben und die körperliche Unversehrtheit des B. Diese Bedrohung war auch gegenwärtig und rechtswidrig. Eine Notwehrlage für B lag demnach vor.

Problematisch ist jedoch die Notwehrhandlung. Diese darf sich nur gegen den An- [6] greifer und nicht gegen Rechtsgüter Dritter richten.[5] Da sich die Würfe des B mit den Steinen auf die Fensterscheibe des C und nicht gegen A richten, können diese daher nicht nach § 32 StGB gerechtfertigt sein. Aus diesem Grund scheidet eine Rechtfertigung wegen Notwehr aus.

bb) Rechtfertigender Notstand nach § 34 StGB

Es könnte aber eine Rechtfertigung nach § 34 StGB gegeben sein. B könnte in einer [7] gegenwärtigen, nicht anders abwendbaren Gefahr für sein Leben und seine körperliche Unversehrtheit eine Tat begangen haben, um diese Gefahr von sich abzuwenden. Unter einer gegenwärtigen Gefahr ist ein Zustand zu verstehen, dessen Weiterentwicklung den Eintritt oder die Intensivierung eines Schadens ernstlich befürchten lässt.[6] Durch das Vorhalten der Pistole ist eine gegenwärtige Gefahr für das Leben und die körperliche Unversehrtheit des B zu bejahen.

Des Weiteren müsste die Handlung des B objektiv erforderlich und subjektiv von [8] einem Rettungswillen getragen sein.[7] Da A den B mit der Pistole dazu zwang, die Scheiben des C einzuwerfen, stellte diese Handlung die einzige Möglichkeit dar, der Gefahr zu begegnen. Die Notstandshandlung war daher erforderlich und auch Ausdruck eines Rettungswillens seitens des B.

Außerdem müsste die Interessabwägung zu Gunsten des B ausfallen und die Tat [9] darüber hinaus ein angemessenes Mittel darstellen, die Gefahr abzuwenden.[8] Das geschützte Interesse, hier das Leben des B, überwiegt als höherrangiges Rechtsgut das beeinträchtigte Interesse des C an seinem Eigentum wesentlich. Unter dem Gesichtspunkt der Angemessenheit ist der vorliegende Sachverhalt jedoch problematisch. Vorliegend handelt es sich um einen Fall, in dem eine Person von einem Dritten unter Androhung einer Gefahr für Leib und Leben zu einer tatbestandsmäßigen Handlung gezwungen wird. Es liegt somit ein sog. Nötigungsnotstand vor. Ob dieser als rechtfertigender Notstand nach § 34 StGB gewertet werden kann, ist umstritten.

Hinweis: Bis 1975 war in § 52 StGB a. F. eine besondere Regelung über den Nötigungsnotstand ent- [10] halten. Bei der Einführung der heutigen Notstandsregelungen hat der Reformgesetzgeber auf eine derartige Spezialvorschrift verzichtet, so dass dieser heute nach den allgemeinen Notstandsregelungen beurteilt werden muss. Umstritten ist nun, ob § 34 StGB oder § 35 StGB Anwendung findet.

Eine Ansicht bejaht in den Fällen des Nötigungsnotstandes stets eine Rechtfertigung [11] nach § 34 StGB. Begründet wird dies mit dem Argument, dass es für die Interessenabwägung unwesentlich ist, ob die Gefahr von einer Naturgewalt oder dem rechtswidri-

---

[4] Vgl. Schönke/Schröder/*Lenckner/Perron*, § 32 Rn. 3.
[5] BGHSt 5, 245.
[6] *Fischer*, § 34 Rn. 3.
[7] *Wessels/Beulke*, AT, Rn. 308.
[8] Näher zur Angemessenheitsklausel: *Grebing*, GA 1979, 81; *Joerden*, GA 1991, 411.

gen Verhalten eines anderen ausgeht.[9] Folglich wäre B nach dieser Ansicht gerechtfertigt.

12 Nach der wohl herrschenden Meinung im Schrifttum soll in Fällen eines Nötigungsnotstandes eine Rechtfertigung nach § 34 StGB stets ausscheiden, da der Täter, wenn auch gezwungenermaßen, auf die Seite des Unrechts tritt.[10] Diese Ansicht verdient vor allem deshalb Zustimmung, da dem Angegriffenen (hier C) im Falle einer Rechtfertigung des Genötigten (hier B) jegliche Abwehrrechte gegen diesen vollständig versagt bleiben müssten. Das Vertrauen in die Geltungskraft der Rechtsordnung würde zutiefst erschüttert, wenn der Angegriffene auf eine zumeist weniger effektive Verteidigungsbefugnis gegenüber dem Nötiger (hier A) verwiesen würde. Dieser Ansicht folgend muss ein rechtfertigender Notstand nach § 34 StGB ausscheiden. Es bleibt der Entschuldigungsgrund des entschuldigenden Notstandes nach § 35 StGB.

13 **Hinweis:** Dieses Argument ist unter dem Stichwort der „Notwehrprobe" bekannt. Dem Opfer der von dem Genötigten ausgehenden Handlung darf die Verteidigung gegen den Angriff auf seine Rechtsgüter nicht versagt werden.

c) Schuld

14 B könnte aufgrund eines entschuldigenden Notstandes nach § 35 Abs. 1 StGB entschuldigt sein. Wie oben bereits ausgeführt ist eine gegenwärtige Gefahr für das Leben und die körperliche Unversehrtheit des B gegeben, der er aufgrund der Nötigungssituation nur durch das Werfen der Steine begegnen kann. Es liegt daher eine Notstandslage vor, welche die Handlung des Werfens der Steine erforderlich macht. Die Hinnahme dieser Gefahr kann B aufgrund der überragenden Bedeutung der in Frage stehenden Rechtsgüter nicht zugemutet werden. Die Ausnahmeregelung des § 35 Abs. 1 S. 2 StGB kann daher nicht eingreifen. Da B auch subjektiv gehandelt hat, um die von A ausgehende Gefahr von sich abzuwenden, hat er gemäß § 35 Abs. 1 StGB ohne Schuld gehandelt.

d) Ergebnis

15 B hat sich nicht wegen Sachbeschädigung nach § 303 Abs. 1 StGB strafbar gemacht.

2. Hausfriedensbruch, § 123 Abs. 1 StGB

16 B könnte sich durch das Werfen der Steine ferner wegen Hausfriedensbruchs nach § 123 StGB strafbar gemacht haben.

a) Tatbestand

17 Bei der Wohnung des C handelt es sich um ein taugliches Tatobjekt des Hausfriedensbruchs. B müsste ferner in die Wohnung eingedrungen sein. Eindringen im Sinne von § 123 Abs. 1 StGB ist das Betreten gegen den ausdrücklich erklärten oder mutmaßlichen Willen des Berechtigten.[11] Dabei ist Voraussetzung, dass der Körper des Täters zumindest zum Teil in den geschützten Bereich eindringt.[12] B betritt jedoch

---

[9] LK/*Hirsch*, § 34 Rn. 69 a; differenzierend nach der Schwere des abgenötigten Delikts bzw. nach der Art des Eingriffs *Roxin*, AT I, § 16 Rn. 68 f.; *Neumann*, JA 1988, 329.

[10] So z.B. *Wessels/Beulke*, AT, Rn. 443; *Jescheck/Weigend*, AT, § 44 II 3; Schönke/Schröder/*Lenckner/Perron*, § 34 Rn. 41 b.

[11] *Haft*, BT, C I 2 c aa; *Rengier*, BT II, § 30 Rn. 8 f.

[12] Ein beliebtes Beispiel hierfür ist der Fuß, der in die Tür gestellt wird, um deren Schließen zu verhindern.

nicht die Wohnung, er wirft lediglich Steine hinein. Dies stellt kein Eindringen im Sinne des § 123 StGB dar. Der objektive Tatbestand ist daher nicht gegeben.

b) Ergebnis

A hat sich nicht wegen Hausfriedensbruchs nach § 123 Abs. 1 StGB strafbar gemacht. 18

3. Ergebnis für B

B hat sich nicht strafbar gemacht. 19

II. Strafbarkeit des A

1. Nötigung, § 240 StGB

A könnte sich wegen Nötigung nach § 240 StGB zum Nachteil des B strafbar gemacht haben, da er den B mit vorgehaltener Pistole gezwungen hat, die Scheiben des C einzuwerfen. 20

a) Tatbestand

aa) Objektiver Tatbestand

A müsste den B durch Gewalt oder durch Drohung mit einem empfindlichen Übel zu einem Verhalten genötigt haben. Gewalt im Sinne von § 240 Abs. 1 StGB ist ein körperlich wirkender Zwang zur Überwindung eines geleisteten oder zu erwartenden Widerstandes.[13] Eine körperliche Kraftentfaltung des Täters ist hierbei nicht erforderlich. Ob in dem Vorhalten einer Schusswaffe bereits schon ein körperlich wirkender Zwang zu sehen ist, ist umstritten.[14] B ist zwar dadurch zu keinem anderen Verhalten fähig, das Vorhalten einer Pistole könnte jedoch jedenfalls als Drohung mit einem empfindlichen Übel interpretiert werden. Drohen ist das Inaussichtstellen eines zukünftigen Übels, auf dessen Eintritt der Drohende Einfluss zu haben vorgibt.[15] Ein empfindliches Übel im Sinne des § 240 Abs. 1 StGB ist ein Nachteil von solcher Erheblichkeit, dass es möglich ist, den Betroffenen im Sinne des Täterverlangens zu motivieren.[16] Das Drohen des A mit einer Pistole ist ein empfindliches Übel, da es eine Verletzung der körperlichen Unversehrtheit oder gar des Lebens des C in Aussicht stellt und somit geeignet ist, den B zum Scheibeneinwerfen zu motivieren. 21

Hinweis: Der Streit, ob das Vorhalten einer Waffe als Gewalt im Sinne des § 240 Abs. 1 StGB angesehen werden kann, braucht nicht ausführlich diskutiert zu werden, wenn – wie hier – das Drohungsmerkmal des § 240 Abs. 1 Alt. 2 StGB unproblematisch gegeben ist. 22

Des Weiteren müsste durch die Drohung des A ein Nötigungserfolg eingetreten sein. Ein solcher ist in der Handlung des B, dem Einwerfen der Fensterscheiben des C mit Steinen, gegeben. Der objektive Tatbestand ist damit erfüllt. 23

bb) Subjektiver Tatbestand

A müsste ferner vorsätzlich gehandelt haben, § 15 StGB. A wollte dem B ein ihm widerstrebendes Verhalten in Gestalt der Beschädigung des Hauses aufzwingen und 24

---

[13] *Lackner/Kühl*, § 240 Rn. 5.
[14] Bejaht von BGHSt 23, 126; 39, 133; ablehnend *Hillenkamp*, JuS 1994, 769, 771; *Rengier*, BT II, § 23 Rn. 28.
[15] *Lackner/Kühl*, § 240 Rn. 12.
[16] *Fischer*, § 240 Rn. 32a.

beabsichtigte ebenfalls, ihn zu diesem Verhalten mit der Androhung des Gebrauchs der Schusswaffe zu nötigen. Der Vorsatz ist somit gegeben. Die von der Literatur geforderte Nötigungsabsicht im Sinne eines zielgerichteten Handelns[17] liegt ebenfalls vor. Der subjektive Tatbestand ist damit erfüllt.

b) Rechtswidrigkeit

25 Die Tat müsste außerdem rechtswidrig sein. Allgemeine Rechtfertigungsgründe sind nicht ersichtlich. Nach § 240 Abs. 2 StGB müsste die Nötigung jedoch ferner verwerflich sein, d.h. das Mittel, der Zweck oder die Zweck-Mittel-Relation müsste sittlich bzw. sozial in hohem Maße zu missbilligen sein.[18] Der Einsatz des Nötigungsmittels (Vorhalten einer Waffe) zum angestrebten Nötigungszweck (Sachbeschädigung) ist in hohem Maße zu missbilligen und daher als verwerflich im Sinne von § 240 Abs. 2 StGB einzustufen. Die Tat des A war daher rechtswidrig.

26 Hinweis: Bei der Nötigung nach § 240 StGB muss nach der Prüfung der allgemeinen Rechtfertigungsgründe wegen § 240 Abs. 2 StGB die Verwerflichkeit der Tat positiv festgestellt werden. Es handelt sich um einen so genannten offenen Tatbestand, bei dem die Tatbestandsmäßigkeit die Rechtswidrigkeit nicht indiziert. Die Verwerflichkeit kann sich aus dem Nötigungsmittel, dem angestrebten Zweck oder der Relation aus Mittel und Zweck ergeben.

c) Schuld

27 A handelte auch schuldhaft.

d) Ergebnis

28 A hat sich daher wegen Nötigung zu Lasten des B gemäß § 240 Abs. 1 StGB strafbar gemacht.

2. Sachbeschädigung in mittelbarer Täterschaft, §§ 303 Abs. 1, 25 Abs. 1 Alt. 2 StGB

29 A könnte sich durch die Bedrohung des B mit der Schusswaffe, der daraufhin die Fensterscheibe des C einwarf, wegen Sachbeschädigung in mittelbarer Täterschaft nach §§ 303 Abs. 1, 25 Abs. 1 Alt. 2 StGB strafbar gemacht haben.

a) Tatbestand

aa) Objektiver Tatbestand

30 B hat den objektiven Tatbestand des § 303 Abs. 1 StGB erfüllt. Falls eine mittelbare Täterschaft vorliegt, könnte das Handeln des B dem A zugerechnet werden. Fraglich ist, ob sich A zur Ausführung der tatbestandsmäßigen Handlung einer weiteren Person, also des B, bedient hat, um durch ihn mittelbar eine Sachbeschädigung zu begehen. Generell kennzeichnend für die mittelbare Täterschaft ist die Eigenschaft des Handelnden als „Werkzeug" des mittelbaren Täters. Der mittelbare Täter muss faktisch die Tatherrschaft besitzen und das Gesamtgeschehen kraft seines planvoll lenkenden Willens in der Hand halten.[19] Weithin anerkannt ist, dass auch eine Nötigung des Tatmittlers ein Fall der mittelbaren Täterschaft darstellen kann. Die Herrschaft des Hintermannes drückt sich hierbei in der Herrschaft über den Willen des Vorderman-

---

[17] Vgl. dazu Schönke/Schröder/*Eser*, § 240 Rn. 34.
[18] Vgl. *Rengier*, BT II, § 23 Rn. 59 ff.
[19] *Wessels/Beulke*, AT, Rn. 535.

nes aus.[20] Der Vordermann weiß zwar, was er tut, dient aber lediglich dem Hintermann als Zwischenschaltungselement, um dessen Willen zu verwirklichen.

A hat bei B einen Nötigungsnotstand provoziert. A besitzt die Tatherrschaft, indem **31** er B als Zwischenschaltungselement einsetzt, um ihn zu der Sachbeschädigung zu zwingen. Er hält den Tatablauf damit steuernd in den Händen und nutzt B als sein willenloses Werkzeug. Eine weitere Voraussetzung für die mittelbare Täterschaft ist grundsätzlich das straflose Handeln des Vordermannes. B hat sich vorliegend nicht wegen Sachbeschädigung strafbar gemacht, da er nach § 35 StGB wegen des Nötigungsnotstandes entschuldigt ist. Der objektive Tatbestand der Sachbeschädigung nach § 303 Abs. 1 StGB ist somit dem A als mittelbaren Täter zuzurechnen.

Hinweis: Ist der Vordermann selbst strafrechtlich verantwortlich, so ist der Hintermann nur in Aus- **32** nahmefällen mittelbarer Täter, etwa bei Vorliegen mafiaähnlicher Organisationsstrukturen als Täter hinter dem Täter oder im sog. Katzenkönigfall, *BGHSt* 35, 347.

bb) Subjektiver Tatbestand

A hat Vorsatz, sowohl eine Sachbeschädigung an den Fenstern des C zu begehen als **33** auch den B als Tatmittler dazu zu nötigen. Der subjektive Tatbestand der mittelbaren Täterschaft ist somit auch gegeben.

Hinweis: Der subjektive Tatbestand einer Strafbarkeit wegen mittelbarer Täterschaft umfasst sowohl **34** den Vorsatz bezüglich der Tatbestandsverwirklichung als auch den Vorsatz bezüglich der Tatherr-schaft. Darüber hinaus müssen gegebenenfalls die sonstigen subjektiven Merkmale (etwa die Bereiche-rungsabsicht bei § 263 StGB) angesprochen werden.

b) Rechtswidrigkeit und Schuld

A handelte rechtswidrig und schuldhaft. **35**

c) Ergebnis

A hat sich in mittelbarer Tatherrschaft wegen Sachbeschädigung nach §§ 303 Abs. 1, **36** 25 Abs. 1 Alt. 2 StGB zum Nachteil des C strafbar gemacht. Nach § 303 c StGB ist ein Strafantrag erforderlich.

3. Fahrlässige Körperverletzung, § 229 StGB

A könnte sich ferner aufgrund der Schussverletzung des B nach § 229 StGB wegen **37** fahrlässiger Körperverletzung strafbar gemacht haben.

a) Erfolgseintritt, Handlung, Kausalität

Hierzu müsste durch die Handlung des A bei B zunächst ein Körperverletzungser- **38** folg im Sinne des § 223 Abs. 1 StGB eingetreten sein. B wurde durch die Schussverlet-zung sowohl in seinem körperlichen Wohlbefinden als auch in seiner körperlichen Unversehrtheit nicht nur unerheblich beeinträchtigt. Darüber hinaus ist bei B durch die Schusswunde ein pathologischer Zustand gegeben. Eine körperliche Misshandlung liegt demnach ebenso vor wie eine Gesundheitsschädigung. Die Nutzung der Waffe zur Nötigung des B kann nicht hinweggedacht werden, ohne dass der Erfolg in seiner konkreten Gestalt entfiele.[21] Damit war die Handlung kausal für den Erfolg.

---

[20] Schönke/Schröder/*Cramer/Heine*, § 25 Rn. 33; *Lackner/Kühl*, § 25 Rn. 4.
[21] So das Ergebnis bei korrekter Anwendung der conditio-sine-qua-non-Formel. Hätte A den B nicht mit der Waffe bedroht, hätte D den A nicht zu Boden geworfen, wobei sich der die Verletzung auslösende Schuss gelöst hat.

b) Objektive Sorgfaltswidrigkeit, objektive Vorhersehbarkeit und objektive Zurechnung

39   Bei der Erfolgsverursachung müsste A objektiv sorgfaltswidrig gehandelt haben und der Eintritt des Erfolgs müsste objektiv vorhersehbar gewesen sein. Objektiv sorgfaltswidrig handelt, wer die im Verkehr erforderliche Sorgfalt außer Acht lässt.[22] Das Nötigen mit einer vorgehaltenen Waffe ist hinsichtlich der körperlichen Unversehrtheit des Genötigten objektiv sorgfaltswidrig, da dadurch eine rechtlich relevante Gefahr für Leib und Leben geschaffen wird. Objektiv vorhersehbar ist, was ein umsichtig handelnder Mensch aus dem Verkehrskreis des Täters unter den jeweils gegebenen Umständen aufgrund der allgemeinen Lebenserfahrung in Rechnung stellen würde.[23] Dass Unbeteiligte dem Genötigten zu Hilfe eilen und durch Abwehrhandlungen versuchen die Nötigung zu beenden, liegt zumindest nicht außerhalb jeglicher Lebenserfahrung und ist somit auch objektiv vorhersehbar.

40   Des Weiteren müsste der Erfolg dem B auch objektiv zurechenbar sein. Objektiv zurechenbar ist dem Täter der Erfolg, wenn er eine rechtlich relevante Gefahr geschaffen hat, die sich im tatbestandlichen Erfolg realisiert. Vorliegend könnte der Zurechnungszusammenhang durch ein eigenverantwortliches Dazwischentreten des D, der sich auf den A stürzte und so den Schuss auslöste, unterbrochen worden sein. Die Verantwortung des Erstverursachers endet grundsätzlich, wenn ein Dritter vollverantwortlich eine neue, selbständig auf den Erfolg hinwirkende Gefahr begründet, die sich dann im Erfolg realisiert. Dagegen ist die Zurechnung zu bejahen, wenn das Verhalten des Dritten so spezifisch mit der Ausgangsgefahr verbunden ist, dass es bereits als typischerweise in der Ausgangsgefahr begründet erscheint.[24]

41   Wird jemand mit einer Waffe bedroht, ist es naheliegend, dass ihm ein Dritter zu Hilfe eilt. Die neue Gefahrensituation, die durch das Einschreiten des Dritten entsteht, ist direkte Folge der besonderen Gefährlichkeit der Ausgangsgefahr, die durch das Bedrohen mit der Waffe geschaffen wurde. Daher kann das Dazwischentreten des D den Zurechnungszusammenhang nicht unterbrechen. Durch das Drohen mit einer geladenen Waffe hat A eine rechtlich relevante Gefahr für die körperliche Unversehrtheit geschaffen und diese hat sich letztlich in der Schussverletzung des B realisiert. Der Erfolg ist dem A daher objektiv zurechenbar.

c) Rechtswidrigkeit und Schuld

42   Die Handlungen des A waren rechtswidrig. Die Verursachung möglicher Körperverletzungen durch das Nötigen eines anderen mit einer Waffe war für A auch subjektiv vorhersehbar. Er handelte somit auch subjektiv sorgfaltswidrig, so dass die Schuld ebenfalls zu bejahen ist.

d) Ergebnis

43   A hat sich wegen fahrlässiger Körperverletzung nach § 229 StGB strafbar gemacht.

4. Konkurrenzen

44   A hat sich wegen Nötigung nach § 240 Abs. 1 StGB, Sachbeschädigung in mittelbarer Täterschaft nach §§ 303 Abs. 1, 25 Abs. 1 Alt. 2 StGB und fahrlässiger Körperver-

---

[22] *Wessels/Beulke*, AT, Rn. 667; *Stratenwerth/Kuhlen*, AT I, § 15 Rn. 12; *Kindhäuser*, AT, § 33 Rn. 10.
[23] *Wessels/Beulke*, AT, Rn. 667 a.
[24] *Wessels/Beulke*, AT, Rn. 192.

letzung nach § 229 StGB strafbar gemacht. Die verwirklichten Delikte stehen in Tateinheit gemäß § 52 StGB.

III. Strafbarkeit des D

1. Körperverletzung, § 223 Abs. 1 StGB

Durch das zu Boden Stoßen des A könnte sich D wegen Körperverletzung nach 45 § 223 Abs. 1 StGB strafbar gemacht haben.

a) Tatbestand

aa) Objektiver Tatbestand

Hierzu müsste eine körperliche Misshandlung nach § 223 Abs. 1 Alt. 1 StGB bzw. 46 eine Gesundheitsschädigung nach § 223 Abs. 1 Alt. 2 StGB bei A eingetreten sein. Durch den Stoß und den dadurch verursachten Aufprall auf dem Boden hat D den A übel und unangemessen behandelt und ihn zumindest in seinem körperlichen Wohlbefinden nicht nur unerheblich beeinträchtigt. Ein Hervorrufen oder Steigern eines pathologischen Zustandes geht jedoch nicht aus dem Sachverhalt hervor. D hat den objektiven Tatbestand somit in Gestalt einer körperlichen Misshandlung nach § 223 Abs. 1. Alt. 1 StGB verwirklicht.

bb) Subjektiver Tatbestand

Des Weiteren müsste D vorsätzlich gehandelt haben, § 15 StGB. Dies ist vorliegend 47 zu bejahen, da er eventuelle Verletzungen des A bei dem Stoß zumindest billigend in Kauf nahm.

b) Rechtswidrigkeit

Fraglich ist, ob D rechtswidrig gehandelt hat. In Betracht kommt eine Rechtferti- 48 gung durch Nothilfe nach § 32 Abs. 1, Abs. 2 Var. 2 StGB zugunsten des genötigten B.

Zu prüfen ist zunächst, ob eine Nothilfelage, also ein gegenwärtiger, rechtswidriger 49 Angriff, vorlag. Ein Angriff ist jede durch menschliches Verhalten drohende Verletzung rechtlich geschützter Güter oder Interessen.[25] Wie oben bereits ausgeführt war durch das Vorhalten der Waffe durch A ein gegenwärtiger Angriff auf das Leben, die körperliche Unversehrtheit und die freie Willensbetätigung des B gegeben. Dieser war auch rechtswidrig, da er nicht mit der Rechtsordnung in Einklang stand. Die Nothilfelage war somit gegeben.

Die Nothilfehandlung gegenüber dem Angreifer müsste ferner erforderlich und ge- 50 boten sein. Erforderlich ist eine Handlung, wenn sie geeignet ist, den Angriff abzuwehren und das mildeste zur Verfügung stehende Abwehrmittel darstellt.[26] Das Wegstoßen des A war geeignet, die Nötigung des B zu beenden. Ein milderes, ebenso wirksames Mittel ist nicht ersichtlich. Die Nothilfehandlung war ebenfalls gegen den Angreifer gerichtet und geboten und D handelte mit Verteidigungswillen. Das Handeln des D war somit durch die Nothilfe nach § 32 Abs. 1, Abs. 2 Var. 2 StGB zugunsten des B gerechtfertigt.

c) Ergebnis

D hat sich nicht wegen einer Körperverletzung nach § 223 Abs. 1 StGB strafbar ge- 51 macht.

---

[25] *Fischer*, § 32 Rn. 5.
[26] *Wessels/Beulke*, AT, Rn. 335.

2. Fahrlässige Körperverletzung, § 229 StGB

52   Zu prüfen ist ferner, ob D sich durch den von A abgegebenen Schuss wegen fahrlässiger Körperverletzung zum Nachteil des B nach § 229 StGB strafbar gemacht hat.

a) Erfolgseintritt, Handlung, Kausalität

53   Ein Körperverletzungserfolg ist bei B, wie oben ausgeführt, gegeben. Das Wegstoßen des A durch den D kann nicht hinweggedacht werden, ohne dass die Abgabe des Schusses und damit der Eintritt des Körperverletzungserfolgs bei B entfiele. Die Abgabe des Schusses wurde daher durch den Stoß des D nach der conditio-sine-qua-non-Formel kausal verursacht.

b) Objektive Sorgfaltswidrigkeit, objektive Vorhersehbarkeit und objektive Zurechnung

54   Die Erfolgsverursachung müsste objektiv sorgfaltswidrig herbeigeführt und der Erfolg müsste vorhersehbar und vermeidbar gewesen sein. Bei der Sorgfaltswidrigkeit kommt es darauf an, wie ein besonnener und gewissenhafter Dritter aus dem Verkehrskreis des Täters in der konkreten Situation ex ante gehandelt hätte.[27] D hat hier durch das Stoßen des A ein neues Risiko geschaffen, nämlich das Risiko, dass sich durch die Gefahr ein Schuss löst. Ein objektiver Dritter hätte das erkennen können. D handelte daher sorgfaltswidrig. Auch hätte ein Dritter den Eintritt des Erfolgs vorhersehen können.

55   Zudem müsste D der Erfolg objektiv zuzurechnen sein. Die objektive Zurechnung entfällt unter anderem dann, wenn der Täter einen Kausalverlauf in der Weise modifiziert, dass er die für das Opfer bereits bestehende Gefahr verringert, die Situation des Rechtsgutes also verbessert.[28] Durch die Bedrohung mit einer Waffe war Bs Leben gefährdet. Der Stoß Ds führte lediglich zu einer Verletzung der Gesundheit. Die Gefahr für B wurde durch das Handeln des D also verringert. Wegen einer Risikoverringerung entfällt daher die objektive Zurechnung.

c) Ergebnis

56   D hat sich damit nicht wegen fahrlässiger Körperverletzung nach § 229 StGB strafbar gemacht.

57   **Hinweis:** Mit entsprechender Begründung ist es möglich, die objektive Zurechnung zu bejahen. Dann ist aber zu beachten, dass D über den rechtfertigenden Notstand nach § 34 StGB gerechtfertigt ist.

3. Ergebnis für D

58   D hat sich folglich nicht strafbar gemacht.

IV. Strafbarkeit des C

1. Versuchter Totschlag, §§ 212 Abs. 1, 22, 23 Abs. 1 StGB

59   Indem C dem E eine schwere Vase gezielt an den Kopf geworfen hat, könnte er sich wegen versuchten Totschlags nach §§ 212 Abs. 1, 22, 23 Abs. 1 StGB strafbar gemacht haben.

---

[27] *Zieschang*, AT, S. 108.
[28] *Roxin*, AT, § 11 Rn. 53; a. A. *Kindhäuser*, ZStW 120 (2008), 481, 490 ff.

a) Vorprüfung

Zunächst dürfte die Tat nicht vollendet und der Versuch müsste strafbar sein. Da E **60** noch lebt, ist der tatbestandliche Erfolg des § 212 Abs. 1 StGB nicht eingetreten. Der Versuch des Totschlags ist nach §§ 23 Abs. 1 Var. 1, 12 Abs. 1, 212 Abs. 1 StGB strafbar.

b) Tatentschluss

C müsste außerdem Tatentschluss gehabt haben. Dieser umfasst den Vorsatz hin- **61** sichtlich der objektiven Tatbestandsmerkmale und gegebenenfalls das Vorliegen weiterer subjektiver Merkmale.[29] Fraglich ist, ob C die Vase dem E mit Tötungsvorsatz an den Kopf geworfen hat. Es ist davon auszugehen, dass ihm das generelle schwere Körperverletzungsrisiko eines Wurfes mit einem schweren Gegenstand gegen den Kopf eines anderen bewusst war. Bezüglich eines Tötungsvorsatzes käme mangels näherer Angaben im Sachverhalt lediglich ein bedingter Vorsatz (dolus eventualis) in Frage, der jedoch von der bewussten Fahrlässigkeit abzugrenzen ist. Die herrschende Lehre und Rechtsprechung folgt in diesem Punkt der sog. Billigungstheorie. Nach ihr handelt der Täter mit bedingtem Vorsatz, wenn er die konkret drohende Gefahr einer Rechtsgutverletzung erkannt hat, sie auch ernst genommen hat und das Risiko der Tatbestandsverwirklichung billigend in Kauf genommen hat.[30] Lediglich bewusst fahrlässig handelt, wer zwar um die Möglichkeit der Tatbestandsverwirklichung weiß, aber ernsthaft vertraut, dass diese nicht eintritt.[31]

C griff zu der Vase, da er davon ausging, dass auf ihn geschossen wurde. Mangels **62** näherer Angaben kann hier nur gemutmaßt werden, ob der C bei dem Wurf der Vase gegen den Kopf des E das Risiko seiner Tötung billigend in Kauf nahm. Es ist eher davon auszugehen, dass der C mit dem Wurf eine Körperverletzung des E zur Beendigung seines vermeintlichen Angriffes anstrebte.

Außerdem ist zu beachten, dass vor dem Tötungsvorsatz eine höhere Hemmschwel- **63** le als vor dem Gefährdungs- oder Verletzungsvorsatz steht.[32] Daher ist hier davon auszugehen, dass C keinen bedingten Tötungsvorsatz hatte.

Hinweis: Gerade wegen der Hemmschwellentheorie des BGH sollte der Eventualvorsatz bei Tö- **64** tungsdelikten nur dann bejaht werden, wenn sich eindeutige Angaben im Sachverhalt finden.

c) Ergebnis

C hat sich nicht wegen versuchten Totschlags nach §§ 212 Abs. 1, 22, 23 Abs. 1 **65** StGB zum Nachteil des E strafbar gemacht.

2. Gefährliche Körperverletzung, §§ 223 Abs. 1, 224 Abs. 1 StGB

Indem C dem E eine schwere Keramikvase an den Kopf geworfen hat, könnte er **66** sich wegen gefährlicher Körperverletzung nach §§ 223 Abs. 1, 224 Abs. 1 StGB strafbar gemacht haben.

a) Tatbestand

aa) Objektiver Tatbestand

Zu prüfen ist zunächst, ob der objektive Tatbestand des Grunddelikts gem. § 223 **67** Abs. 1 StGB gegeben ist. Der Aufprall des schweren Gegenstandes auf dem Kopf des

---

[29] *Wessels/Beulke*, AT, Rn. 598; *Kindhäuser*, AT, § 31, Rn. 4; *Stratenwerth/Kuhlen*, AT, § 11, Rn. 23.
[30] *Wessels/Beulke*, AT, Rn. 223.
[31] *Wessels/Beulke*, AT, Rn. 216.
[32] BGHSt 36, 1, 15.

E ist eine üble, unangemessene Behandlung, die sowohl das körperliche Wohlbefinden als auch die körperliche Unversehrtheit des E nicht nur unerheblich beeinträchtigt. Eine körperliche Misshandlung nach § 223 Abs. 1 Alt. 1 StGB liegt daher vor. Ebenfalls ist durch die schwere Verletzung des E die Hervorrufung eines pathologischen Zustandes und somit eine Gesundheitsschädigung nach § 223 Abs. 1 Alt. 2 StGB gegeben. Der objektive Tatbestand des Grunddelikts ist somit erfüllt.

68 Des Weiteren ist zu prüfen, ob der objektive Tatbestand einer gefährlichen Körperverletzung nach § 224 Abs. 1 Nr. 2, 3, 5 StGB gegeben ist. Indem C die Körperverletzung mit einer schweren Vase herbeiführte, könnte er sich eines gefährlichen Werkzeuges nach § 224 Abs. 1 Nr. 2 Var. 2 StGB bedient haben. Ein gefährliches Werkzeug ist ein Gegenstand der nach seiner objektiven Beschaffenheit und der Art der Nutzung im konkreten Einzelfall dazu geeignet ist, erhebliche Verletzungen hervorzurufen.[33] Eine schwere Vase, die gezielt an den Kopf geworfen wird, stellt demnach ein gefährliches Werkzeug dar.

69 Ein hinterlistiger Überfall nach § 224 Abs. 1 Nr. 3 StGB ist jeder plötzliche, unerwartete Angriff auf einen Ahnungslosen, bei dem der Täter seine wahren Absichten planmäßig berechnend verdeckt, um gerade dadurch dem Angegriffenen die Abwehr zu erschweren.[34] Das bloße Ausnutzen eines Überraschungsmomentes reicht jedoch nicht aus.[35] Der Täter muss vielmehr den geplanten Angriff durch weitere Vorkehrungen verschleiert haben. Im vorliegenden Fall hat D seine Absichten nicht planmäßig verdeckt, er nutzt lediglich das Überraschungsmoment. Ein hinterlistiger Überfall liegt daher nicht vor.

70 Zu prüfen bleibt, ob der Wurf mit der Vase eine das Leben gefährdende Behandlung nach § 224 Abs. 1 Nr. 5 StGB darstellt. Nach der herrschenden Meinung muss die Verletzung den konkreten Umständen nach objektiv geeignet sein, das Leben des Opfers in Gefahr zu bringen.[36] Teile der Literatur verlangen darüber hinaus, dass nicht nur eine abstrakte, sondern auch eine konkrete Lebensgefährdung des Opfers gegeben sein muss.[37] In diesem Fall liegt nach beiden Ansichten eine das Leben gefährdende Behandlung vor, da E schwere Verletzungen erlitten hat.

71 Der objektive Tatbestand der gefährlichen Körperverletzung ist somit aufgrund des gefährlichen Werkzeuges und der das Leben gefährdenden Behandlung nach §§ 223 Abs. 1, 224 Abs. 1 Nr. 2, 5 StGB erfüllt.

bb) Subjektiver Tatbestand

72 C handelte außerdem mit Wissen und Wollen der objektiven Tatbestandsmerkmale, des § 223 Abs. 1 StGB und § 224 Abs. 1 StGB. Der subjektive Tatbestand liegt somit ebenfalls vor.

b) Rechtswidrigkeit

73 Fraglich ist jedoch, ob D gerechtfertigt ist. Eine eventuelle Rechtfertigung wegen Notwehr gemäß § 32 StGB scheitert bereits an dem Vorliegen eines objektiv gegenwärtigen, rechtswidrigen Angriffes durch E, da dieser nur ein unbeteiligter Passant war. Eine Rechtfertigung wegen eines rechtfertigenden Notstandes nach § 34 StGB kommt ebenfalls nicht in Betracht, da keine gegenwärtige Gefahr für ein notstands-

---

[33] *Lackner/Kühl*, § 224 Rn. 5.
[34] *Fischer*, § 224 Rn. 10.
[35] *Lackner/Kühl*, § 224 Rn. 6.
[36] BGHSt 2, 160, 163; *Wessels/Hettiger*, BT 1, Rn. 282.
[37] So etwa *Schröder*, JZ 1967, 522; *Stree*, Jura 1980, 281, 291.

fähiges Rechtsgut von E ausgeht. Aufgrund des Fehlens einschlägiger Rechtfertigungsgründe handelte C daher rechtswidrig.

c) Schuld

Die Schuld könnte jedoch aufgrund eines Irrtums des C entfallen, da er glaubt, dass 74
E auf ihn geschossen habe.

aa) Bezugspunkt des Irrtums: Erlaubnistatbestand

Hinweis: Steht wie hier ein Erlaubnistatbestandsirrtum im Raum, muss zunächst hypothetisch ge- 75
prüft werden, ob der Täter gerechtfertigt wäre, würden seine Vorstellungen zutreffen. Erst danach
kann auf die rechtliche Behandlung dieses Problems eingegangen werden.[38]

Die irrige Annahme des C, dass E auf ihn geschossen habe, könnte einen Erlaubnis- 76
tatbestandsirrtum darstellen. Ein solcher ist gegeben, wenn der Täter über die sachlichen Voraussetzungen eines anerkannten Rechtfertigungsgrundes irrt, das heißt irrig
Umstände für gegeben hält, die im Falle ihres tatsächlichen Bestehens die Tat rechtfertigen würden.[39] Zu überprüfen ist daher, ob bei der Annahme, dass die Vorstellungen
des Täters zutreffend sind, ein Rechtfertigungsgrund vorliegen würde. Hier unterlag
der C irrig der Vorstellung, E würde auf ihn schießen. Es ist also fraglich, ob in diesem
Fall eine Notwehr nach § 32 StGB gegeben wäre.

Nach der Vorstellung des C geht von E durch den Gebrauch einer Schusswaffe ein 77
Angriff auf seine körperliche Integrität und sein Leben aus. Der Angriff wäre auch
gegenwärtig, da er nach der Ansicht des C bereits begonnen hat und immer noch fortdauert. Mangels entgegenstehender Angaben muss sich nach der Vorstellung des C
auch um einen rechtswidrigen Angriff handeln, da mögliche Rechtfertigungsgründe
für den Angriff nicht ersichtlich sind. Damit war eine Notwehrlage gegeben. Dem E
gezielt einen schweren Gegenstand an den Kopf zu werfen, stellt ebenfalls ein geeignetes Mittel zur Abwehr des Angriffes dar. Ein milderes Mittel ist aufgrund der von C
irrig angenommenen konkreten Gefährdung von Leib und Leben nicht ersichtlich. Die
Verteidigungshandlung richtet sich nach der Ansicht des C gegen denjenigen, von dem
der Angriff ausgeht. Zweifel hinsichtlich der Gebotenheit der Handlung sind ebenfalls
nicht dem Sachverhalt zu entnehmen. Ferner handelte C auch mit Verteidigungswillen.
Insgesamt wäre somit die Handlung des C wegen Notwehr gerechtfertigt, wenn seine
Vorstellungen vom Tatgeschehen zuträfen. C befindet sich in einem Erlaubnistatbestandsirrtum und es fehlt ihm somit das Unrechtsbewusstsein.

bb) Rechtliche Behandlung des Erlaubnistatbestandsirrtums

Die rechtliche Behandlung und Einordnung des Erlaubnistatbestandsirrtums ist je- 78
doch umstritten.

(1) Vorsatztheorie

Nach der Vorsatztheorie[40] ist das Unrechtbewusstsein ein Bestandteil des Vorsatzes. 79
Fehlt das Unrechtsbewusstsein, entfällt der Vorsatz, egal auf welchem Irrtum das Feh-

---

[38] Zum Erlaubnistatbestandsirrtum siehe auch Band 1 Fall 7 („Die Selbstschussanlage") und Band 3
Fall 14 („Die Autobahnwerfer"); Aufbaualternative zur Prüfung des Erlaubnistatbestandsirrtums bei
Valerius, Einführung in den Gutachtenstil, 8. Klausur („Film ab!"), zum Erlaubnistatbestandsirrtum
S. 133–135.
[39] *Wessels/Beulke*, AT, Rn. 467.
[40] Vertreten von *Mezger*, NJW 1951, 500; 1953, 2; vgl. MünchKomm/*Joecks*, § 16 Rn. 82 f.

len des Unrechtsbewusstseins beruht. Wenn der Täter sich also bei dem Vorliegen der tatsächlichen Voraussetzungen eines Rechtfertigungsgrundes irrt, liegt damit ein Tatbestandsirrtum vor und der Vorsatz entfällt nach § 16 Abs. 1 S. 1 StGB. Nach dieser Ansicht läge bei C demnach keine vorsätzliche gefährliche Körperverletzung vor.

80   Gegen die Vorsatztheorie spricht jedoch, dass das Unrechtbewusstsein mit der Einführung des § 17 StGB ausdrücklich als Teil der Schuld definiert wurde. Da diese Theorie insofern dem Gesetzeswortlaut widerspricht, ist sie abzulehnen.

(2) Lehre von den negativen Tatbestandsmerkmalen

81   Die Lehre von den negativen Tatbestandsmerkmalen[41] erblickt in den einzelnen Rechtfertigungsvoraussetzungen negative Tatbestandsmerkmale, die schon unter dem Blickwinkel der Tatbestandsverwirklichung relevant sein sollen. Zum Vorsatz zählt hier nicht nur die Kenntnis der positiven Umstände des gesetzlich umschriebenen Tatbestands, sondern auch die Vorstellung vom Fehlen der negativen Tatbestandsmerkmale. Geht der Täter irrig von dem Vorliegen rechtfertigender Umstände aus, entfällt nach dieser Ansicht der Vorsatz nach § 16 Abs. 1 S. 1 StGB.

82   Dieser Ansicht lässt sich jedoch entgegenhalten, dass sie die Voraussetzungen der Tatbestandsmäßigkeit und der Rechtswidrigkeit in unzulässiger Weise vermengt. Dadurch wird der Wertunterschied zwischen einem von vornherein tatbestandslosen Verhalten und einem solchen, das geschützte Rechtsgüter beeinträchtigt und erst durch einen besonderen Rechtfertigungsgrund gedeckt wird, unterlaufen. Im Übrigen gibt das Gesetz in § 32 Abs. 1 StGB mit der Formulierung „handelt nicht rechtswidrig" selbst zu erkennen, dass es in den Rechtfertigungsgründen gerade keine (negativen) Tatbestandsmerkmale erblickt.[42]

(3) Strenge Schuldtheorie

83   Nach der strengen Schuldtheorie[43] bezieht sich der Vorsatz nur auf den objektiven Tatbestand, nicht auf die Rechtswidrigkeit. Das Unrechtsbewusstsein ist ein selbstständiges Schuldelement im Sinne des § 17 StGB und kann daher nur im Rahmen der Schuld von Bedeutung sein. Da in § 17 StGB keine speziellen Ausnahmen vorgesehen sind, ist daher von einem Verbotsirrtum nach § 17 StGB auszugehen.

84   Nach der strengen Schuldtheorie kommt es für die Strafbarkeit des C in dem vorliegenden Fall gemäß § 17 StGB darauf an, ob der Irrtum vermeidbar gewesen wäre oder nicht. Vermeidbar ist ein Irrtum, wenn dem Täter sein Vorhaben unter Berücksichtigung seiner Fähigkeiten hätte Anlass geben müssen, über dessen Rechtswidrigkeit nachzudenken, und er auf diesem Wege zur Unrechtseinsicht gekommen wäre.[44] Bei einer genaueren Sondierung der Lage, etwa durch vorsichtiges Spähen aus dem Fenster, hätte C erkennen können, dass nicht auf ihn geschossen wurde, und somit den Irrtum vermeiden können. C handelte nach dieser Theorie schuldhaft, es kommt allenfalls eine Strafmilderung nach § 49 Abs. 1 StGB in Betracht.

85   Die strenge Schuldtheorie verkennt jedoch, dass sich der in einem Erlaubnistatbestandsirrtum befindliche Täter, an sich rechtstreu verhalten will. Daher wird die Be-

---

[41] Vertreten von *Kaufmann*, JZ 1954, 653; JZ 1956, 353.

[42] Vgl. *Wessels/Beulke*, AT, Rn. 126.

[43] Unter anderem vertreten von *Welzel*, S. 168 ff.; *Bockelmann*, NJW 1950, 830; *Fukuda*, JZ 1958, 143; *Hirsch*, ZStW 94 (1982), 239, 257.

[44] *Fischer*, § 17 Rn. 7. In diesem Zusammenhang wird auch von der Rechtsprechung verlangt, dass der Täter sein Gewissen anspannt und alle seine Erkenntniskräfte und Wertvorstellungen einsetzt, vgl. *Otto*, Jura 1990, 645.

strafung wegen einer vorsätzlichen Tat bei bloßer Vermeidbarkeit des Irrtums überwiegend für grob unbillig gehalten.[45] Darüber hinaus soll nach der strengen Schuldtheorie auch in den Fällen eines unvermeidbaren Irrtums lediglich die Schuld und
nicht die Rechtswidrigkeit entfallen. Dagegen ist es allgemein anerkannt, dass ein objektiv sorgfaltsgemäßes Verhalten nicht rechtswidrig sein kann.[46] Die strenge Schuldtheorie ist daher ebenfalls abzulehnen.

(4) Eingeschränkte Schuldtheorie

Die eingeschränkte Schuldtheorie geht schließlich davon aus, dass ein Erlaubnistat- 86
bestandsirrtum wie ein Tatbestandsirrtum nach § 16 Abs. 1 S. 1 StGB analog zu be-
handeln ist. Diese Ansicht verdient insoweit Zustimmung, als sie berücksichtigt, dass
sich der Täter eigentlich rechtstreu verhalten will. Uneinigkeit besteht jedoch darüber,
ob bei einem Irrtum über das tatsächliche Vorliegen eines Rechtfertigungsgrundes bereits der Tatbestandsvorsatz[47] oder lediglich die Vorsatzschuld entfallen soll.[48] Für die
zweite Variante spricht vornehmlich, dass bei einem Entfallen des Tatbestandsvorsat-
zes mangels rechtswidriger Haupttat auch keine Teilnahme an der Tat mehr möglich
wäre, was eine Strafbarkeitslücke für bösgläubige Anstifter oder Gehilfen nach sich
ziehen würde.

Der Irrtum über das tatsächliche Vorliegen eines Rechtfertigungsgrundes wird daher 87
zwar aus dem Anwendungsbereich des § 17 StGB herausgenommen, jedoch nur in
seinen Rechtsfolgen dem Tatbestandsirrtum gleichgestellt. Es entfällt lediglich der
Schuldvorsatzvorwurf, während der Tatbestandsvorsatz erhalten bleibt. Beruht der
Irrtum auf Fahrlässigkeit, wird der Täter nach § 16 Abs. 1 S. 2 StGB analog wegen
fahrlässiger Tatbegehung bestraft, soweit diese im konkreten Fall mit Strafe bedroht
ist. Eine Bestrafung wegen einer vorsätzlichen Tat scheidet somit im konkreten Fall
aus, da C über den Erlaubnistatbestandsirrtum nach der rechtsfolgenverweisenden
eingeschränkten Schuldtheorie entschuldigt ist.

Hinweis: Dies ist einer der wenigen Fälle, in denen die Doppelfunktion des Vorsatzes als Tatbe- 88
standselement (Tatbestandsvorsatz) und Schuldelement (Vorsatzschuld) tatsächlich Bedeutung erlangt.
Nach herrschender Meinung entfällt lediglich das Schuldelement, wobei der Tatbestandsvorsatz bestehen bleibt.

d) Ergebnis

C hat sich nicht wegen gefährlicher Körperverletzung nach §§ 223 Abs. 1, 224 89
Abs. 1 StGB strafbar gemacht.

3. Fahrlässige Körperverletzung, § 229 StGB

Es bleibt zu überprüfen, ob sich C wegen des gezielten Wurfes der schweren Vase 90
an den Kopf des E wegen fahrlässiger Körperverletzung nach § 229 StGB strafbar gemacht hat.

a) Erfolgseintritt, Handlung, Kausalität

Der Körperverletzungserfolg ist eingetreten, E ist schwer verletzt. Die Verletzung 91
wurde kausal durch den Wurf der Vase verursacht.

---

[45] Vgl. dazu *Jescheck/Weigend*, AT, S. 463 f.
[46] Vgl. Schönke/Schröder/*Cramer/Sternberg-Lieben*, § 16 Rn. 15.
[47] So die Rechtsprechung in BGHSt 3, 105.
[48] So etwa *Fischer*, § 16 Rn. 27; *Wessels/Beulke*, AT, Rn. 478 f.

b) Objektive Sorgfaltswidrigkeit, objektive Vorhersehbarkeit und objektive Zurechnung

92 Fraglich ist, ob das Handeln des C objektiv sorgfaltswidrig, der Körperverletzungserfolg objektiv vorhersehbar und bei korrektem Verhalten vermeidbar gewesen war. Ein besonnener Dritter hätte in der konkreten Situation, als der Schuss fiel, wohl nicht sofort zu einer Vase gegriffen, um sie einem unbeteiligten Passanten an den Kopf zu werfen. Im Sachverhalt sind keine Anhaltspunkte gegeben, die darauf hindeuten, dass sich E im räumlichen Umfeld des A befunden hat, oder sonstige Hinweise, die einen besonnenen Dritten zu dem Schluss kommen lassen würden, E schieße auf ihn. Das Werfen der Vase ist somit objektiv sorgfaltswidrig. Die objektive Vorhersehbarkeit einer schweren Körperverletzung durch das Werfen eines schweren Gegenstandes an den Kopf eines anderen ist ebenfalls gegeben. Ferner ist das Geschehen dem C auch objektiv zurechenbar.

c) Rechtswidrigkeit und Schuld

93 C handelt rechtswidrig und schuldhaft. Insbesondere handelte er auch individuell sorgfaltswidrig, der Erfolg war außerdem individuell vorhersehbar.

4. Ergebnis für C

94 C hat sich wegen fahrlässiger Körperverletzung nach § 229 StGB strafbar gemacht.

V. Gesamtergebnis

95 A hat sich wegen Nötigung nach § 240 StGB und Sachbeschädigung in mittelbarer Täterschaft nach §§ 303 Abs. 1, 25 Abs. 1 Alt. 2 StGB und fahrlässiger Körperverletzung nach § 229 StGB in Tateinheit nach § 52 StGB strafbar gemacht.

C hat sich ebenfalls wegen fahrlässiger Körperverletzung nach § 229 StGB strafbar gemacht. B und D sind nicht strafbar.

Fallbeurteilung

Der vorliegende Fall enthält zum Teil recht anspruchsvolle Probleme und ist nicht zuletzt aufgrund der Tatsache, dass vier Tatbeteiligte zu prüfen sind, dem gehobenen Schwierigkeitsgrad zuzuordnen. Schwerpunkte bestehen im Rahmen der Rechtswidrigkeit und Schuld, der Täterschaft und Teilnahme und der Irrtumsproblematik.

Zunächst gilt es, die richtige Prüfungsreihenfolge einzuhalten. Tatnächster ist vorliegend der B, der die Steine auf die Fensterscheibe des C wirft. Danach ist die Strafbarkeit des A zu prüfen, der aufgrund der Nötigungssituation mittelbarer Täter hinsichtlich der Handlungen des B sein könnte. Anschließend ist auf den hinzueilenden D einzugehen und schließlich auf C, der erst aufgrund des sich lösenden Schusses gehandelt hat.

Bei der Strafbarkeit des B steht in erster Linie die Problemkonstellation des Nötigungsnotstandes im Vordergrund, da er von A zum Einwerfen der Scheiben gezwungen wird. Zwar führt der Nötigungsnotstand nach der herrschenden Meinung nicht zu einer Rechtfertigung der Tat, sondern kann allenfalls entschuldigt sein. Dennoch muss die Problematik zunächst anhand des § 34 StGB im Rahmen der Rechtswidrigkeit erörtert werden.

Bei der Prüfung des A ist die typische Konstellation der mittelbaren Täterschaft aufgrund der Herbeiführung eines Nötigungsnotstands zu diskutieren. Außerdem muss erörtert werden, ob ihm das Dazwischentreten des D, das zu dem Schuss geführt hat, im Rahmen des § 229 StGB zugerechnet werden kann. D hingegen ist aufgrund der vorliegenden Nothilfesituation sowohl hinsichtlich einer vorsätzlichen als auch einer fahrlässigen Körperverletzung gerechtfertigt.

Da C irrig davon ausgeht, E hätte auf ihn geschossen, stellt sich das Problem eines Erlaubnistatbestandsirrtums. Hier wird vom Bearbeiter erwartet, dass er sowohl auf dessen Voraussetzungen als auch auf die rechtliche Behandlung dieses Instituts einzugehen vermag. Ferner gilt es herauszuarbeiten, dass die Strafbarkeit wegen fahrlässigen Handelns vom Erlaubnistatbestandsirrtum nicht betroffen wird.

Weiterführende Hinweise: *Kelker,* Erlaubnistatumstands- und Erlaubnisirrtum – eine systematische Erörterung, Jura 2006, 591–597; *Koch,* Grundfälle zur mittelbaren Täterschaft, § 25 Abs. 1 Alt. 2 StGB, JuS 2008, 496–499; *Meyer,* Die Problematik des Nötigungsnotstands auf der Grundlage eines Solidaritätsprinzips, GA 2004, 356–369; *Momsen/Rackow,* Der Erlaubnistatbestandsirrtum in der Fallbearbeitung, JA 2006, 550–555, 654–664; *Zieschang,* Der rechtfertigende und der entschuldigende Notstand, JA 2007, 679–685.

Fall 6. Mordsschlägerei

Sachverhalt

A erteilt B den Auftrag, seinen Geschäftspartner C zu töten. Er soll ihm in einer Kneipe, in die C jeden Abend zu gehen pflegt, unbemerkt ein giftiges Pulver in das Bier schütten. A will C aus dem Weg räumen lassen, weil dieser mit einem sehr lukrativen Geschäft, das A zu tätigen gedenkt, nicht einverstanden ist. Außerdem will A den gesamten Geschäftserlös für sich behalten. Er bietet B 10.000 Euro für die Tat an, die dieser annimmt. A weiß nicht, dass B gegen C schon lange schweren Groll hegt, weil sich Bs frühere Freundin X dem C zugewandt hat. B hatte die Beziehung zu X selbst beendet, er will jedoch, dass sie nach ihm keine Beziehungen zu anderen Männern mehr aufnimmt. Auch deshalb will er C töten.

In der Kneipe verwechselt B allerdings das Bierglas des C mit dem des D. D trinkt einen kräftigen Schluck, doch als geübter Biertrinker schmeckt er sofort, dass etwas nicht stimmt, und spuckt das Bier wieder aus. Dann schlägt er C, den er in Verdacht hat, etwas in sein Bier getan zu haben, mit einem kräftigen Schlag zu Boden. C rappelt sich auf, wobei die anwesende X ihn anfeuert, sich „nichts gefallen zu lassen", und es beginnt eine Prügelei, an der sich auch der E beteiligt. E erhält dabei von C einen kräftigen Schlag mit dem Bierglas auf die Hand, so dass der linke Mittelfinger gebrochen wird und seine Bewegungsfähigkeit dauerhaft verliert. Dies trifft E besonders schlimm, weil er Linkshänder ist und bereits seinen linken Zeigefinger verloren hat. Auch B prügelt eine Zeitlang mit, um nicht aufzufallen, zieht sich dann aber zurück, bevor E den Schlag auf seine Hand erhält.

Wie haben sich A, B, C, D, E und X strafbar gemacht? Ggf. erforderliche Strafanträge wurden gestellt.

Gliederung

Lösung

I. Erster Handlungsabschnitt: Der Giftanschlag

1. Strafbarkeit des B

a) Versuchter Mord, §§ 211, 212 Abs. 1, 22, 23 Abs. 1 StGB

1   B könnte sich durch die Handlungen in der Kneipe wegen versuchten Mordes zu Lasten des C nach §§ 211, 212 Abs. 1, 22, 23 Abs. 1 StGB strafbar gemacht haben.

aa) Vorprüfung

2   Die Tat ist nicht vollendet, C lebt noch. Der Versuch des Mordes ist strafbar gemäß §§ 23 Abs. 1 Var. 1, 12 Abs. 1, 212, 211 StGB.

bb) Tatentschluss

3   B müsste Tatentschluss, d.h. den Vorsatz gehabt haben, den C zu töten. B handelte mit Tötungsvorsatz. Problematisch ist hier jedoch, dass B den C töten wollte und nicht den D. Fraglich ist, ob es sich um eine bloße Personenverwechslung (error in persona) handelt oder um ein Fehlgehen der Tat (aberratio ictus). Beim error in persona sieht der Täter eine bestimmte Person vor sich, die Opfer seiner Tat werden soll, er irrt sich jedoch über die Identität der Person.[1] Bei der aberratio ictus geht dagegen die Tat fehl. Der Täter trifft mit seinem Tatwerkzeug nicht das von ihm anvisierte Opfer, sondern eine andere Person bzw. ein anderes Objekt.[2] Angriffsmittel des B ist hier das mit dem Gift versehene Glas. B stellt sich vor, dass dieses von C ausgetrunken wird, stattdessen trinkt jedoch D daraus. Damit geht sein Angriffsmittel fehl, es handelt sich um eine aberratio ictus. Folglich hatte B keinen Tötungsvorsatz bezüglich D, sondern bezüglich C. Zu prüfen ist der versuchte Mord zum Nachteil des C. Eine fahrlässige Tötung zulasten des D kommt mangels Erfolges nicht in Betracht.

4   **Hinweis:** Zu einem anderen Ergebnis käme man, wenn man den Sachverhalt so versteht, dass A seinen Vorsatz auf diejenige Person konkretisiert hat, die aus dem Glas trinkt, und nur eine falsche Vorstellung über ihre Identität hat. Mit dieser Begründung kann man hier auch einen error in persona annehmen, zu prüfen wäre dann der versuchte Mord zum Nachteil des D.

---

[1] *Fischer*, § 16 Rn. 5.
[2] *Wessels/Beulke*, AT, Rn. 250.

Fraglich ist, ob B auch ein Mordmerkmal verwirklichen wollte. In Betracht kommt 5
zunächst die Heimtücke, also das bewusste Ausnutzen der Arg- und Wehrlosigkeit des
Opfers in feindseliger Willensrichtung.[3] Nach a. A. ist ein besonders verwerflicher Vertrauensbruch erforderlich.[4] Dem steht jedoch entgegen, dass in denjenigen Fällen, in
denen sich Täter und Opfer nicht kennen, kein Vertrauensbruch stattfinden kann.
Damit wäre der Tatbestand des Mordes zu stark eingeschränkt. C ist arglos und infolge seiner Arglosigkeit auch wehrlos. B nutzt dies bewusst aus und handelt in feindseliger Willensrichtung. Heimtücke liegt somit vor.

Weiterhin könnte B aus Habgier gehandelt haben. Habgier ist das Gewinnstreben um 6
jeden Preis.[5] B begeht die Tat, um sich 10.000 Euro zu verdienen. Er handelt aus Habgier.

Daneben könnten auch niedrige Beweggründe vorliegen, weil B mit der Tat verhin- 7
dern wollte, dass seine frühere Freundin eine andere Beziehung unterhält. Niedrige
Beweggründe sind Motive, die sittlich auf tiefster Stufe stehen und besonders verachtenswert sind.[6] B hat die Freundin selbst verlassen, will jedoch nicht, dass sie sich einem anderen Mann zuwendet. Er macht damit eine Art Besitzrecht gegenüber der
ehemaligen Freundin geltend, obwohl er sie selbst verlassen hat. Die Tötung des neuen
Partners zur Durchsetzung dieses vermeintlichen Anspruchs ist besonders verachtenswert. Ein niedriger Beweggrund liegt vor.[7] Allerdings ist beim Zusammentreffen
mehrerer Motive, dem sog. Motivbündel, zu beachten, dass ein Mord aus niedrigen
Beweggründen nur in Betracht kommt, wenn der niedrige Beweggrund (auch ein) leitendes Motiv des Täters war.[8] Hier ist B gleichermaßen von Habgier und von Rache
zur Tat getrieben, beide Motive sind leitend. B handelt somit auch aus niedrigen Beweggründen.

Somit ist der Tatentschluss zu bejahen. 8

cc) Unmittelbares Ansetzen

B hat das Gift bereits in das Glas gemischt. Nach seiner Vorstellung soll diese Hand- 9
lung unmittelbar dazu führen, dass C aus dem Glas trinkt und stirbt. Nach der gemischt
subjektiv-objektiven Theorie liegt somit ein unmittelbares Ansetzen nach § 22 StGB vor.

dd) Rechtswidrigkeit und Schuld

Die Tat war rechtswidrig. A handelte schuldhaft. 10

ee) Ergebnis

A ist strafbar wegen versuchten Mordes zum Nachteil des C gemäß §§ 211, 212 11
Abs. 1, 22, 23 Abs. 1 StGB.

b) Versuchte gefährliche Körperverletzung, §§ 223 Abs. 1, 224 Abs. 1, Abs. 2, 22, 23 Abs. 1 StGB

Daneben könnte auch eine versuchte gefährliche Körperverletzung zu Lasten des C 12
nach §§ 223 Abs. 1, 224 Abs. 1 Nr. 1, 5, Abs. 2, 22, 23 Abs. 1 StGB vorliegen. Die Tat

---

[3] BGHSt 30, 105, 119; *Fischer*, § 211 Rn. 34.
[4] Schönke/Schröder/*Eser*, § 211 Rn. 26; *Hassemer*, JuS 1971, 626, 630; *Schmidhäuser*, JR 1978, 265, 270.
[5] *Fischer*, § 211 Rn. 10.
[6] BGHSt 47, 128; 50, 1, 8.
[7] Vgl. auch BGHSt 3, 180; 22, 12; *BGH* StV 2001, 571.
[8] *BGH* NStZ 1997, 81; NStZ-RR 2004, 14; NStZ 2005, 332.

ist nicht vollendet, der Versuch der gefährlichen Körperverletzung ist gemäß §§ 23 Abs. 1 Var. 2, 12 Abs. 2, 224 Abs. 2 StGB strafbar. Durch die Gabe des Giftes wollte A die Gesundheit des C schädigen und je nach Wirkweise des Giftes auch körperlich misshandeln. Er verwendete Gift nach § 224 Abs. 1 Nr. 1 StGB und wollte das Leben des C gefährden, § 224 Abs. 1 Nr. 5 StGB. Ein hinterlistiger Überfall nach § 224 Abs. 1 Nr. 3 StGB liegt dagegen nicht vor, da B seine wahren Absichten nicht planmäßig berechnend verdeckt hat, um C gerade hierdurch die Abwehr zu erschweren.[9] Tatentschluss liegt vor, ebenso unmittelbares Ansetzen, Rechtswidrigkeit und Schuld. Die Tat tritt jedoch hinter dem versuchten Mord zurück.

c) Fahrlässige Körperverletzung zum Nachteil des D, § 229 StGB

13   Daneben könnte B strafbar sein wegen fahrlässiger Körperverletzung nach § 229 StGB zum Nachteil des D. Dazu müsste er diesen körperlich misshandelt oder dessen Gesundheit beschädigt haben. D hat jedoch das Gift sofort wieder ausgespuckt. Seine Gesundheit wurde nicht geschädigt. Allein der unangenehme Geschmack begründet auch keine körperliche Misshandlung, da es an der Erheblichkeit fehlt. Der Tatbestand der fahrlässigen Körperverletzung ist daher nicht erfüllt.

d) Ergebnis für B

14   B ist strafbar wegen versuchten Mordes z. N. des C gemäß §§ 211, 212 Abs. 1, 22, 23 Abs. 1 StGB.

2. Strafbarkeit des A

a) Versuchter Mord in Mittäterschaft, §§ 211, 212 Abs. 1, 22, 23 Abs. 1, 25 Abs. 2 StGB

15   A könnte sich wegen versuchten Mordes in Mittäterschaft zum Nachteil des C strafbar gemacht haben.

aa) Vorprüfung

16   C lebt noch, die Tat ist nicht vollendet. Der Versuch des Mordes ist strafbar gemäß §§ 23 Abs. 1 Var. 1, 12 Abs. 1 StGB.

bb) Tatentschluss

17   A müsste den Tatentschluss, d.h. den Vorsatz gehabt haben, den Mord in Mittäterschaft zu begehen. Täter ist nach der Rspr.[10] derjenige, der die Tat als eigene will (animus-Theorie) bzw. nach h. L.,[11] wer Tatherrschaft hat, also das vom Vorsatz umfasste In-den-Händen-Halten des tatbestandsmäßigen Geschehensablaufs. A will die Tat nicht als eigene, sondern beauftragt gerade B mit der Tatausführung. Auch hat er keine Tatherrschaft, da er die Ausführung allein dem B überlässt. Im Übrigen liegen weder ein gemeinsamer Tatplan noch ein arbeitsteiliges Handeln vor, wie die Mittäterschaft sie voraussetzt.

cc) Ergebnis

18   Der versuchte Mord in Mittäterschaft scheidet daher aus.

---

[9] Zur Definition der Hinterlist vgl. *Fischer*, § 224 Rn. 10.
[10] BGHSt 37, 291.
[11] *Jescheck/Weigend*, AT, § 61 V; MünchKomm/*Joecks*, § 25 Rn. 28; LK/*Schünemann*, § 25 Rn. 36.

b) Anstiftung zum versuchten Mord, §§ 211, 212 Abs. 1, 22, 23 Abs. 1, 26 StGB

A könnte jedoch wegen Anstiftung zum versuchten Mord gemäß §§ 211, 212 Abs. 1, **19** 22, 23 Abs. 1, 26 StGB strafbar sein.

aa) Objektiver Tatbestand

Die gemäß § 26 StGB erforderliche vorsätzliche und rechtswidrige Haupttat liegt im **20** versuchten Mord durch B, vgl. oben.

Anstiftungshandlung ist das Bestimmen eines anderen zur Tatbegehung. A hat bei B **21** den Tatentschluss hervorgerufen und ihn somit zur Begehung der Haupttat bestimmt. Der objektive Tatbestand ist somit erfüllt.

bb) Subjektiver Tatbestand

Weiterhin müsste A Vorsatz in Bezug auf die Haupttat und in Bezug auf die Anstif- **22** tungshandlung gehabt haben. A wollte, dass B den C tötet. Die aberratio ictus des B spielt dabei keine Rolle, da sowohl der Vorsatz des A als auch des Haupttäters B auf die Tötung des C gerichtet waren. Da A dem B die Tötung durch Beimengung des Giftes empfohlen hatte, liegt auch Vorsatz in Bezug auf die heimtückische Begehungsweise vor. A weiß außerdem, dass B aus Habgier handelt, da er selbst ihn für den Mord bezahlen will. A hat B auch vorsätzlich zur Haupttat bestimmt. Der doppelte Anstiftungsvorsatz ist somit gegeben.

cc) Tatbestandsannex, § 28 StGB

Die bei dem Haupttäter vorliegenden Mordmerkmale Habgier und niedrige Beweg- **23** gründe sind täterbezogene besondere persönliche Merkmale nach § 14 Abs. 1 StGB.[12] Grundsätzlich gilt für diese § 28 StGB, das Akzessorietätsprinzip wird hier durchbrochen. Umstritten ist jedoch, ob bei den täterbezogenen Mordmerkmalen § 28 Abs. 1 StGB Anwendung findet oder § 28 Abs. 2 StGB.

Nach der Rspr. sind § 211 und § 212 StGB selbständige, voneinander unabhängige **24** Tatbestände. Folglich sind die Mordmerkmale strafbegründende Merkmale, es gilt § 28 Abs. 1 StGB.[13]

Die h.L. sieht dagegen im Mord einen Qualifikationstatbestand des Totschlags. **25** Danach sind die Mordmerkmale strafschärfende Merkmale nach § 28 Abs. 2 StGB.[14] Die täterbezogenen Mordmerkmale werden daher nur demjenigen zugerechnet, bei dem sie tatsächlich vorliegen. Bei A selbst könnte das Mordmerkmal der Habgier vorliegen. A will C töten lassen, um ein lukratives Geschäft tätigen zu können. Auch bei ihm liegt somit ein Gewinnstreben um jeden Preis vor. A handelt mit Habgier.

A ist daher sowohl bei Anwendung des § 28 Abs. 1 StGB als auch bei Anwendung **26** des § 28 Abs. 2 StGB strafbar wegen Anstiftung zum versuchten Mord. Der Meinungsstreit kann deshalb dahinstehen.

Hinweis: Im Übrigen ist A schon deshalb strafbar wegen Anstiftung zum versuchten Mord, weil B **27** auch heimtückisch handelt und A diesbezüglich Vorsatz hat. Die Heimtücke ist ein tatbezogenes Merkmal, § 28 StGB findet hier keine Anwendung.

---

[12] BGHSt 22, 375; 23, 39; LK/*Roxin*, § 28 Rn. 47.
[13] BGHSt 22, 375; 23, 39; 50, 1.
[14] LK/*Schünemann*, § 28 Rn. 31, 47; *Engländer*, JA 2004, 410.

dd) Rechtswidrigkeit und Schuld

28   Die Tat war rechtswidrig. A handelte schuldhaft.

ee) Ergebnis

29   A ist strafbar wegen Anstiftung zum versuchten Mord.

c) Anstiftung zur versuchten gefährlichen Körperverletzung, §§ 223 Abs. 1, 224 Abs. 1, Abs. 2, 22, 23 Abs. 1, 26 StGB

30   A ist auch strafbar wegen Anstiftung zur versuchten gefährlichen Körperverletzung gemäß §§ 223 Abs. 1, 224 Abs. 1 Nr. 1, 5, Abs. 2, 22, 23 Abs. 1, 26 StGB. Diese tritt jedoch hinter der Anstiftung zum versuchten Mord zurück.

d) Ergebnis für A

31   A ist strafbar wegen Anstiftung zum versuchten Mord gemäß §§ 211, 212 Abs. 1, 22, 23 Abs. 1, 26 StGB.

II. Zweiter Handlungsabschnitt: Die Prügelei

1. Strafbarkeit des D

a) Körperverletzung zum Nachteil des C, § 223 Abs. 1 StGB

32   Indem er C kräftig zu Boden schlug, könnte sich D wegen Körperverletzung gemäß § 223 Abs. 1 StGB strafbar gemacht haben.

aa) Objektiver Tatbestand

33   D müsste C körperlich misshandelt oder dessen Gesundheit beschädigt haben. Körperliche Misshandlung ist jede üble und unangemessene Behandlung, durch die das körperliche Wohlbefinden oder die körperliche Unversehrtheit nicht nur unerheblich beeinträchtigt wird.[15] Der Schlag war so heftig, dass C zu Boden ging. Dies ist eine üble und unangemessene Behandlung. Eine körperliche Misshandlung liegt vor.

34   Weiterhin könnte D die Gesundheit des C geschädigt haben. Unter Gesundheitsbeschädigung versteht man das Hervorrufen oder Steigern eines pathologischen Zustands.[16] Ob C durch den Schlag oder den Sturz auf den Boden verletzt wurde, geht aus dem Sachverhalt nicht hervor. Eine Gesundheitsbeschädigung scheidet daher aus.

bb) Subjektiver Tatbestand

35   D handelt vorsätzlich.

cc) Rechtswidrigkeit

36   Die Tat war rechtswidrig. Insbesondere liegt keine Notwehr nach § 32 StGB vor, da kein Angriff auf D durch den C vorlag.

dd) Schuld

37   D könnte jedoch einem Erlaubnistatbestandsirrtum unterliegen, da er annahm, dass C ihn angreifen wollte. Voraussetzung ist, dass D bei tatsächlichem Zutreffen seiner

---

[15] BGHSt 14, 269, 271.
[16] *Fischer*, § 223 Rn. 6.

Vorstellungen gerechtfertigt wäre. In Betracht käme eine Rechtfertigung durch Notwehr gemäß § 32 StGB. Diese setzt zunächst eine Notwehrlage, nämlich einen gegenwärtigen, rechtswidrigen Angriff voraus. Angriff ist jede durch menschliches Verhalten drohende Gefährdung rechtlich geschützter Güter oder Interessen.[17] Hier hat B versucht, den D durch Gift zu töten. Ein Angriff auf das Leben des D liegt vor. Dieser ist rechtswidrig, da er nicht seinerseits durch einen Rechtfertigungsgrund gerechtfertigt ist. Der Angriff wäre gegenwärtig, wenn er unmittelbar bevorsteht, bereits begonnen hat oder noch andauert.[18] Der Giftanschlag ist jedoch mit dem Ausleeren des Glases beendet. Der Angriff auf D ist daher nicht gegenwärtig. Bei Vorliegen der Umstände, die nach der Vorstellung des D gegeben waren, wäre dieser nicht gerechtfertigt. Ein Erlaubnistatbestandsirrtum scheidet aus.

Dafür, dass D sein Verhalten irrtümlich als erlaubt betrachtet und somit einem Erlaubnisirrtum unterliegt, bestehen keine Anhaltspunkte. **38**

ee) Ergebnis

A ist strafbar wegen Körperverletzung nach § 223 Abs. 1 StGB. Der nach § 230 **39** Abs. 1 S. 1 StGB erforderliche Strafantrag wurde gestellt.

b) Beteiligung an einer Schlägerei, § 231 StGB

Durch sein Mitwirken an der Schlägerei könnte sich D wegen Beteiligung an einer **40** Schlägerei gemäß § 231 StGB strafbar gemacht haben.

aa) Objektiver Tatbestand

Dazu müsste eine Schlägerei vorliegen. Eine Schlägerei ist ein Streit von mindestens **41** drei Personen mit gegenseitigen Körperverletzungen.[19] Hier verletzen sich C, D, B und E gegenseitig. Eine Schlägerei liegt vor. D ist daran beteiligt.

Umstritten ist, ob die Nichtvorwerfbarkeit der Beteiligung nach § 231 Abs. 2 StGB **42** Tatbestandsmerkmal ist oder ob sie nur zum Ausschluss der Rechtswidrigkeit oder Schuld führt.[20] Da dem D die Beteiligung jedoch vorwerfbar ist, schließlich hat er mit der Prügelei begonnen, kann der Streit dahinstehen. Der objektive Tatbestand ist erfüllt.

bb) Subjektiver Tatbestand

D beteiligt sich vorsätzlich an der Schlägerei. **43**

cc) Objektive Bedingung der Strafbarkeit

Durch die Schlägerei müsste der Tod eines Menschen oder eine schwere Körperver- **44** letzung nach § 226 StGB verursacht worden sein.

Hinweis: Nach überwiegender Ansicht[21] ist der Eintritt des Todes bzw. die schwere Körperverlet- **45** zung kein Tatbestandsmerkmal, sondern objektive Bedingung der Strafbarkeit. Der Vorsatz muss sich also nicht darauf beziehen, daher wird dies erst nach dem subjektiven Tatbestand geprüft.

In Betracht kommt hier § 226 Abs. 1 Nr. 2 StGB, die dauerhafte Gebrauchsunfähig- **46** keit eines wichtigen Gliedes. E kann seinen Mittelfinger nicht mehr bewegen, er ist

---

[17] *Wessels/Beulke*, AT, Rn. 325.
[18] *BGH* NJW 1973, 255.
[19] BGHSt 15, 369.
[20] Vgl. dazu *Fischer*, § 231 Rn. 10.
[21] BGHSt 33, 103; *Fischer*, § 231 Rn. 5 m.w.N.

dauerhaft nicht mehr gebrauchsfähig. Fraglich ist jedoch, ob der Mittelfinger ein wichtiges Glied im Sinne des § 226 Abs. 1 Nr. 2 StGB ist. Unter einem wichtigen Glied ist jedes nach außen in Erscheinung tretende Körperteil zu verstehen, das im Gesamtorganismus eine besondere Funktion einnimmt.[22]

47	Umstritten ist jedoch, nach welchen Kriterien die Wichtigkeit zu bestimmen ist. Nach e. A.[23] ist die Wichtigkeit abstrakt und generell zu bestimmen, maßgeblich ist danach die generelle Bedeutung des jeweiligen Gliedes für jeden Menschen. Dagegen spricht jedoch, dass dabei die körperlichen Gegebenheiten des Verletzten völlig außer Acht gelassen werden. So ist z. B. der kleine Finger für die meisten Menschen eher unwichtig, für eine Person, die schon vorher den Ring- und Mittelfinger verloren hat, ist er dagegen sehr wichtig. Eine andere Ansicht[24] stellt deshalb auf die jeweiligen Besonderheiten des Betroffenen ab und bestimmt die Wichtigkeit individuell. Die heutige Rechtsprechung und Teile der Literatur folgen einer differenzierten Auffassung: Danach ist die Wichtigkeit des Gliedes zwar grundsätzlich abstrakt-generell zu bestimmen, es sind jedoch auch die körperlichen Besonderheiten des Betroffenen zu berücksichtigen, nicht jedoch die individuellen sozialen Bezüge wie beispielsweise der Beruf.[25]

48	Zwar ist der Mittelfinger der linken Hand generell kein Glied, das für den Gesamtorganismus eine besondere Bedeutung einnimmt, da dessen Funktion durch die anderen Finger ausgeglichen werden kann. Bei E besteht jedoch die Besonderheit, dass er bereits den Zeigefinger der linken Hand verloren hat und Linkshänder ist. Für Menschen wie ihn ist der Mittelfinger ein wichtiges Glied. Folgt man der individuellen Betrachtung oder der differenzierenden Ansicht, liegt ein wichtiges Glied vor.

49	Die objektive Bedingung der Strafbarkeit ist damit eingetreten. Daneben könnte auch eine Lähmung nach § 226 Abs. 1 Nr. 3 StGB vorliegen, da E den Finger nicht mehr bewegen kann. Eine Lähmung liegt jedoch nur vor, wenn der ganze Körper in Mitleidenschaft gezogen wird.[26] Dies ist bei der bloßen Bewegungsunfähigkeit eines Fingers nicht der Fall.

dd) Rechtswidrigkeit und Schuld

50	Die Tat ist rechtswidrig. D handelt schuldhaft.

ee) Ergebnis

51	D ist strafbar wegen Beteiligung an einer Schlägerei gemäß § 231 StGB.

c) Ergebnis für D

52	D ist strafbar wegen Körperverletzung zum Nachteil des C in Tatmehrheit mit Beteiligung an einer Schlägerei gemäß §§ 223 Abs. 1, 231, 53 StGB. Die Delikte stehen zueinander in Tatmehrheit, weil die Körperverletzung zum Nachteil des C mit dem Schlag beendet war und sich die Schlägerei erst im Anschluss daran entwickelt hat. Es liegen zwei selbständige Handlungen vor.

53	**Hinweis:** Eine a. A. ist vertretbar mit dem Argument, dass ein enger räumlicher und zeitlicher Zusammenhang zwischen den Handlungen vorliegt. In diesem Fall könnte man aufgrund einer natürlichen Handlungseinheit Tateinheit bejahen.

---

[22] RGSt 3, 392.
[23] RGSt 62, 161, 162; *Wessels/Hettinger* BT 1, Rn. 289; NK/*Paeffgen*, § 226 Rn. 27.
[24] Schönke/Schröder/*Stree*, § 226 Rn. 2; *Lackner/Kühl*, § 226 Rn. 3.
[25] BGHSt 51, 252, 255; *Fischer*, § 226 Rn. 7 m. w. N.
[26] Schönke/Schröder/*Stree*, § 226 Rn. 7.

2. Strafbarkeit des C

a) Schwere Körperverletzung zum Nachteil des E, §§ 223 Abs. 1, 226 Abs. 1 Nr. 2 StGB

C könnte sich durch die Verletzung des E wegen schwerer Körperverletzung nach 54
§§ 223 Abs. 1, 226 Abs. 1 Nr. 2 StGB strafbar gemacht haben.

aa) Gefährliche Körperverletzung nach §§ 223 Abs. 1, 224 Abs. 1 StGB

Durch den Schlag hat C die Gesundheit des E geschädigt, da dessen Mittelfinger ge- 55
brochen wurde. Gleichzeitig liegt eine körperliche Misshandlung vor. C handelt zumindest mit bedingtem Vorsatz, da er die Verletzung des E billigend in Kauf nimmt.
Das Bierglas ist ein gefährliches Werkzeug nach § 224 Abs. 1 Nr. 2 StGB, da es aufgrund seiner Beschaffenheit und der Art seiner konkreten Verwendung dazu geeignet
ist, erhebliche Verletzungen hervorzurufen. Der Grundtatbestand der gefährlichen
Körperverletzung ist damit erfüllt.

bb) Eintritt der schweren Folge nach § 226 Abs. 1 Nr. 2 StGB

E kann ein wichtiges Glied seines Körpers dauerhaft nicht gebrauchen. Die schwere 56
Folge nach § 226 Abs. 1 Nr. 2 StGB ist eingetreten.

cc) Tatbestandsspezifischer Gefahrzusammenhang

Der Verlust des Gliedes beruht unmittelbar auf dem Körperverletzungserfolg, der 57
tatbestandsspezifische Zusammenhang ist zu bejahen.

dd) Fahrlässigkeit

Nach § 18 StGB müsste C bezüglich des Eintritts der schweren Folge zumindest 58
fahrlässig gehandelt haben. Da nach der h.M. beim erfolgsqualifizierten Delikt die
Sorgfaltswidrigkeit bereits aufgrund der Verletzung des Grunddelikts bejaht werden
kann, ist nach dieser Auffassung lediglich die objektive Vorhersehbarkeit zu prüfen.[27]
Nach a.A. ergibt sich die Sorgfaltswidrigkeit nicht bereits aus dem Grunddelikt und
bleibt deshalb eigenständig zu prüfen.[28] Der Meinungsstreit kann jedoch dahinstehen,
da der Schlag mit dem Glas jedenfalls sorgfaltswidrig ist. Es ist außerdem für einen
besonnenen und gewissenhaften Menschen vorhersehbar, dass bei einem solchen
Schlag der Mittelfinger gebrochen werden und gegebenenfalls auch dauerhaft bewe-
gungsunfähig bleiben kann. Die objektive Vorhersehbarkeit ist ebenfalls zu bejahen. C
handelt bezüglich der schweren Folge fahrlässig.

ee) Rechtswidrigkeit und Schuld

Die Tat ist rechtswidrig. Aus dem Sachverhalt ergibt sich nicht, dass C gerade von E 59
angegriffen wurde und deshalb nach § 32 StGB gerechtfertigt sein könnte. C handelt
schuldhaft. Insbesondere ist die Tat auch subjektiv sorgfaltswidrig und für den C vorhersehbar.

ff) Ergebnis

C ist strafbar wegen schwerer Körperverletzung gemäß §§ 223 Abs. 1, 226 Abs. 1 60
Nr. 2 StGB.

---

[27] BGHSt 24, 213; *BGH* NStZ 2001, 478; *Jescheck/Weigend*, AT, § 54 III 2.
[28] *Wessels/Beulke*, AT, Rn. 693; SK/*Rudolphi*, § 18 Rn. 3.

b) Beteiligung an einer Schlägerei, § 231 StGB

61   Wie bereits D ist C strafbar wegen Beteiligung an einer Schlägerei gemäß § 231 StGB. Hier gelten die Ausführungen zu D entsprechend. Allerdings stellt sich bei C die Frage, ob ihm die Beteiligung an der Schlägerei vorzuwerfen ist (§ 231 Abs. 2 StGB), da er zuvor von D angegriffen wurde. Jedoch war der Angriff seitens des D bereits beendet. C befand sich nicht mehr in einer Notwehrlage. Ein Ausschluss der Vorwerfbarkeit scheidet daher aus.[29]

c) Ergebnis und Konkurrenzen für C

62   C ist strafbar wegen schwerer Körperverletzung gemäß §§ 223, 226 Abs. 1 Nr. 2 StGB in Tateinheit mit der Beteiligung an einer Schlägerei gemäß § 231 StGB. Zwischen § 226 und § 231 StGB besteht Idealkonkurrenz, es sei denn das Unrecht des § 231 StGB wird von § 226 StGB voll erfasst, beispielsweise wenn alle an der Schlägerei Beteiligten mittäterschaftlich die schwere Körperverletzung herbeiführen.[30] Dies ist hier nicht der Fall.

3. Strafbarkeit des B

a) Körperverletzung, § 223 Abs. 1 StGB

63   Aus dem Sachverhalt geht nicht hervor, ob B eine andere Person körperlich misshandelt oder an der Gesundheit geschädigt hat. Die Strafbarkeit wegen Körperverletzung scheidet daher aus.

b) Beteiligung an einer Schlägerei, § 231 Abs. 1 StGB

64   Auch B könnte sich wegen Beteiligung an einer Schlägerei gemäß § 231 Abs. 1 StGB strafbar gemacht haben. Es gelten die Ausführungen zu D und C. Im Unterschied zu diesen hat sich B jedoch aus der Schlägerei zurückgezogen, bevor die schwere Körperverletzung eingetreten ist. Nach h.M. ist dies jedoch unbeachtlich.[31] Derjenige, der sich vor Eintritt der schweren Folge beteiligt hat, hat jedenfalls zur Eskalation der Schlägerei beigetragen. Außerdem soll § 231 StGB gerade Beweisschwierigkeiten umgehen, die sich daraus ergeben, dass man nach einer Schlägerei nur schwer feststellen kann, wer zu welchem Zeitpunkt beteiligt war.

65   **Hinweis:** Umstritten ist die Strafbarkeit dagegen, wenn sich der Täter erst nach Eintritt der schweren Folge an der Schlägerei beteiligt, da er in diesem Fall nicht zur Eskalation beigetragen hat.[32]

c) Ergebnis für B

66   B ist strafbar gemäß § 231 Abs. 1 StGB.

4. Strafbarkeit des E

a) Beteiligung an einer Schlägerei, § 231 StGB

67   Auch E könnte sich wegen Beteiligung an einer Schlägerei gemäß § 231 StGB strafbar gemacht haben. Allerdings ist er selbst derjenige, an dem die schwere Folge einge-

---

[29] *Fischer*, § 231 Rn. 10.
[30] Schönke/Schröder/*Stree*, § 231 Rn. 17.
[31] BGHSt 16, 130; MünchKomm/*Hohmann*, § 231 Rn. 24; *Fischer*, § 231 Rn. 8 m.w.N.
[32] Vgl. dazu Schönke/Schröder/*Stree*, § 231 Rn. 15.

treten ist. Dies ist jedoch unerheblich: Auch der Verletzte ist strafbar, da gerade die Gefährlichkeit von Schlägereien pönalisiert wird. Anders als beim Angriff ist bei einer Schlägerei jeder als Täter beteiligt.[33] Das Gericht kann aber gemäß § 60 StGB von einer Bestrafung absehen. Im Übrigen gelten die Ausführungen für D.

b) Ergebnis für E

E ist strafbar gemäß § 231 StGB. **68**

5. Strafbarkeit der X

a) Beteiligung an einer Schlägerei, § 231 StGB

Durch die Anfeuerungsrufe könnte sich X wegen Beteiligung an einer Schlägerei **69** gemäß § 231 StGB strafbar gemacht haben. X hat jedoch keine andere Person geschlagen, sondern lediglich den Beteiligten C angefeuert. Fraglich ist, ob dies ausreicht. Nach überwiegender Ansicht ist jedoch nicht erforderlich, dass der Täter aktiv mit schlägt. Es genügt jede andere aktive Beteiligung etwa durch anfeuernde Zurufe.[34]

Die Beteiligung könnte jedoch dadurch ausgeschlossen sein, dass zum Zeitpunkt des **70** Anfeuerns noch gar keine Schlägerei im Gange war. Bis zu diesem Zeitpunkt handelt es sich um einen Streit zwischen zwei Personen, nämlich D und C. Erst durch Mitwirken der X entsteht eine Schlägerei. Dies genügt jedoch.[35]

Im Übrigen gelten die obigen Ausführungen. X hat sich gemäß § 231 StGB strafbar **71** gemacht.

b) Anstiftung zur schweren Körperverletzung, §§ 223 Abs. 1, 226 Abs. 1 Nr. 2, 26 StGB

X könnte sich auch wegen Anstiftung des C zu einer schweren Körperverletzung **72** zum Nachteil des E strafbar gemacht haben. Eine vorsätzliche und rechtswidrige Haupttat liegt vor, vgl. oben. X müsste bei C den Tatentschluss hervorgerufen haben, den E zu verletzen. Dies ist jedoch fraglich, da aus dem Sachverhalt nur hervor geht, dass X den C zu Beginn der Schlägerei angefeuert hat. Eine Strafbarkeit wegen Anstiftung scheidet daher aus.

c) Beihilfe zur schweren Körperverletzung, §§ 223 Abs. 1, 226 Abs. 1 Nr. 2, 27 StGB

Wie bei der Anstiftung steht nicht fest, ob X den C zum Zeitpunkt des Schlages auf **73** die Hand noch angefeuert hat. Zwar muss nach e. A. die Beihilfehandlung nicht kausal für die Tat des Haupttäters sein, jedoch muss der Haupttäter in irgendeiner Form bei der Tat unterstützt worden sein. Dies geht aus dem Sachverhalt nicht hervor, die Strafbarkeit wegen Beihilfe scheidet ebenfalls aus.

d) Ergebnis für X

X ist strafbar wegen Beteiligung an einer Schlägerei gemäß § 231 Abs. 1 StGB. **74**

III. Konkurrenzen und Gesamtergebnis

A ist strafbar wegen Anstiftung zum versuchten Mord zum Nachteil des C gemäß **75** §§ 212 Abs. 1, 211, 22, 23 Abs. 1, 26 StGB.

---

[33] RGSt 32, 37; Schönke/Schröder/*Stree*, § 231 Rn. 6.
[34] BGHSt 15, 369; *Fischer*, § 231 Rn. 8.
[35] Schönke/Schröder/*Stree*, § 231 Rn. 6.

B ist strafbar wegen versuchten Mordes in Tatmehrheit mit Beteiligung an einer Schlägerei gem. §§ 212 Abs. 1, 211, 22, 23 Abs. 1, 231 Abs. 1, 53 StGB.

C ist strafbar wegen schwerer Körperverletzung in Tateinheit mit Beteiligung an einer Schlägerei gemäß §§ 223 Abs. 1, 226 Abs. 1 Nr. 2, 231 Abs. 1, 52 StGB.

D ist strafbar wegen Körperverletzung in Tatmehrheit mit Beteiligung an einer Schlägerei gemäß §§ 223 Abs. 1, 231 Abs. 1, 53 StGB.

E und X sind strafbar wegen Beteiligung an einer Schlägerei gem. § 231 StGB.

Fallbeurteilung

Es handelt sich um eine umfangreiche Klausur, bei der eine gute Zeiteinteilung und eine Konzentration auf die wesentlichen Problempunkte des Sachverhalts erforderlich sind.

Im ersten Tatkomplex werden mit der Abgrenzung der Mittäterschaft von der Anstiftung und den verschiedenen Mordmerkmalen sowie § 28 StGB Standardprobleme abgeprüft, die jedem Bearbeiter bekannt sein sollten. Die Schwierigkeit bestand in der Abgrenzung zwischen dem error in persona und der aberratio ictus. Hier soll der Bearbeiter das Problem erkennen und mit vernünftiger Argumentation zu einer eigenen Lösung gelangen.

Der zweite Tatkomplex befasst sich mit der Beteiligung an einer Schlägerei nach § 231 StGB. Da hier die Beteiligung mehrerer Personen geprüft wird, muss § 231 StGB nur einmal ausführlich durchgeprüft werden. Schon aus Zeitgründen ist bei der Prüfung der Strafbarkeit der weiteren Beteiligten der Verweis auf die Ausführungen zur Strafbarkeit des ersten Beteiligten zu empfehlen, so dass dann nur noch auf die jeweiligen Besonderheiten eingegangen wird. Die im Rahmen des § 231 StGB vorhandenen Probleme sind überwiegend Standardprobleme, die der Bearbeiter erkennen muss und bei deren Lösung er auf die verschiedenen in Rechtsprechung und Rechtslehre vertretenen Meinungen eingehen sollte.

Weiterer Schwerpunkt des zweiten Tatkomplexes ist die Frage, ob der Mittelfinger ein wichtiges Glied ist. Bei aufmerksamem Lesen des Sachverhalts ist dieses Problem als solches bereits zu erkennen, da relativ ausführlich auf die Linkshändigkeit des E und auf den Verlust des Zeigefingers eingegangen wird.

Insgesamt ist die Klausur, da der Sachverhalt überwiegend bekannte Probleme enthält, nicht sehr schwer. Die Schwierigkeit liegt eher in der richtigen Zeiteinteilung und Schwerpunktsetzung.

Weiterführende Hinweise: BGHSt 51, 252 (= *BGH* NJW 2007, 1988–1989 (Tatbestandsmerkmal der „Wichtigkeit" eines Körperglieds).

Engländer, Die Teilnahme an Mord und Totschlag, JA 2004, 410–413; *Geppert,* Die Akzessorietät der Teilnahme (§ 28 StGB) und die Mordmerkmale, Jura 2008, 34–40; *Jesse,* Beruf des Opfers und Wichtigkeit eines Körpergliedes in § 226 StGB, NStZ 2008, 605–608; *Kühl,* „Wer einen Menschen tötet". Der objektive Tatbestand des Totschlags gemäß § 212 StGB, JA 2009, 321–327; *Lubig,* Die Auswirkungen von Personenverwechslungen auf übrige Tatbeteiligte. Zur Abgrenzung von Motiv- und Tatbestandsirrtümern, Jura 2006, 655–660; *Otto,* „Besondere persönliche Merkmale" im Sinne des § 28 StGB, Jura 2004, 469–474; *Rönnau/Faust/Fehling,* Durchblick: Der Irrtum und seine Rechtsfolgen, JuS 2004, 667–674; *Satzger,* Die objektive Bedingung der Strafbarkeit, Jura 2006, 108–113.

Fall 7. Wahrsagerin

Sachverhalt

A tritt auf einem Jahrmarkt als Wahrsagerin auf. Sie residiert in einem pompösen Zelt und wirbt auf Plakaten damit, die bedeutendste Astrologin aller Zeiten zu sein und noch bei Nostradamus selbst studiert zu haben. Der intellektuell nur mäßig begabte B ist ungeheuer beeindruckt und bittet darum, ein Privathoroskop zu erhalten. A ist einverstanden, verlangt aber ein Honorar von 100 Euro, das Zehnfache ihres normalen Preises. Als B ihr das geforderte Geld ohne Weiteres überreicht, erklärt sie ihm, für einen so sympathischen jungen Mann sei sie zu einer außerordentlichen Anstrengung bereit: Es gebe nämlich die Möglichkeit, die Sterne durch ein besonderes, allerdings extrem aufwändiges Verfahren zu beeinflussen und so ein günstiges Horoskop zu erreichen. Dafür müsste B noch einmal 300 Euro bezahlen. Trotz einiger Zweifel händigt B ihr auch diese Summe aus und verabredet sich mit ihr für den nächsten Tag. A legt das Geld in eine leere Schatulle.

Als B am nächsten Morgen voller Erwartungen die Wahrsagerin aufsucht, erklärt diese zu seiner großen Überraschung, sie habe ihn noch nie gesehen. B verlangt sein Geld zurück, doch A lacht nun und fordert ihn auf, schleunigst zu verschwinden. Daraufhin schlägt B, der als Boxer ausgebildet ist, die A so heftig zu Boden, dass sie das Bewusstsein verliert. Dann ergreift er die Geldschatulle, die – wie er schon beim Eintreten bemerkt hatte – offen in einem Wandregal steht. Als er gerade das Zelt verlassen will, sieht er C herankommen. Um nicht erkannt zu werden, versteckt er sich hinter der Zelttür und schlägt dem C mit aller Kraft die hölzerne, ungefähr 500 g schwere Schatulle auf den Kopf. Dabei trifft er ihn so unglücklich, dass C einige Zeit später verstirbt.

Wie haben sich A und B strafbar gemacht?

Gliederung

Lösung

I. Strafbarkeit der A

1. Betrug, § 263 Abs. 1 StGB, bezüglich der 100 Euro

A könnte sich durch die Beratung des B und die Annahme der 100 Euro wegen Be-   **1**
trugs nach § 263 Abs. 1 StGB strafbar gemacht haben.[1]

a) Objektiver Tatbestand

aa) Täuschung über Tatsachen

A müsste B zunächst über Tatsachen getäuscht haben.   **2**

---

[1] Zu den Voraussetzungen *Kindhäuser/Nikolaus*, JuS 2006, 193 ff.

(1) Einwirkung auf das Vorstellungsbild

3   Täuschung ist die Einwirkung auf das intellektuelle Vorstellungsbild eines anderen mit dem Ziel, einen Irrtum über Tatsachen hervorzurufen.[2] Als Täuschungshandlung kommt hier das Vorspiegeln falscher Tatsachen in Betracht. Eine Einwirkung auf das Vorstellungsbild des B liegt in der Angabe, die bedeutendste Astrologin der Gegenwart zu sein und noch bei Nostradamus selbst studiert zu haben, sowie in der Angabe, ein die Wirklichkeit widerspiegelndes Horoskop erstellen zu können.

(2) Tatsachenaussage als Täuschungsgegenstand

4   Die Täuschung muss sich auf Tatsachen beziehen. Tatsachen sind gegenwärtige oder vergangene Ereignisse oder Zustände, die dem Beweis zugänglich sind.[3]

(a) Bedeutendste Astrologin

5   Die Bezeichnung als „bedeutendste Astrologin aller Zeiten" könnte eine Tatsachenaussage sein. Dies würde voraussetzen, dass es möglich wäre, über die Bedeutung der A als Astrologin Beweis zu erheben. Dies erscheint schwer denkbar. Es ist nicht möglich, greifbare Kriterien dafür festzulegen. Damit fehlt es der Aussage an einem Tatsachenkern. Es handelt sich um bloße marktschreierische Reklame.

(b) Studium bei Nostradamus

6   Nostradamus ist eine historische Person. Bei ihm studiert zu haben ist eine Tatsache, die dem Beweis zugänglich ist. Nostradamus (Michel de Nostredame) starb im Jahr 1566. Damit ist selbst bei Unterstellung eines außerordentlich hohen Lebensalters der A ausgeschlossen, dass A noch bei ihm studiert hat. Die Tatsachenaussage ist falsch.

(c) Zuverlässige Zukunftsvorhersage durch Horoskop

7   Die Behauptung, im Privathoroskop zutreffende Vorhersagen treffen zu können, ist eine Aussage über gegenwärtige Tatsachen. Sie ist nach den wissenschaftlichen Erkenntnissen und allgemeiner Ansicht falsch, da solche Vorhersagen unmöglich sind.

8   Allerdings nimmt man bei Kartenlegen, Handlesen und ähnlichen Praktiken in der Regel an, dass bei den üblicherweise vereinbarten niedrigen Honoraren weder der Anbieter noch der Kunde davon ausgehen, dass übersinnliche Leistungen erbracht werden.[4] Es handelt sich vielmehr um eine jahrmarktähnliche Unterhaltung wie beispielsweise das Vorführen von Zauberkunststücken. Hier ist jedoch ein erhebliches Honorar (100 Euro) vereinbart, zudem ist der B intellektuell eher schwach und glaubt deshalb an die übersinnlichen Fähigkeiten der A, die sich im Preis niederschlagen. Damit ist hier eine Täuschung über Tatsachen gegeben.

bb) Irrtum

9   Durch die Tatsachentäuschung müsste A bei B einen Irrtum erregt haben. Irrtum ist jede von der Wirklichkeit abweichende Vorstellung über Tatsachen. B ist intellektuell schwach und besonders leichtgläubig. Deshalb glaubt er, A habe bei Nostradamus studiert, könne ihm im Privathoroskop zutreffende Aussagen über die Zukunft machen

---

[2] Vgl. *Fischer*, § 263 Rn. 10.
[3] *Wessels/Hillenkamp*, BT 2, Rn. 494.
[4] *LG Mannheim* NJW 1993, 1488 f.; vgl. auch RGSt 33, 322.

und die Sterne beeinflussen. Diese Vorstellungen stimmten nicht mit der Wirklichkeit überein. Damit lag in der Person des B ein Irrtum vor. Dieser ging auch kausal auf die entsprechenden Täuschungshandlungen der A zurück.

cc) Vermögensverfügung

B müsste durch den Irrtum zu einer Vermögensverfügung veranlasst worden sein. **10** Vermögensverfügung ist jedes Tun, Dulden oder Unterlassen, das sich unmittelbar vermögensmindernd auswirkt.[5] Die Weggabe der 100 Euro hat sich direkt auf das Vermögen des B ausgewirkt. Ohne die irrtumsursächlichen Behauptungen der A, entsprechende übersinnliche Gegenleistungen erbringen zu können, hätte B diese Vermögensverfügungen nicht vorgenommen. Damit ist auch Kausalität gegeben.

dd) Vermögensschaden

B müsste durch die Verfügung einen Vermögensschaden erlitten haben. Ein Vermö- **11** gensschaden liegt vor, wenn der Vergleich des Vermögensstandes vor und nach der Verfügung eine nachteilige Vermögensdifferenz ergibt, die nicht durch ein unmittelbar aus der Vermögensverfügung fließendes Äquivalent wirtschaftlich voll ausgeglichen wird.[6] Dem Vermögen des B sind nach der Verfügung 100 Euro entzogen. Er hat zwar zivilrechtlich Ansprüche in dieser Höhe aus ungerechtfertigter Bereicherung und aus unerlaubter Handlung gegen A, allerdings ist deren Realisierung mit Schwierigkeiten und Unsicherheiten verbunden. Damit liegt jedenfalls eine konkrete Vermögensgefährdung vor, in der auch ein Vermögensschaden zu sehen ist.

b) Subjektiver Tatbestand

aa) Vorsatz

A hatte Vorsatz (§ 15 StGB) bezüglich aller Merkmale des objektiven Tatbestands.   **12**

bb) Bereicherungsabsicht

A müsste in der Absicht gehandelt haben, sich oder einen Dritten rechtswidrig und **13** stoffgleich zu bereichern. Der Vermögensvorteil über 100 Euro, der A zufloss, ging unmittelbar zu Lasten des B. Damit liegt Stoffgleichheit zwischen Vermögensschaden und Bereicherung vor. Ein Vermögensvorteil ist rechtswidrig, wenn der Täter keinen entsprechenden durchsetzbaren Anspruch innehat.[7] Der Vertrag bezüglich des Horoskops könnte wegen des erheblichen Entgelts für eine nutzlose Leistung nichtig nach § 138 BGB sein. Ist der Vertrag hingegen bloß anfechtbar nach § 123 Abs. 1 BGB, hat A, dessen Leistung unmöglich ist, nach §§ 326 Abs. 1 S. 1, 275 Abs. 1 BGB jedenfalls keinen Anspruch auf die Gegenleistung. Damit standen A keine entsprechenden Ansprüche zu, der Vermögensvorteil war rechtswidrig. A hatte auch Vorsatz bezüglich Stoffgleichheit und Rechtswidrigkeit des Vermögensvorteils.

Hinweis: An dieser Stelle müssen Sie die zivilrechtliche Wirksamkeit des Vertrages begutachten. **14** Dies kann jedoch in groben Zügen geschehen, längere Ausführungen zu schuldrechtlichen Problemen sind in Strafrechtsklausuren verfehlt.

---

[5] BGHSt 14, 170, 171.
[6] BGHSt 16, 220.
[7] BGHSt 20, 136, 137.

c) Rechtswidrigkeit, Schuld

15   A hat auch rechtswidrig und schuldhaft gehandelt.

d) Ergebnis

16   A hat sich nach § 263 Abs. 1 StGB strafbar gemacht.

2. Betrug, § 263 Abs. 1 StGB, bezüglich der 300 Euro

17   A könnte sich auch durch die Annahme der 300 Euro wegen Betrugs nach § 263 Abs. 1 StGB strafbar gemacht haben.

18   **Hinweis:** Die Prüfung der Strafbarkeit bzgl. der 100 Euro und der 300 Euro kann auch gemeinsam erfolgen. Da die 300 Euro jedoch für eine andere Leistung gefordert wurden, also gegebenenfalls neue Tatumstände vorliegen, bietet sich eine getrennte Prüfung an.

a) Objektiver Tatbestand

19   Die Aussage, durch Beeinflussung der Sterne ein günstiges Horoskop erzielen zu können, ist eine Aussage über gegenwärtige Tatsachen. Es ist jedoch unmöglich, die Sterne zu beeinflussen. Damit ist die Aussage falsch. Auch bezüglich dieser Aussage kommt angesichts der erheblichen Gegenleistung (300 Euro) die übereinstimmende Vorstellung, es sei nur eine Gaukelei geschuldet, nicht in Betracht. Eine konkludente Täuschung kann auch darin liegen, dass A dem B bei Annahme des Geldes vorspiegelte, sie werde am nächsten Tag zum vorgesehenen Termin für ihn eine astrologische Leistung erbringen, sofern sie von Anfang an vorhatte, dieses Leistungsversprechen nicht einzuhalten. A täuschte also über ihre Erfüllungsfähigkeit und -willigkeit.

20   Durch die Aussage wurde bei B ein Irrtum bewirkt, nämlich, A könne wirklich Einfluss auf die Sterne ausüben und würde ihm ein Horoskop erstellen. Der Irrtum veranlasste B dazu, A 300 Euro zu zahlen, war somit kausal für eine Vermögensverfügung. B hat auch durch die Vermögensverfügung einen Vermögensschaden erlitten (insofern vgl. oben).

b) Subjektiver Tatbestand

21   B hatte Vorsatz in Bezug auf alle Merkmale des objektiven Tatbestandes. Sie hat auch in der Absicht gehandelt, sich rechtswidrig und stoffgleich zu bereichern.

c) Rechtswidrigkeit, Schuld

22   Sie handelte auch rechtswidrig und schuldhaft.

d) Ergebnis

23   B hat sich auch bezüglich der 300 Euro nach § 263 Abs. 1 StGB strafbar gemacht.

II. Strafbarkeit des B

1. Gefährliche Körperverletzung zum Nachteil der A, §§ 223, 224 Abs. 1 StGB

24   B könnte sich wegen gefährlicher Körperverletzung nach §§ 223, 224 Abs. 1 Nr. 2, Nr. 5 StGB strafbar gemacht haben, indem er A niederschlug.

a) Objektiver Tatbestand

25   B müsste A körperlich misshandelt oder an der Gesundheit geschädigt haben. Körperliche Misshandlung (§ 223 Abs. 1 Alt. 1 StGB) ist jede üble, unangemessene Be-

handlung, die das körperliche Wohlbefinden oder die körperliche Unversehrtheit mehr als nur unerheblich beeinträchtigt.[8] Ein heftiger Schlag beeinträchtigt das körperliche Wohlbefinden mehr als nur unerheblich. Gesundheitsschädigung (§ 223 Abs. 1 Alt. 2 StGB) ist das Herbeiführen eines vom Normalzustand negativ abweichenden körperlichen Zustands.[9] Die Bewusstlosigkeit ist ein solcher pathologischer Zustand. Damit hat B A körperlich misshandelt und an der Gesundheit geschädigt.

B könnte auch eine der Qualifikationen des § 224 Abs. 1 StGB verwirklicht haben. 26 Nach überwiegender Ansicht sind Körperteile des Täters, auch wenn sie in gefährlicher Art und Weise eingesetzt werden, keine gefährlichen Werkzeuge (Nr. 2 Var. 2).[10] Zwar lässt sich durchaus in gewissen Konstellationen eine erhöhte Gefährlichkeit beim Einsatz von Körperteilen feststellen (gerade bei einem Boxer), doch ist nach h. M. eine derartige Auslegung nicht mehr vom Wortlaut der Vorschrift gedeckt.[11] B könnte die Körperverletzung jedoch durch eine das Leben gefährdende Behandlung begangen haben (Nr. 5). Eine konkrete Lebensgefahr muss hierbei nach herrschender Ansicht nicht eingetreten sein, lediglich die Handlung muss abstrakt geeignet sein, das Leben zu gefährden.[12] Hier ist eine konkrete Lebensgefahr nicht eingetreten. Der Schlag war jedoch so heftig, dass A zu Boden ging und bewusstlos wurde. Solch ein Schlag kann lebensgefährdende Folgen nach sich ziehen. Damit liegt eine das Leben gefährdende Behandlung vor.

b) Subjektiver Tatbestand

B hatte Vorsatz bezüglich der körperlichen Misshandlung und der Gesundheits- 27 schädigung. Für § 224 Abs. 1 Nr. 5 StGB genügt, wenn der Täter die Tatumstände kennt, die zur Lebensgefährlichkeit seines Tuns führen. Hier war sich B über die Stärke des Schlages bewusst. Damit hat er vorsätzlich gehandelt.

c) Rechtswidrigkeit

Ein Rechtfertigungsgrund, der dem Opfer eines Betruges gestatten würde, sich mit 28 Gewalt zu rächen, existiert nicht. Insbesondere fehlt es für eine Notwehr nach § 32 StGB schon an der Gegenwärtigkeit des Angriffs. B hat rechtswidrig gehandelt.

d) Schuld

B hat auch schuldhaft gehandelt. 29

e) Ergebnis

B hat sich nach § 224 Abs. 1 Nr. 5 StGB strafbar gemacht. § 223 Abs. 1 tritt dahinter 30 zurück.

2. Raub, § 249 Abs. 1 StGB, bezüglich der Schatulle bzw. der 400 Euro

B könnte sich nach § 249 Abs. 1 StGB strafbar gemacht haben, indem er A nieder- 31 schlug und die Schatulle an sich nahm.

---

[8] *Wessels/Hettinger*, BT 1, Rn. 255.
[9] *Wessels/Hettinger*, BT 1, Rn. 257.
[10] *Lackner/Kühl*, § 224 Rn. 3; Schönke/Schröder/*Stree*, § 224 Rn. 4; MünchKomm/*Hardtung*, § 224 Rn. 14; *Rengier*, BT II, § 14 Rn. 14.
[11] Mit entsprechender Argumentation erscheint auch die Gegenansicht vertretbar, vgl. *Hilgendorf*, ZStW 112 (2000), 811, 822 ff.
[12] BGHSt 36, 1, 9; *Rengier*, BT II, § 14 Rn. 21.

a) Objektiver Tatbestand

32   B könnte mit Gewalt gegen eine Person eine fremde bewegliche Sache weggenommen haben. Gewalt gegen eine Person ist jedenfalls körperlicher Zwang gegen einen anderen zur Überwindung eines wirklich geleisteten oder angenommenen Widerstands.[13] Indem B die A niederschlug, hat er mit körperlichem Zwang den Widerstand, den A gegen die Wegnahme der Schatulle hätte leisten können, überwunden.

33   Fremd ist eine Sache, die weder im Alleineigentum des Täters steht noch herrenlos ist.[14] Die Schatulle und ein über die von B bezahlten 400 Euro hinausgehender eventueller weiterer Inhalt standen im Eigentum der A. Fraglich ist die Eigentumslage bezüglich der von B bezahlten 400 Euro. Grundsätzlich ist die Übereignung, § 929 BGB, nach dem Abstraktionsprinzip auch bei Unwirksamkeit des Verpflichtungsgeschäfts wirksam. In Fällen der arglistigen Täuschung, § 123 BGB, erfasst der Mangel jedoch in der Regel auch das Verfügungsgeschäft (Fehleridentität). Indem B das Geld zurück verlangte, hat er zum Ausdruck gebracht, an den Vertrag nicht mehr gebunden sein zu wollen. Damit ist auch die Übereignungserklärung des B und damit die Übereignung nach § 142 Abs. 1 BGB durch Anfechtung rückwirkend nichtig. Strafrechtlich ist diese Rückwirkungsfiktion nicht anzuwenden,[15] jedoch hat die Anfechtung wenigstens Wirkung ex nunc. Ein Eigentumsübergang aus Rechtsgeschäft liegt damit nicht vor, zumindest die 400 Euro waren für A zum Zeitpunkt der Wegnahme nicht fremd.

34   **Hinweis:** Eine andere Ansicht ist hier mit der Begründung vertretbar, dass die Anfechtungserklärung immer auch die Angabe des Anfechtungsgrunds voraussetzt, dieser aber aus dem Rückgabeverlangen des B nicht hervorgeht. Dann sind die 400 Euro für B fremd.

35   Wegnahme bedeutet Bruch fremden und Begründung neuen, nicht notwendigerweise tätereigenen, Gewahrsams.[16] Gewahrsam ist die Sachherrschaft, die von einem natürlichen Herrschaftswillen getragen ist und sich nach der Verkehrsauffassung beurteilt.[17] A hatte die Sachherrschaft über die in ihrem Zelt befindliche Geldschatulle inne. Indem B die Schatulle gegen den Willen der A an sich nahm, hat er die Sachherrschaft der A gebrochen und selbst Sachherrschaft begründet.

36   Die Gewaltanwendung müsste final im Hinblick auf die Wegnahme erfolgt sein. B schlug die A nieder, gerade um an das Geld und die Schatulle zu gelangen, damit ist Finalität gegeben.

b) Subjektiver Tatbestand

aa) Vorsatz

37   B wusste, dass die Schatulle für ihn fremd war. Er hatte auch Vorsatz, § 15 StGB, bezüglich Wegnahme und Gewaltanwendung gegen eine Person.

bb) Absicht rechtswidriger Zueignung

38   B wollte über die Sachen wie ein Eigentümer verfügen können und A aus ihrer Eigentümerstellung faktisch verdrängen. Er hatte keinen Anspruch auf die Schatulle. Die Absicht rechtswidriger Zueignung liegt somit vor.

---

[13] *Fischer*, § 249 Rn. 4a.
[14] *Wessels/Hillenkamp*, BT 2, Rn. 68.
[15] *Rengier*, BT I, § 2 Rn. 8; *Wessels/Hillenkamp*, BT 2, Rn. 70.
[16] *Wessels/Hillenkamp*, BT 2, Rn. 71.
[17] *Wessels/Hillenkamp*, BT 2, Rn. 71.

c) Rechtswidrigkeit, Schuld

B hat rechtswidrig und schuldhaft gehandelt. **39**

d) Ergebnis

B hat sich nach § 249 Abs. 1 StGB wegen Raubes der Geldschatulle strafbar ge- **40** macht.

3. Schwerer Raub, § 250 Abs. 1, Abs. 2 StGB

B könnte sich auch nach § 250 Abs. 1 Nr. 1c), Abs. 2 Nr. 3a), b) wegen schweren **41** Raubes strafbar gemacht haben. Das Grunddelikt liegt vor, s. o.

a) Objektiver Tatbestand

aa) Gefahr einer schweren Gesundheitsschädigung, § 250 Abs. 1 Nr. 1c) StGB

B könnte A in die Gefahr einer schweren Gesundheitsschädigung gebracht haben. **42** Die Gefahr muss sich nicht auf eine schwere Körperverletzung i. S. d. § 226 Abs. 1 StGB beziehen, jedoch auf eine Gesundheitsschädigung von vergleichbarem Schweregrad,[18] wie etwa eine ernste langwierige Krankheit oder der Verlust der Arbeitskraft.[19] Es muss eine konkrete Gefahr eingetreten sein. Eine solche ist hier für A nicht ersichtlich. Die Gesundheitsbeeinträchtigung in Form der Bewusstlosigkeit war bloß vorübergehender Art.

bb) Schwere körperliche Misshandlung, § 250 Abs. 2 Nr. 3a) StGB

Um eine schwere körperliche Misshandlung bejahen zu können, ist es erforderlich, **43** dass entweder eine vorsätzlich herbeigeführte schwere Gesundheitsschädigung gem. § 250 Abs. 1 Nr. 1c) oder eine nicht unerhebliche Beeinträchtigung der körperlichen Unversehrtheit durch besonders rohe Misshandlungen vorliegen.[20] Schon das Bestehen einer konkreten Gefahr der schweren Gesundheitsschädigung ist abzulehnen (s. o.). Bei lediglich einem kräftigen Schlag liegt auch keine die körperliche Integrität erheblich verletzende besonders rohe Misshandlung vor.

cc) Gefahr des Todes, § 250 Abs. 2 Nr. 3b) StGB

Auch eine konkrete Lebensgefahr hat für A nicht bestanden. **44**

b) Ergebnis

B hat keine der Qualifikationen des § 250 Abs. 1, 2 StGB verwirklicht. **45**

4. Nötigung, § 240 StGB

B könnte sich außerdem nach § 240 StGB strafbar gemacht haben, indem er A **46** zwang, die Wegnahme der Schatulle und des Geldes zu dulden. Er hat dabei körperlich wirkenden Zwang, also Gewalt, ausgeübt.

Es müsste sich aus dem angewandten Mittel, dem Zweck oder der Zweck-Mittel- **47** Relation die Verwerflichkeit der Tat ergeben, damit B rechtswidrig gehandelt hat,

---

[18] *Lackner/Kühl*, § 250, Rn. 3; *Wessels/Hillenkamp*, BT 2, Rn. 347.
[19] *Schroth*, NJW 1998, 2861, 2865.
[20] *Wessels/Hillenkamp*, BT 2, Rn 352.

§ 240 Abs. 2 StGB. B hat eine gefährliche Körperverletzung begangen und ein Raubmittel eingesetzt, um wieder in den Besitz des Geldes zu gelangen. Dieses Mittel ist schon für sich betrachtet verwerflich. Allgemeine Rechtfertigungsgründe sind nicht ersichtlich. Damit hat B rechtswidrig gehandelt.

48   B hat auch schuldhaft gehandelt. Er hat sich nach § 240 StGB strafbar gemacht.

5. Totschlag zum Nachteil des C, § 212 Abs. 1 StGB

49   B könnte strafbar sein wegen Totschlags gemäß § 212 Abs. 1 StGB zum Nachteil der C.

a) Objektiver Tatbestand

50   B hat den Tod eines anderen Menschen, des C, herbeigeführt und damit den objektiven Tatbestand des § 212 Abs. 1 StGB verwirklicht.

b) Subjektiver Tatbestand

51   B müsste auch vorsätzlich gehandelt haben, § 15 StGB. Er hat nicht absichtlich oder wissentlich den Tod des C herbeigeführt. Es kommt allein dolus eventualis in Betracht. Es ist jedoch zu beachten, dass bei der Tötung eines Menschen eine besonders hohe Hemmschwelle angenommen wird.[21] Mangels weiterer, auf billigende Inkaufnahme des Todeserfolgs hinweisender Anzeichen ist davon auszugehen, dass B nicht vorsätzlich handelte.

c) Ergebnis

52   B hat sich nicht nach § 212 Abs. 1 StGB strafbar gemacht.

6. Gefährliche Körperverletzung zum Nachteil des C, §§ 223, 224 Abs. 1 StGB

53   B könnte sich durch das Niederschlagen des C wegen gefährlicher Körperverletzung nach §§ 223, 224 Abs. 1 Nr. 2, 3, 5 StGB strafbar gemacht haben.

a) Objektiver Tatbestand, § 223 Abs. 1 StGB

54   B hat den C durch den Schlag mit der Schatulle körperlich misshandelt und an der Gesundheit geschädigt.

b) Objektiver Tatbestand, § 224 Abs. 1 StGB

aa) Nr. 2, gefährliches Werkzeug

55   Gefährliches Werkzeug ist jeder bewegliche Gegenstand, der nach seiner objektiven Beschaffenheit und der konkreten Art der Verwendung geeignet ist, erhebliche Verletzungen herbeizuführen.[22] Die Schatulle hatte ein Gewicht von zumindest einem halben Kilogramm, war aus einem harten Material und wurde als Schlagwerkzeug gegen den Kopf benutzt. Nach alledem ist sie geeignet, erhebliche Verletzungen zu verursachen, was sich im Tod des C in Folge des Schlages manifestiert hat.

bb) Nr. 3, hinterlistiger Überfall

56   Ein hinterlistiger Überfall setzt voraus, dass der Täter seine Absichten planvoll verdeckt, um dadurch dem Opfer die Abwehr zu erschweren. Hier hat B lediglich die

---

[21] BGHSt 36, 1, 5.
[22] BGHSt 3, 109.

Gunst der Situation genutzt und C von hinten angegriffen. Dies genügt nicht für ein planmäßiges Verdecken der Verletzungsabsicht.[23]

cc) Nr. 5, lebensgefährdende Behandlung

C ist an dem Schlag gegen den Kopf gestorben. Damit war diese Handlung jeden- **57** falls auch abstrakt geeignet, das Leben zu gefährden.

c) Subjektiver Tatbestand

B hatte Vorsatz in Bezug auf die körperliche Misshandlung und Gesundheitsschädi- **58** gung. Er hat auch die Schatulle bewusst und gewollt als gefährliches Werkzeug einge- setzt. Er kannte die Tatumstände, Einsatz eines schweren Gegenstandes gegen den Kopf, welche die Lebensgefährlichkeit seines Tuns begründeten. Er hat vorsätzlich gehandelt.

d) Rechtswidrigkeit, Schuld

B hat auch rechtswidrig und schuldhaft gehandelt. **59**

e) Ergebnis

B hat sich nach § 224 Abs. 1 Nr. 2, 5 StGB strafbar gemacht. **60**

7. Körperverletzung mit Todesfolge zum Nachteil des C, § 227 Abs. 1 StGB

B könnte sich wegen Körperverletzung mit Todesfolge gemäß § 227 Abs. 1 StGB **61** zum Nachteil des C strafbar gemacht haben.

a) Grunddelikt

B hat eine vorsätzliche, rechtswidrige und schuldhafte Körperverletzung gegen C **62** begangen und § 224 Abs. 1 Nr. 2, 5 StGB verwirklicht.

b) Schwere Folge

Durch die Körperverletzung kausal herbeigeführt ist der Tod des C als schwere Fol- **63** ge eingetreten.

c) Gefahrspezifischer Zusammenhang

Es müsste sich im Eintritt der schweren Folge die spezifische Gefährlichkeit des **64** Grunddelikts verwirklicht haben. Ein Schlag mit einem harten Gegenstand auf den Kopf ist typischerweise geeignet, tödliche Verletzungen hervorzurufen. Und der Tod des C beruht unmittelbar auf dieser Körperverletzung. Somit hat sich hier die typi- scherweise vom Grunddelikt beinhaltete Gefahr im eingetretenen Erfolg realisiert. Damit ist der gefahrspezifische Zusammenhang zu bejahen.

d) Wenigstens Fahrlässigkeit, § 18 StGB

B müsste bezüglich des Eintritts der schweren Folge wenigstens Fahrlässigkeit vor- **65** zuwerfen sein, § 18 StGB. Fahrlässig handelt, wer bei Vorhersehbarkeit und Vermeid-

---

[23] Vgl. *Rengier*, BT II, § 14 Rn. 18.

barkeit des Erfolges die im Verkehr erforderliche Sorgfalt außer Acht lässt.[24] Der Tod des C war eine vorhersehbare und vermeidbare Folge eines schweren Schlages auf den Kopf. Indem B diesen dennoch ausführte, hat er einen Sorgfaltsverstoß begangen und damit fahrlässig gehandelt.

e) Ergebnis

66   B hat sich nach § 227 Abs. 1 StGB strafbar gemacht.

8. Fahrlässige Tötung zum Nachteil des C, § 222 StGB

67   Die ebenfalls verwirklichte fahrlässige Tötung, § 222 StGB, tritt im Wege der Gesetzeskonkurrenz hinter § 227 Abs. 1 StGB zurück, der lex specialis ist.

9. Räuberischer Diebstahl, § 252 StGB

68   B könnte sich durch den Schlag gegen den Kopf des C wegen räuberischen Diebstahls, § 252 StGB, strafbar gemacht haben.

a) Objektiver Tatbestand

69   Der von B an der Schatulle der A begangene Raub, § 249 Abs. 1 StGB, beinhaltet einen Diebstahl, § 242 Abs. 1 StGB, und ist damit taugliche Vortat des § 252 StGB.

70   B hatte noch keinen sicheren Gewahrsam an der Schatulle erlangt, der Raub war somit vollendet aber noch nicht beendet. Die Frische der Tat ist somit gegeben. Betroffen ist der Täter, wenn er in Tatortnähe alsbald nach der Tat wahrgenommen wird oder sich selbst für betroffen hält.[25] Ausreichend ist es auch, wenn der Täter zwar noch nicht tatsächlich entdeckt ist, allerdings durch sein schnelles Zuschlagen lediglich einer unausweichlichen, unmittelbar bevorstehenden Entdeckung zuvorkommt.[26] B war somit auf frischer Tat betroffen.

71   Indem er den Schlag gegen den Kopf des C führte, hat B Gewalt gegen eine Person ausgeübt. Somit liegt ein taugliches Raubmittel vor.

b) Subjektiver Tatbestand

72   B hatte Vorsatz bezüglich aller Merkmale des objektiven Tatbestands. Er müsste gehandelt haben, um sich im Besitz des gestohlenen Gutes zu erhalten. B wollte nicht erkannt werden, dies hätte auch zum Verlust der Schatulle führen können. Er handelte damit auch, um sich den Besitz der geraubten Schatulle zu erhalten.

c) Rechtswidrigkeit, Schuld

73   B handelte auch rechtswidrig und schuldhaft.

d) Ergebnis

74   B hat sich nach § 252 StGB strafbar gemacht.

10. Schwerer räuberischer Diebstahl, §§ 252, 250 Abs. 1, Abs. 2 StGB

75   Weiterhin könnte sich B wegen schweren räuberischen Diebstahls gemäß §§ 252, 250 Abs. 1, Abs. 2 StGB strafbar gemacht haben.

---

[24] BGHSt 49, 1; vgl. *Neubacher*, Jura 2005, 857.
[25] *Fischer,* § 252 Rn. 6.
[26] BGHSt 26, 96; a. A. *Wessels/Hillenkamp*, BT 2, Rn. 368.

a) Grunddelikt

Der Täter wird nach § 252 StGB gleich einem Räuber bestraft, damit finden auch die **76** Erfolgsqualifikationen nach §§ 250, 251 StGB Anwendung. B hat im Rahmen der gewaltsamen Wegnahme der Schatulle bei A einen Raub gem. § 249 StGB als Grunddelikt verwirklicht.

b) § 250 Abs. 1 Nr. 1 a) StGB

B könnte während der Ausführung der Tat ein gefährliches Werkzeug, die Schatulle, **77** mitgeführt haben. Fraglich ist, welche Anforderungen an die Bestimmung der Gefährlichkeit zu stellen sind.

Manche bestimmen die Gefährlichkeit des Werkzeugs allein objektiv und verlangen **78** etwa eine „objektive Waffenähnlichkeit"[27] oder eine Waffenersatzfunktion. Eine Geldschatulle ist objektiv nicht waffenähnlich und wird in Bedrängnissituationen typischerweise nicht als Waffe gebraucht. Nach dieser Ansicht handelte es sich also nicht um ein gefährliches Werkzeug. Innerhalb dieses objektivierenden Ansatzes wird jedoch auch vertreten, die Gefährlichkeit dürfe wegen der Weite der sonst unter den Werkzeugbegriff fallenden Gegenstände nicht rein objektiv bestimmt werden, sondern müsse sich auch aus der konkreten Situation ergeben, was etwa bei sozialtypischen Gegenständen zu verneinen sei.[28] Die Gefährlichkeit liege somit bei Werkzeugen vor, deren Beisichführen den Anschein begründet, zu einem gefährlichen Einsatz gegen Menschen bestimmt zu sein.[29] Das Beisichführen einer Geldschatulle begründet aber nicht den Anschein, dass sie gegen Menschen eingesetzt werden soll. Auch nach dieser Ansicht handelt es sich nicht um ein gefährliches Werkzeug.

Andere wiederum lassen jedes Werkzeug genügen, das nach einem Verwendungs- **79** vorbehalt beim Täter in gefährlicher Art und Weise gebraucht werden soll.[30] B hatte, als er die Schatulle an sich genommen hat, keinen bewussten Vorbehalt, diese notwendigenfalls als Waffenersatz zum Einsatz zu bringen. Spätestens direkt vor dem Einsatz war die Verwendung jedoch direkt von seinem Vorsatz umfasst. Gegen diese Ansicht spricht jedoch, dass sie die objektive Beschaffenheit des gefährlichen Werkzeugs nicht in ihre Erwägungen einbezieht. Außerdem lässt sie sich schwerlich mit dem Gesetzeswortlaut vereinbaren, der ausweislich nur bei § 250 Abs. 1 Nr. 1 b) StGB einen Verwendungsvorbehalt voraussetzt. Soweit es um das bloße Mitsichführen geht, kann es somit gerade nicht auf einen wie auch immer gearteten Verwendungsvorsatz ankommen.

Somit hat B kein gefährliches Werkzeug bei sich geführt und der Streit muss an die- **80** ser Stelle daher nicht entschieden werden.

c) § 250 Abs. 1 Nr. 1 b) StGB

B hat die Schatulle nicht bei sich geführt, um den Widerstand einer anderen Person **81** zu verhindern oder zu überwinden, sondern weil er sich das in ihr befindliche Geld einverleiben wollte. Die Qualifikation des § 250 Abs. 1 Nr. 1 b) StGB scheitert somit am Verwendungsvorbehalt.

---

[27] Schönke/Schröder/*Eser*, § 244 Rn. 5; vgl. auch *BGH* NJW 2002, 2889; *BGH* NJW 2008, 2861.
[28] Etwa mitgeführter Bleistift oder Feuerzeug.
[29] *Rengier*, BT I, § 4 Rn. 25 a. E.
[30] *Wessels/Hillenkamp*, BT 2, Rn. 262 b ff., 342.

d) § 250 Abs. 1 Nr. 1 c) StGB

82   C ist gestorben, damit lagen eine konkrete Lebensgefahr und eine konkrete Gefahr schwerer Gesundheitsschädigung vor, die sich sogar in seinem Tode realisiert hat.

e) § 250 Abs. 2 Nr. 1 StGB

83   Das gefährliche Werkzeug kann hier grundsätzlich nicht anders als bei Abs. 1 Nr. 1 a) zu bestimmen sein. Damit hat B kein gefährliches Werkzeug verwendet.

f) § 250 Abs. 2 Nr. 3 a) StGB

84   Durch den Schlag mit einem schweren Gegenstand auf den Kopf hat B den C roh misshandelt. Dadurch kam es zu einer erheblichen Beeinträchtigung dessen körperlicher Integrität, die sogar zum Tode führte. Damit hat B eine andere Person bei der Tat körperlich schwer misshandelt.

g) § 250 Abs. 2 Nr. 3 b) StGB

85   Der Tod des C ist eingetreten. Damit lag als Minus auch eine konkrete Todesgefahr vor.

h) Ergebnis

86   § 250 Abs. 1 Nr. 1 c) wird von Abs. 2 Nr. 3 b) verdrängt. B hat sich nach § 250 Abs. 2 Nr. 3 a) und b) StGB strafbar gemacht.

11. Räuberischer Diebstahl mit Todesfolge zum Nachteil des C, §§ 252, 251 StGB

87   B könnte sich wegen räuberischen Diebstahls mit Todesfolge, §§ 252, 251 StGB, zum Nachteil des C strafbar gemacht haben.[31]

a) Grunddelikt, § 252 StGB

88   B hat § 252 StGB vorsätzlich, rechtswidrig und schuldhaft verwirklicht.

b) Schwere Folge (§ 251 StGB), Kausalität, gefahrspezifischer Zusammenhang

89   Die schwere Folge, der Tod eines anderen Menschen, ist eingetreten. Er ging kausal auf die Anwendung von Gewalt gegen eine Person zurück. Es hat sich im Tod durch den Schlag auf den Kopf auch die spezifische Gefahr, die mit dem Einsatz des Raubmittels verbunden ist, realisiert.

c) Wenigstens Leichtfertigkeit

90   Nach § 251 StGB ist abweichend von § 18 StGB wenigstens Leichtfertigkeit erforderlich. Unter Leichtfertigkeit ist, ähnlich der groben Fahrlässigkeit im Zivilrecht, ein gesteigerter Sorgfaltsverstoß zu verstehen.[32] Es musste nicht jedem unmittelbar einleuchten, dass der Schlag mit der Schatulle zum Tode führen konnte. Die Schatulle war kein ihrer Beschaffenheit nach besonders gefährlicher Gegenstand. Eine die Schwelle der Leichtfertigkeit überschreitende Sorgfaltsverletzung liegt damit nicht vor.

---

[31] Zum Aufbau *Rengier*, BT I, § 9 Rn. 1 f.
[32] *Lackner/Kühl*, § 251 Rn. 2.

d) Ergebnis

B hat sich nicht nach § 251 StGB strafbar gemacht. **91**

12. Hausfriedensbruch, § 123 Abs. 1 StGB

Das Zelt dient der A als Geschäftsraum. Das erstmalige Betreten war noch von der **92** generellen Einwilligung der A gedeckt, somit ist B nicht widerrechtlich eingedrungen. Als A ihn jedoch zum Gehen aufforderte, blieb B noch im Zelt. Hinsichtlich des Verweilens handelt B auch vorsätzlich. Die Tat war rechtswidrig und schuldhaft. B hat sich nach § 123 Abs. 1 StGB strafbar gemacht. Gemäß § 123 Abs. 2 StGB ist ein Strafantrag erforderlich.

III. Gesamtergebnis und Konkurrenzen

A hat sich wegen Betrugs in zwei Fällen nach §§ 263 Abs. 1, 53 StGB strafbar ge- **93** macht.

B hat sich strafbar gemacht nach § 224 Abs. 1 Nr. 5; §§ 227; 252, 250 Abs. 2 Nr. 3 a), b); 52; § 53 StGB. § 224 Abs. 1 Nr. 5 StGB zu Lasten der A steht in Tatmehrheit zu den anderen Delikten. § 249 Abs. 1 StGB tritt als Vortat hinter §§ 252, 250 Abs. 2 Nr. 3 a), b) StGB zurück. Die Nötigung, § 240 StGB, tritt im Wege der Gesetzeskonkurrenz als konsumiert zurück. § 224 Abs. 1 Nr. 2, 5 StGB zum Nachteil des C tritt hinter § 227 StGB zurück.

Fallbeurteilung

Es handelt sich um einen mittleren Standardfall, dessen Schwierigkeit sich nicht zuletzt aus der Vielzahl der zu prüfenden Delikte bzw. Qualifikations- und Erfolgsqualifikationstatbestände ergibt. Dabei müssen die Voraussetzungen der einzelnen Delikte und die entsprechenden Definitionen gut beherrscht werden, um die verschiedenen Probleme richtig zu verorten und bei der Bearbeitung keine Zeit mit Aufbaufragen zu verlieren.

Der Betrug der A verlangt vom Bearbeiter, sich genau mit dem Sachverhalt auseinanderzusetzen, so etwa die in Betracht kommenden Täuschungshandlungen zu erkennen und einzeln zu würdigen. Die Argumente, die das *LG Mannheim* im Originalfall (NJW 1993, 1488) zur Bejahung des Betrugstatbestands aufgeführt hat, kann der Bearbeiter hier selbständig entwickeln und dabei durch eigene Argumentation punkten. Im Rahmen der Bereicherungsabsicht kommt es auf die zivilrechtliche Wirksamkeit der Vereinbarung zwischen A und B an, die jedoch nicht intensiv geprüft werden muss. Dies wird bei der Prüfung des Raubes im Rahmen der Fremdheit der Sache erneut relevant.

Auch die Prüfung der Körperverletzungsdelikte muss gut beherrscht werden. Hierbei müssen die relevanten Qualifikationstatbestände des § 224 StGB und die Erfolgsqualifikation des § 227 StGB gesehen, insbesondere die entsprechenden Definitionen wiedergegeben werden.

Bezüglich der Verletzung des C muss die Abgrenzung von Raub (§ 249 StGB) und räuberischem Diebstahl (§ 252 StGB) anhand der Vollendung der Vortat vorgenommen werden. Die Besonderheit der Qualifikation nach § 250 StGB bzw. der Erfolgsqualifikation nach § 251 StGB, die aufgrund der Gleichstellung mit dem Räuber nach § 252 StGB auch hier anzuwenden sind, stellt eine zusätzliche Herausforderung dar.

Im Übrigen zeichnet sich der Fall dadurch aus, dass die Schwerpunktsetzung durch den Bearbeiter überlegt erfolgen muss. Da zusätzlich zu den Schwerpunkten einige unproblematische Tatbestände – wie etwa § 212, § 222 oder § 123 StGB – zumindest anzusprechen sind, kann eine zu ausführliche Darstellung dieser Delikte schnell zu Zeitproblemen führen. Eine Beherrschung der gutachterlichen Schwerpunktsetzung ist also dringend erforderlich.

Weiterführende Hinweise: *Dehne-Niemann,* Wissenswertes zum räuberischen Diebstahl (§ 252 StGB), Jura 2008, 742–749; *Hilgendorf,* Tatsachenaussagen und Werturteile im Strafrecht, 1998; *Kindhäuser/Nikolaus,* Der Tatbestand des Betrugs (§ 263 StGB), JuS 2006, 193–198, 293–298; *dies.,* Sonderfragen des Betrugs (§ 263 StGB), JuS 2006, 590–593; *Kudlich/Noltensmeier,* Die Fremdheit der Sache als Tatbestandsmerkmal in strafrechtlichen Klausuren, JA 2007, 863–867; *Neubacher,* Zur Konkretisierung von Sorgfaltspflichten beim fahrlässigen Erfolgsdelikt. Überlegungen im Anschluss an BGHSt 49, 1 (5 StR 327/03), Jura 2005, 857–862.

Fall 8. Anwaltsschelte

Sachverhalt

In einem Prozess gegen die B hat Rechtsanwalt R die Gegenpartei vertreten. Dabei kamen auch sehr persönliche Dinge aus dem Vorleben der B ans Licht, die R für seinen Mandanten auswertete. B verlor den Prozess. A, der Vater der B, will dies nicht hinnehmen und schreibt daraufhin an R folgenden Brief:

„Sehr geehrter Herr R,

was fällt Ihnen ein, meine Tochter vor Gericht schlecht zu machen? Ich will es Ihnen offen sagen: Ich halte Sie für einen miesen Charakter und obendrein für einen Rechtsverdreher, bei dem eine Nachschulung dringend angezeigt ist. Sie sind damit ein typisch deutscher Jurist. Herzlichen Glückwunsch! Machen Sie sich darauf gefasst, dass Ihr Verhalten Folgen haben wird.

Würzburg, den 1. 6. 2009 – A"

Die B ist ebenfalls nicht untätig. Sie erzählt überall herum, R habe ein Verhältnis mit ihr anfangen wollen, weil er seiner eigenen Frau überdrüssig sei. Nur weil sie, die B, das Ansinnen des R abgelehnt habe, habe er sie vor Gericht „fertig gemacht". Alles ist völlig aus der Luft gegriffen. R ist über das Verhalten von A und B empört. Als er einmal zufällig in der Nähe steht, als B ihre Geschichte erzählt, geht er auf sie zu und ohrfeigt sie.

Wie haben sich A, B und R strafbar gemacht?

Gliederung

Lösung

I. Strafbarkeit des A

1. Üble Nachrede, § 186 StGB, durch die Behauptung, R habe B „schlecht gemacht"

A könnte sich wegen übler Nachrede nach § 186 StGB strafbar gemacht haben, in- 1
dem er die Behauptung aufstellte, R habe die Tochter des A in dem vorangegangenen
Prozess „schlecht gemacht".

a) Äußerung als Tatsachenaussage

Dazu muss es sich bei der in Frage stehenden Äußerung um eine Tatsachenaussage 2
handeln. Der Gegenbegriff zur Tatsachenaussage ist das Werturteil. Die Abgrenzung
zwischen Tatsachenaussagen und Werturteilen ist seit jeher umstritten. Tatsachenaussagen übermitteln Information, während Werturteile im Wesentlichen eine Meinungs-
äußerung darstellen. Tatsachenaussagen können deshalb wahr oder falsch sein, während Werturteile von einer subjektiven Stellungnahme geprägt und deshalb nicht
wahrheitsfähig sind.[1] Ausschlaggebend ist nach h.M., ob sich in der fraglichen Äußerung ein „Tatsachenkern" befindet oder nicht.[2]

Die Behauptung, R habe As Tochter in dem Prozess „schlecht gemacht", ist so zu 3
verstehen, dass R dort Äußerungen abgegeben habe, die den Ruf der B zu schädigen
geeignet waren. Ob derartige Aussagen gefallen sind oder nicht, ist ersichtlich eine
Tatsachenfrage, die dem Beweis zugänglich ist. Es handelt sich bei dieser Äußerung
also um eine Tatsachenaussage.

b) Behaupten oder verbreiten

Diese Tatsache müsste A behauptet oder verbreitet haben. Dabei verlangt § 186 4
StGB, dass die Behauptung „in Beziehung auf einen anderen" zu erfolgen hat. Daraus folgt, dass der Empfänger der Kundgabe und der Betroffene verschiedene Personen sein müssen.[3] Im vorliegenden Fall ist der Empfänger des Briefs jedoch
gleichzeitig derjenige, der durch die Behauptung betroffen ist. § 186 StGB scheidet
deshalb aus.

2. Beleidigung, § 185 StGB, durch die Behauptung, R habe B „schlecht gemacht"

In Betracht kommt jedoch eine Beleidigung, § 185 StGB. 5

---

[1] *Lackner/Kühl*, § 186 Rn. 3; vgl. MünchKomm/*Regge*, § 186 Rn. 4 f.
[2] *Wessels/Hettinger*, BT 1, Rn. 504.
[3] Vgl. *Haft*, BT II, H I 2 b ee.

a) Objektiver Tatbestand

aa) Kundgabe von Miss- oder Nichtachtung

6   Beleidigung ist jede Kundgabe von Miss- oder Nichtachtung gegenüber dem Betroffenen selbst oder gegenüber Dritten.[4] Ob sie mittels eines Werturteils oder einer Tatsachenaussage erfolgt, ist unerheblich. Die Annahme einer Beleidigung scheitert vorliegend also nicht daran, dass es sich bei der fraglichen Äußerung (R habe die B „schlecht gemacht") um eine Tatsachenaussage handelt.

bb) Ehrverletzung

7   Fraglich ist, ob dadurch die Ehre des R verletzt wurde. Der Ehrbegriff ist außerordentlich umstritten.[5] Zu unterscheiden sind zum einen der sog. faktische Ehrbegriff, der im individuellen Ehrgefühl oder dem guten Ruf (dem Leumund) bestehen kann,[6] und andererseits der im Vordringen begriffene sog. normative Ehrbegriff,[7] also der aus der Menschenwürde des Einzelnen entspringende Achtungsanspruch. Die h. M. kombiniert alle diese Gesichtspunkte im sog. „normativ-faktischen Ehrbegriff".[8] Überträgt man diese Gesichtspunkte auf den vorliegenden Fall, so ergibt sich folgendes Bild:

(1) Leumund des R

8   Die Behauptung, R habe die B „schlecht gemacht", ist zunächst kaum geeignet, den Leumund des R zu zerstören. Es ist allgemein bekannt, dass Rechtsanwälte bei der Wahl ihrer Argumente nicht allzu zimperlich sein dürfen, wenn sie die Interessen ihrer Mandanten wirksam verteidigen wollen. Dass dabei die Gegenseite nicht immer ungeschoren davon kommt, liegt in der Natur der Sache. Der Ruf, ein besonders rabiater Anwalt zu sein, könnte dem R unter Umständen sogar mehr nützen als schaden.

(2) „Innere Ehre" des R

9   Was die „innere Ehre" des R angeht, also sein Ehrgefühl, so dürfte der Vorwurf des „Schlechtmachens" ebenfalls nicht geeignet sein, eine ernsthafte Verletzung zu bewirken. Zwar besitzen Rechtsanwälte keine gegenüber der Allgemeinheit verminderte Ehre, so dass man sie eher beleidigen dürfte als andere Personen. Doch kann davon ausgegangen werden, dass R Behauptungen wie die des A häufig zu hören bekommt.[9] Es ist deshalb anzunehmen, dass derartige Äußerungen den R in seinem Ehrgefühl nicht mehr zu verletzen vermögen, zumal sie, wie oben dargelegt, durchaus auch ansehenssteigernd wirken können.

(3) Normative Komponente des Ehrbegriffs

10   Die normative Komponente des Ehrbegriffs beruht auf dem Achtungsanspruch, der jeder Person auf Grund ihres Menschseins zukommt. Es handelt sich dabei um ein sehr hochrangiges und gleichzeitig recht allgemeines Prinzip, aus dem sich nur in Ausnahmefällen, etwa bei Kindern oder Geisteskranken, die über den „faktischen Ehrbe-

---

[4] *Haft*, BT II, H I 2 b aa.

[5] Für einen Überblick vgl. etwa *Wessels/Hettinger*, BT 1, Rn. 464 ff.

[6] Dazu LK/*Hilgendorf*, Vorb. § 185 Rn. 6 m. w. N.

[7] *Fischer*, Vor § 185 Rn. 3; SK/*Rudolphi/Rogall*, Vorb. § 185 Rn. 3; *Tenckhoff*, JuS 1988, 199, 201 ff.

[8] Ausführlich Schönke/Schröder/*Lenckner*, Vorbem. § 185 Rn. 1 m. w. N.; LK/*Hilgendorf*, Vor § 185 Rn. 7 ff.

[9] Es scheint sogar vertretbar, hier noch Sozialadäquanz anzunehmen. Allgemein zur Sozialadäquanz *Lackner/Kühl*, Vorb. § 32 Rn. 29 m. w. N.

griff" nicht geschützt werden können, unmittelbar eine Entscheidung ableiten lässt. Im vorliegenden Fall ist nicht ersichtlich, wie A über die unter (a) und (b) bereits diskutierten Gesichtspunkte hinaus in seinem personenrechtlichen Achtungsanspruch verletzt sein könnte.

b) Zwischenergebnis

Zusammenfassend lässt sich damit feststellen, dass R durch die in Frage stehende 11 Behauptung des A nicht in seiner Ehre verletzt wurde. Eine Beleidigung scheidet insoweit aus.

3. Beleidigung, § 185 StGB, durch die Behauptung, R sei ein „mieser Charakter" und ein „Rechtsverdreher"

Hinweis: Die einzelnen in Frage kommenden Beleidigungshandlungen bzw. Äußerungen hätten 12 auch in einer gemeinsamen Prüfung angesprochen werden können. Dann ist jedoch auch im Rahmen der Rechtfertigung zwischen den beiden Behauptungen zu unterscheiden. Im Sinne der Übersichtlichkeit werden die Äußerungen hier getrennt geprüft.

A könnte sich durch die Behauptung, R sei ein „mieser Charakter" und ein 13 „Rechtsverdreher", wegen Beleidigung nach § 185 StGB strafbar gemacht haben.

a) Tatbestand

aa) Objektiver Tatbestand

(1) Behauptung, R sei ein „mieser Charakter"

Die Behauptung, R sei ein „mieser Charakter", ist dem Beweis nicht zugänglich und 14 somit ein Werturteil. Sie stellt eine Kundgabe von Miss- und Nichtachtung dar, welche die tatbestandliche Schwelle zur Ehrverletzung überschreitet. Damit liegt der Tatbestand einer Beleidigung vor.

Hinweis: Man beachte, dass die grammatikalische Form hier irreführend ist, weil As Äußerung da- 15 nach auch als Bericht über die Ansichten des A bezüglich R („Ich halte Sie…") und damit als eine Tatsachenaussage verstanden werden könnte. Ihrem Sinn nach ist die Äußerung jedoch gleichbedeutend mit dem Satz „Sie sind ein mieser Charakter".

(2) Behauptung, R sei ein „Rechtsverdreher"

Die in dem Schreiben vom 1. 6. 2009 ebenfalls vorgebrachte Erklärung, R sei ein 16 Rechtsverdreher, bei dem eine Nachschulung dringend erforderlich sei, enthält als Tatsachenkern die Behauptung, R sei als Jurist schlecht qualifiziert und beuge absichtlich das Recht. Es handelt sich mithin um eine Tatsachenbehauptung. Die Herabsetzung von Rs beruflichen Fähigkeiten kann ohne Weiteres als Kundgabe von Nicht- und Missachtung angesehen werden.[10] Der Tatbestand des § 185 StGB ist deshalb auch insofern erfüllt.

Hinweis: Ob der Ausdruck „Rechtsverdreher" allein schon als beleidigend anzusehen ist, er- 17 scheint fraglich. Nicht selten wird das Wort bloß als saloppe Bezeichnung für Juristen ohne kränkende Absicht verwendet, vergleichbar mit dem Ausdruck „Pillendreher" für Apotheker. Hier wird deutlich, dass bei der Prüfung von Beleidigungen sehr genau auf den sozialen Kontext geachtet werden muss. Vorliegend ergibt sich aus dem Zusammenhang der Verwendung, dass die Bezeichnung ehrverletzend gemeint ist.

---

[10] Schönke/Schröder/*Lenckner*, § 185 Rn. 2.

bb) Subjektiver Tatbestand

18 Es kam A gerade darauf an, die Ehre des R zu verletzen. Er handelte vorsätzlich (§ 15 StGB) bezüglich aller objektiven Tatbestandsmerkmale.

b) Rechtswidrigkeit

19 Zu denken ist jedoch in beiden Fällen an eine Rechtfertigung gemäß § 193 StGB, durch Wahrnehmung berechtigter Interessen.

aa) Berechtigtes Interesse des A

20 Dann müsste zunächst auf Seiten des A ein berechtigtes Interesse gegeben sein. Unter einem berechtigten Interesse i. S. d. § 193 StGB ist ein von der Rechtsordnung als schutzwürdig anerkannter, öffentlicher oder privater, ideeller oder materieller Zweck zu verstehen.[11] Zwecke, die dem Recht oder den guten Sitten widersprechen, kommen damit von vornherein nicht für eine Rechtfertigung in Betracht.[12] Es muss sich ferner grundsätzlich um eigene Interessen des Täters handeln, also um persönliche Belange, deren Verteidigung durch den Täter objektiv nachvollziehbar ist.[13]

bb) Interesse an korrekter Rechtsanwendung

21 Es fragt sich nun, auf welche berechtigten Interessen sich A berufen kann. Dem Schreiben des A ist zu entnehmen, dass er sich in erster Linie gegen die vermeintlich schlechte Behandlung seiner Tochter im vorangegangenen Prozess wendet. Dem liegt ein Interesse an korrekter Rechtsanwendung in einem konkreten Fall zugrunde, das nicht nur der – primär betroffenen – Tochter, sondern auch ihrem Vater in nachvollziehbarer Weise unterstellt werden kann. Dass A nicht selbst Verfahrensbeteiligter im rechtlichen Sinn war, ist demgegenüber ohne Belang.

cc) Angemessene Mittel zur Wahrnehmung des berechtigten Interesses

22 Um die von A begangene Ehrverletzung zu rechtfertigen, reicht die Verfolgung eines berechtigten Zwecks allein allerdings noch nicht aus. Hinzukommen muss vielmehr, dass die Ehrverletzung unter Berücksichtigung der gesamten Umstände des Einzelfalls auch das angemessene Mittel zur Wahrnehmung des berechtigten Interesses ist.[14] Dies setzt voraus, dass die Äußerung zur Wahrnehmung des berechtigten Interesses geeignet und erforderlich ist.[15] Im vorliegenden Fall ist nicht ersichtlich, wie der Brief des A dazu dienen könnte, möglichen Übergriffen Rs im vorangegangenen Prozess entgegenzutreten. Rechtliche Mängel wären mit Rechtsmitteln anzugreifen gewesen, Taktlosigkeiten des R im Prozess hätten bei dem die Verhandlung leitenden Richter gerügt werden können. Wenn A dagegen den R persönlich auf mögliche Fehlleistungen hätte aufmerksam machen wollen, so hätte er sich dazu in seinem Schreiben substantiierter äußern müssen. In seiner jetzigen Form ist das Schreiben nicht geeignet, das berechtigte Interesse des A an einem korrekten Rechtsgang zu fördern.

---

[11] Schönke/Schröder/*Lenckner*, § 193 Rn. 9.
[12] RGSt 15, 15, 17; Schönke/Schröder/*Lenckner*, § 193 Rn. 9.
[13] RGSt 63, 229, 231; Schönke/Schröder/*Lenckner*, § 193 Rn. 13; SK/*Rudolphi/Rogall*, § 193 Rn. 14f.
[14] *Wessels/Hettinger*, BT 1, Rn. 518.
[15] Vgl. auch *BayObLG* NJW 1991, 1493, 1495 zur Wahrnehmung berechtigter Interessen bei der Beleidigung von Bundeswehrsoldaten.

dd) Zwischenergebnis

Eine Rechtfertigung der in dem Brief enthaltenen beleidigenden Äußerungen über **23** § 193 StGB scheidet deshalb aus. Die Tat war somit rechtswidrig.

c) Schuld und Zwischenergebnis

Hinweise, die auf ein fehlendes Unrechtsbewusstsein bei A hindeuten könnten, lie- **24** gen nicht vor. Er handelte also auch schuldhaft, so dass § 185 StGB in beiden Fällen zu bejahen ist.

4. Beleidigung, § 185 StGB, durch die Behauptung, R sei ein „typisch deutscher Jurist"

Eine Beleidigung nach § 185 StGB könnte ferner in der Äußerung liegen, mit den in **25** den ersten beiden Sätzen des Briefes angesprochenen Eigenschaften sei R ein „typisch deutscher Jurist".

a) Objektiver Tatbestand

aa) Beleidigtes Subjekt

Fraglich ist zunächst, wer mit dieser Äußerung beleidigt sein könnte. R wird mit der **26** Äußerung persönlich konfrontiert. Er selbst kommt als beleidigtes Subjekt hier jedoch nicht in Frage, weil die Bezeichnung als „typisch deutscher Jurist" über die beiden zuvor geäußerten Sätze hinaus keine eigenständige Bedeutung hat.

Die in Frage stehende Äußerung enthält jedoch implizit die Behauptung, alle deut- **27** schen Juristen wiesen einen „miesen Charakter" auf und seien einer Nachschulung dringend bedürftige „Rechtsverdreher". Die Äußerung richtet sich also (auch) gegen den deutschen Juristenstand im Ganzen.

bb) Beleidigungsfähigkeit

Damit ergibt sich die weitere Frage, ob eine Personenmehrheit, wie die deutschen **28** Juristen, überhaupt beleidigungsfähig ist.

(1) Beleidigungsfähigkeit als Personenmehrheit

In Rechtsprechung und Lehre ist weitgehend anerkannt, dass Personenmehrheiten **29** als solche nur dann beleidigungsfähig sind, wenn sie eine anerkannte soziale Funktion erfüllen, einen einheitlichen Willen bilden können und nicht vom Wechsel ihrer Mit- glieder abhängig sind.[16] Zwar dürfte der deutsche Juristenstand die erste Vorausset- zung noch erfüllen, doch mangelt es offenkundig an der Möglichkeit einer einheitli- chen Willensbildung. Als Personengemeinschaft sind die deutschen Juristen somit nicht beleidigungsfähig.[17]

(2) Beleidigung unter einer Kollektivbezeichnung

Man könnte jedoch auch alle deutschen Juristen als Einzelpersonen beleidigt sehen. **30** Eine derartige Beleidigung unter einer Kollektivbezeichnung ist unter drei Vorausset- zungen möglich:

---

[16] BGHSt 6, 186; 36, 83, 88; *OLG Frankfurt a. M.* NJW 1989, 1367.
[17] Das *LG Ravensburg* JW 1937, 181, hat immerhin „die deutschen Anwälte" für beleidigungsfähig gehalten.

(a) Abgrenzbarkeit

31   Zum einen muss sich die fragliche Personengruppe so deutlich von der Allgemeinheit abheben, dass der Kreis der Betroffenen klar umgrenzt ist.[18] Bei den deutschen Juristen ließe sich hier auf die Befähigung zum Richteramt oder zumindest auf das Bestehen des Ersten Juristischen Staatsexamens abstellen. Das Kriterium der Abgrenzbarkeit ist gegeben.

(b) Zahlenmäßige Überschaubarkeit

32   Hinzukommen muss, dass der bezeichnete Personenkreis zahlenmäßig noch überschaubar ist.[19] Es ist fraglich, wann dieses Kriterium genau erfüllt ist. Im Hinblick auf die Entscheidung des BGH im „Soldatenurteil"[20], in dem eine Beleidigung aller aktiven Soldaten der Bundeswehr für möglich gehalten wurde, könnte auch im vorliegenden Fall eine Beleidigungsfähigkeit des deutschen Juristenstandes angenommen werden. Dagegen spricht aber, dass die Beleidigung ihren Charakter als gezielte Ehrverletzung einbüßt, wenn man sie auch dann noch bejaht, wenn sich die herabsetzende Äußerung in der Masse verliert. Die Beleidigung eines Einzelnen und die Herabwürdigung eines fast unübersehbaren Personenkreises sind nicht gleichzusetzen. Die Figur der Kollektivbeleidigung muss deshalb restriktiv gehandhabt werden.[21] Schon dies spricht dagegen, die deutschen Juristen als solche für beleidigungsfähig zu erklären.

(c) Erstrecken auf die fragliche Personengruppe

33   Um eine Beleidigung jedes einzelnen Mitgliedes eines Kollektivs annehmen zu können, muss sich die beleidigende Äußerung zudem ihrem Sinn nach auf alle Mitglieder der fraglichen Personengruppe erstrecken.[22] Daran fehlt es hier: Die Charakterisierung als „typisch deutscher Jurist" trifft im vorliegenden Fall in erster Linie den R. Die Zuordnung des beleidigenden Inhalts zu den deutschen Juristen insgesamt ergibt sich erst aus einer differenzierenden Interpretation des Schreibens und ist keineswegs unmittelbar evident. Damit fehlt der Äußerung die erforderliche Intensität, um als Beleidigung aller deutschen Juristen gewertet werden zu können.

b) Zwischenergebnis

34   Eine Beleidigung, § 185 StGB, der deutschen Juristen als solche scheidet aus.

5. Bedrohung, § 241 Abs. 1 StGB, durch die Ankündigung, Rs Verhalten werde „Folgen haben"

35   In der Ankündigung, das Verhalten des R werde „Folgen haben", könnte schließlich eine Bedrohung, § 241 Abs. 1 StGB, zu sehen sein. Dann müsste A dem R mit der Be-

---

[18] Schönke/Schröder/*Lenckner*, Vorbem. § 185 Rn. 7 a m. umfassenden N.

[19] *BayObLG* NJW 1990, 1742; *OLG Frankfurt a. M.* NJW 1989, 1367. Vgl. auch Schönke/Schröder/*Lenckner*, Vorbem. § 185 Rn. 7 b.

[20] BGHSt 36, 83, m. Anm. *Arzt*, JZ 1989, 647 und *Dau*, NStZ 1989, 361; *Maiwald*, JR 1989, 485; vgl. ferner *BayObLG* NJW 1991, 1493 (Beleidigung aller aktiven Soldaten der Bundeswehr). Das *Bundesverfassungsgericht* hat in seinen „Soldatenurteilen" (NJW 1994, 2943; 1995, 3303) die Meinungsfreiheit pauschal über den Ehrenschutz gestellt. Dazu mit Recht krit. *Stark*, JuS 1995, 689; *Kriele*, NJW 1994, 1897.

[21] So auch Schönke/Schröder/*Lenckner*, Vorbem. § 185 Rn. 7 b mit überzeugender Kritik an der Rechtsprechung.

[22] Schönke/Schröder/*Lenckner*, Vorbem. § 185 Rn. 7 c.

gehung eines gegen ihn oder eine R nahe stehende Person gerichteten Verbrechens gedroht haben. „Bedrohen" meint das Inaussichtstellen eines künftigen Übels in der Weise, dass der Täter vorgibt, über den Eintritt des Übels bestimmen zu können.[23] Das Übel muss dabei den Charakter eines Verbrechens i.S.v. § 12 Abs. 1 StGB aufweisen. Jedenfalls an letzterem fehlt es hier: A hat dem R lediglich „Folgen" in Aussicht gestellt, ohne anzugeben, worin diese Folgen im Einzelnen bestehen werden. Dies ist für eine Bedrohung zu unbestimmt. § 241 StGB scheidet aus, da nicht mit einem Verbrechen gedroht wird.

6. Konkurrenzen und Ergebnis für A

A hat in zwei Äußerungen den R beleidigt, § 185 StGB. Die Beleidigungen stehen **36** zwar in einem Brief, doch fehlt es an einer Handlung im natürlichen Sinn, die alle Äußerungen[24] i.S. einer Handlungseinheit verbinden könnte. Allerdings erfolgten die Beleidigungen in rascher Folge, beruhten auf einem einheitlichen Tatentschluss und betrafen dasselbe Rechtsgut. Insofern kann also das Vorliegen einer natürlichen Handlungseinheit bejaht werden, so dass zwischen den einzelnen Beleidigungen Tateinheit nach § 52 StGB besteht.[25]

II. Strafbarkeit der B

1. Verleumdung des R, § 187 StGB

B könnte sich durch das Herumerzählen der angeblichen Vorgänge der Verleum- **37** dung des R, § 187 StGB, schuldig gemacht haben.

a) Tatbestand des § 187 Var. 1 StGB

Voraussetzung ist das Behaupten oder Verbreiten unwahrer ehrenrühriger Tatsachen **38** in Beziehung auf einen anderen. Die Äußerung, R habe mit ihr ein Verhältnis anfangen wollen und sie dann vor Gericht „fertig gemacht", weil sie ihn zurückgewiesen habe, ist eine unwahre Tatsachenbehauptung. Sie ist geeignet, den Ruf des R schwer zu schädigen und ihn verächtlich zu machen. Da die B positives Wissen von der Unwahrheit ihrer Behauptungen hatte, handelte sie wider besseres Wissen. Der Tatbestand des § 187 Var. 1 StGB liegt deshalb vor.

b) Öffentlich begangene Verleumdung, § 187 Var. 2 StGB

Es könnte sich um eine öffentlich begangene Verleumdung handeln, § 187 Var. 2 **39** StGB. B hat ihre Geschichte überall herumerzählt. Ob dies allerdings ausreicht, um die Verleumdung als „öffentlich" zu qualifizieren, ist fraglich. Ein Vergleich mit den in § 187 Var. 2 StGB ebenfalls genannten Fällen des Verbreitens der Verleumdung durch Schriften und des Äußerns im Rahmen einer Versammlung zeigt, dass es auf zwei Gesichtspunkte ankommt: Entweder ist die Zahl der Adressaten gänzlich unbestimmt oder aber zwar bestimmt, aber in ihrer Zusammensetzung nicht voraussehbar. Eine Äußerung ist also öffentlich, wenn sie für einen nach Zahl und Individualität unbestimmten Kreis oder für einen nicht durch persönliche Beziehungen innerlich verbun-

---

[23] *Haft*, BT II, M VII 2 b bb; *Rengier*, BT II, § 23 Rn. 39 ff.; kritisch MünchKomm/*Gropp/Sinn*, § 240 Rn. 70 ff.

[24] Vertretbar erscheint es aber auch, auf das Einwerfen des Briefes abzustellen und so eine Handlung im natürlichen Sinn zu bejahen.

[25] *Kühl*, AT, § 21 Rn. 18 ff.

denen größeren bestimmten Kreis von Personen unmittelbar wahrnehmbar ist.[26] Die Angaben im Sachverhalt dürften so zu verstehen sein, dass B bei jeder sich bietenden Gelegenheit ihre verleumderischen Äußerungen wiederholte. Die Zahl der Adressaten ist also unbestimmt. Problematisch ist allerdings, dass dieser Personenkreis nicht auf einmal, sondern nach und nach erreicht wurde. Es handelt sich also um ein wiederholtes nicht-öffentliches Begehen. Mit der h. M. sind deshalb Fälle wie der vorliegende nicht als qualifizierte Verleumdung zu betrachten.[27]

c) Rechtswidrigkeit und Schuld

40 B handelte rechtswidrig und schuldhaft.

d) Zwischenergebnis

41 Sie hat sich deshalb (nur) gemäß § 187 Var. 1 StGB strafbar gemacht.

2. Verleumdung von Rs Ehefrau, § 187 StGB

42 Zu prüfen ist weiter, ob in der Behauptung, R sei seiner Frau überdrüssig, auch eine Verleumdung, § 187 StGB, von Rs Ehefrau erblickt werden kann. Es handelt sich dabei um eine unwahre Tatsachenaussage. Fraglich ist, ob sie die Ehefrau des R verächtlich zu machen oder in der öffentlichen Meinung herabzuwürdigen geeignet ist. Sowohl das Verächtlichmachen als auch das Herabwürdigen erfasst alle Bestandteile des Ehrbegriffs, so dass eine exakte Abgrenzung zwischen beiden Begehungsweisen nicht erforderlich ist.[28] Zu prüfen ist aber, ob durch die Äußerungen der B die Ehre von Rs Ehefrau in einem ihrer Aspekte getroffen werden konnte. Dies dürfte zu verneinen sein, da B sich über die Gründe von Rs angeblichem Überdruss nicht geäußert hat. Die Äußerung der B bleibt damit unterhalb der Schwelle einer Ehrverletzung.[29] § 187 StGB scheidet insoweit aus.

3. Ergebnis für B

43 B hat sich gemäß § 187 Var. 1 StGB strafbar gemacht.

III. Strafbarkeit des R

1. Körperverletzung, § 223 Abs. 1 StGB

44 R könnte sich einer Körperverletzung, § 223 Abs. 1 Var. 1 StGB, schuldig gemacht haben, als er B ohrfeigte.

a) Tatbestand

45 Der Tatbestand könnte in Form einer körperlichen Misshandlung (Var. 1) vorliegen. In der Ohrfeige liegt eine üble und unangemessene Behandlung, durch die das körperliche Wohlbefinden des B mehr als nur unerheblich beeinträchtigt wurde.[30] Eine körperliche Misshandlung i. S. v. § 223 Abs. 1 Var. 1 StGB ist deshalb tatbestandlich gegeben. Für eine Gesundheitsschädigung bestehen demgegenüber keine Anhaltspunkte.

---

[26] LK/*Hilgendorf*, § 186 Rn. 13; Schönke/Schröder/*Lenckner*, § 186 Rn. 19.
[27] Schönke/Schröder/*Lenckner*, § 186 Rn. 19.
[28] *Fischer*, § 186 Rn. 4.
[29] Vgl. in diesem Zusammenhang auch die Entwicklung der Rechtsprechung zur Sexualbeleidigung, insbesondere BGHSt 36, 145, und zusammenfassend *Sick*, JZ 1991, 330.
[30] Vgl. *Haft*, BT II, 2 I 2 b bb.

b) Rechtswidrigkeit

aa) Notwehr, § 32 StGB

Die Ohrfeige könnte aufgrund eines Rechtfertigungsgrundes rechtmäßig gewesen **46** sein. In Betracht kommt Notwehr, § 32 StGB.

(1) Notwehrlage

Notwehr setzt zunächst einen gegenwärtigen rechtswidrigen Angriff voraus, § 32 **47** Abs. 2 StGB (Notwehrlage). Vorliegend kommt ein rechtswidriger Angriff auf die Ehre des R in Betracht. Fraglich ist, ob dieser Angriff zum Zeitpunkt der Tat gegenwärtig war. Gegenwärtig ist ein Angriff, der unmittelbar bevorsteht, gerade stattfindet oder noch andauert.[31] Bei einer problemorientierten Auslegung des Sachverhalts kann davon ausgegangen werden, dass B ihre Geschichte noch nicht beendet hatte, als R ihr die Ohrfeige gab. Bs Angriff auf die Ehre des R war somit noch gegenwärtig. Eine Notwehrlage war also gegeben.

(2) Notwehrhandlung

Weiter ist zu prüfen, ob auch Rs Notwehrhandlung den Anforderungen des § 32 **48** StGB standhält. Die Notwehrhandlung müsste erforderlich und angemessen ("geboten") sein. Geht man davon aus, dass die B daraufhin ihre Geschichte nicht weiter herumerzählte, war die Ohrfeige wohl geeignet, den Angriff auf die Ehre des R abzuwehren. Sehr zweifelhaft ist aber, ob die körperliche Misshandlung der B erforderlich war, um den Angriff auf die Ehre des R abzuwehren. Es ist nicht unwahrscheinlich, dass eine entsprechend scharfe verbale Reaktion des R ausgereicht hätte, um die B zum Schweigen zu bringen. Die Ohrfeige war deshalb nicht erforderlich i.S.d. § 32 Abs. 2 StGB.[32]

bb) Zwischenergebnis

Eine Berufung auf Notwehr, § 32 StGB, scheidet somit aus. Weitere Rechtferti- **49** gungsgründe sind nicht ersichtlich.

c) Schuld

Bei der Schuldprüfung ist an einen Notwehrexzess gemäß § 33 StGB zu denken, der **50** nach h.M. entschuldigend wirkt.[33] § 33 StGB greift jedoch nur ein, wenn der Täter die Grenzen der Notwehr aus Verwirrung, Furcht oder Schrecken, also aus sog. asthenischen Affekten,[34] überschreitet. Dies war hier nicht der Fall, R handelte primär aus Verärgerung (sthenischer Affekt). Auch § 33 StGB scheidet deshalb aus.

d) Zwischenergebnis

R hat sich somit einer einfachen Körperverletzung i.S.d. § 223 Abs. 1 Var. 1 StGB **51** schuldig gemacht.

---

[31] *Haft*, AT, D III 4 d dd; *Lackner/Kühl*, § 32 Rn. 4.
[32] Ein anderes Ergebnis ist hier gut vertretbar.
[33] *Lackner/Kühl*, § 33 Rn. 1.
[34] Schönke/Schröder/*Lenckner/Perron*, § 33 Rn. 3. Zusammenfassend zum Notwehrexzess *Müller-Christmann*, JuS 1989, 717 m.w.N.

2. Tätliche Beleidigung zum Nachteil der B, § 185 Var. 2 StGB

52 R könnte sich durch die Ohrfeige wegen (tätlicher) Beleidigung nach § 185 Var. 2 StGB strafbar gemacht haben. Die Ohrfeige, eine Tätlichkeit i.S.d. § 185 Var. 2 StGB, ist im vorliegenden Fall als Kundgabe von Nicht- und Missachtung der B anzusehen.[35]

53 Fraglich ist das Vorliegen einer Ehrverletzung. Man könnte argumentieren, B habe durch ihr vorangegangenes Verhalten ihre Ehre zumindest teilweise verwirkt. Eine genauere Prüfung der faktischen und normativen Komponenten des Ehrbegriffs zeigt jedoch, dass weder das Ehrgefühl noch der personenrechtliche Achtungsanspruch der B durch ihr vorangegangenes Verhalten eingeschränkt sein dürften. Allenfalls kommt eine Beschränkung des guten Rufs in Betracht, was jedoch wegen der beiden anderen Komponenten des Ehrbegriffs nicht ausreicht, um hier eine Ehrverletzung der B durch die Ohrfeige zu verneinen.

54 Da R vorsätzlich, rechtswidrig und schuldhaft handelte, liegt die Beleidigung in Form der Qualifikation des § 185 Var. 2 StGB also vor.

3. Ergebnis

55 Körperverletzung und Beleidigung wurden durch ein und dieselbe Handlung begangen (Handlung im natürlichen Sinn[36]), so dass im Ergebnis für R eine Strafbarkeit nach §§ 223 Abs. 1 Var. 1; 185 Var. 2; 52 StGB vorliegt.

IV. Gesamtergebnis

56 A ist strafbar gemäß §§ 185 Var. 1 (in zwei Fällen), 52 StGB. B ist strafbar gemäß § 187 Var. 1 StGB. R ist strafbar gemäß §§ 223 Abs. 1 Var. 1; 185 Var. 2; 52 StGB. Zu denken ist an das Strafantragserfordernis nach §§ 194 Abs. 1, 230 Abs. 1 StGB.

Fallbeurteilung

Dieser mittelschwere Fall behandelt die Grundkonstellationen der Beleidigungsdelikte. Die Systematik der §§ 185 ff. StGB muss beherrscht werden, da eine entsprechende Problematik sehr leicht in einen Fall eingebaut werden kann, wodurch vielfältige Konstellationen, besonders aus dem Allgemeinen Teil, abgeprüft werden können.

Besonders zu achten ist auf die Unterteilung der Tatkomplexe bzw. der Prüfungsreihenfolge, da hier der Brief des A gleich mehrere strafrechtlich zu begutachtende Äußerungen enthält. Grundsätzlich ist jede für sich isoliert zu betrachten, wobei der Kontext zur Bewertung herangezogen werden kann. Die Äußerungen könnten zwar auch alle im Rahmen einer einzigen Deliktsprüfung untersucht werden. Um die nötige Trennschärfe und Übersichtlichkeit zu bewahren, bietet sich aber oft eine völlig getrennte Prüfung an. Jedenfalls müssen Elemente wie Vorsatz, Rechtswidrigkeit und Schuld für jede Äußerung separat vorliegen.

Die Definitionen der Tatsachenaussage, des Ehrbegriffs und der Kundgabe, sowie die Voraussetzungen einer Rechtfertigung nach § 193 StGB und der Beleidigung unter einer Kollektivbezeichnung müssen beherrscht werden. Stets zu bedenken ist, dass auch ein Angriff auf das Rechtsgut „Ehre" eine Notwehrlage darstellen kann.

---

[35] Schönke/Schröder/*Lenckner/Perron*, § 185 Rn. 18. Man beachte, dass nicht jede Ohrfeige beleidigenden Charakter haben muss.
[36] *Haft*, AT, L IV 2 b.

Weiterführende Hinweise: *BVerfG* NJW 1994, 2943–2944; 1995, 3303–3310 („Soldatenurteile"); 2000, 3196–3198 (Wahrnehmung berechtigter Interessen im Strafverfahren); *Eppner/Hahn,* Allgemeine Fragen der Beleidigungsdelikte, JA 2006, 702–706; *Eppner/Hahn,* Die Tatbestände der Beleidigungsdelikte, JA 2006, 860–864; *Fahl,* Üble Nachrede durch Beweisantragstellung, JA 2003, 452–454 (Besprechung von *LG Düsseldorf* StV 2002, 660); *Geppert,* Zur passiven Beleidigungsfähigkeit von Personengemeinschaften und von Einzelpersonen unter einer Kollektivbezeichnung, Jura 2005, 244–247; *Kriele,* Ehrenschutz und Meinungsfreiheit, NJW 1994, 1897–1905; *Stark,* Die Rechtsprechung des BVerfG zum Spannungsverhältnis von Meinungsfreiheit und Ehrenschutz (zu BVerfG, NJW 1994, 2943), JuS 1995, 689–692.

Fall 9. Trunkenheitsfahrt

Sachverhalt

A, ein Schweizer Staatsbürger, fährt mit einem Lieferwagen von seinem Wohnort in Kreuzlingen (Schweiz) nach Konstanz. Noch vor der Einreise trinkt er eine erhebliche Menge Alkohol. Auf der deutschen Seite der Grenze übersieht A ein am rechten Fahrbahnrand geparktes Kraftfahrzeug und rammt es mit hoher Geschwindigkeit. Beide Insassen kommen dabei ums Leben. Infolge seines Rausches ist A allerdings gar nicht bewusst, was er getan hat.

Als der uniformierte Grenzposten G vor das mittlerweile zum Stehen gekommene Fahrzeug des A springt und ihn mit gezückter Waffe zum Aussteigen auffordert, glaubt A an einen Überfall. Um dem vermeintlichen Räuber zu entkommen, gibt er Gas und rast gezielt auf den Beamten zu. Er erkennt, dass er den G dabei verletzen könnte, dies ist ihm jedoch gleichgültig. G kann gerade noch zur Seite springen. Eine nach der Tat bei A entnommene Blutprobe ergibt eine Blutalkoholkonzentration (BAK) von 3,5 ‰.

Wie hat sich A nach dem StGB strafbar gemacht?

Gliederung

Lösung

I. Erster Handlungsabschnitt: Das Rammen des geparkten Kfz

1. Fahrlässige Tötung, § 222 StGB

A könnte sich durch das Rammen des Fahrzeugs wegen fahrlässiger Tötung nach **1** § 222 StGB strafbar gemacht haben, da die beiden Insassen des Fahrzeugs ums Leben gekommen sind.

a) Anwendbarkeit des deutschen Strafrechts

Fraglich ist zunächst, ob sich auf diesen Sachverhalt deutsches Strafrecht anwenden **2** lässt. Nach § 3 StGB gilt das deutsche Strafrecht nur für Inlandstaten. Was als Inlandstat anzusehen ist, ergibt sich aus § 9 StGB. Im vorliegenden Fall einschlägig ist § 9 Abs. 1 Var. 3 StGB, wonach als Tatort auch der Ort anzusehen ist, an dem der tatbestandsmäßige Erfolg eingetreten ist. Da A den geparkten Pkw auf der deutschen Seite

der Grenze gerammt hat und somit der tatbestandsmäßige Erfolg auf deutschem Terri-
torium eintrat, ist deutsches Strafrecht anwendbar.

b) Tatbestandsmäßigkeit

3   Der Tod der beiden Menschen müsste durch ein sorgfaltswidriges Verhalten des A
herbeigeführt worden sein. Zweierlei Anknüpfungspunkte kommen hier in Betracht:
Zum einen das fehlerhafte Steuern unmittelbar vor dem Unfall, zum anderen der
Genuss des Alkohols trotz erkennbarer Gefahr einer anschließenden Trunkenheitsfahrt. Jede dieser Verhaltensweisen war für den Eintritt des tatbestandsmäßigen Erfolgs kausal nach der sog. Äquivalenztheorie. Das Verhalten des A war somit sorgfaltswidrig.

4   Der Tod der Fahrzeuginsassen war auch bei beiden Varianten des sorgfaltswidrigen
Verhaltens objektiv vorhersehbar. Da der Geschehensablauf nicht außerhalb jeglicher
Lebenserfahrung liegt, ist auch kein Fall einer atypischen Kausalität gegeben. Der Tat-
bestand der fahrlässigen Tötung ist erfüllt.

c) Rechtswidrigkeit

5   Die Tat war rechtswidrig.

d) Schuld

6   Wegen der erheblichen Alkoholisierung des A – unmittelbar nach der Tat wird bei
ihm eine BAK von 3,5 Promille gemessen – befand sich A jedoch zu dem Zeitpunkt,
als er das Fahrzeug rammte, im Zustand der Schuldunfähigkeit.[1] Mit dem Verhalten
des A unmittelbar vor dem Unfall lässt sich deshalb eine Strafe nicht begründen. Unter
Rn. 3 war jedoch dargelegt worden, dass schon der Genuss des Alkohols auf der
Schweizer Seite der Grenze als (für den Unfall kausales) objektiv sorgfaltswidriges
Verhalten angesehen werden kann. Aus diesem Grunde kann, wenn mehrere Handlungen als sorgfaltswidrige in Betracht kommen (wie hier das Sich-Betrinken trotz
erkennbarer Gefahr einer anschließenden Trunkenheitsfahrt einerseits und die Fahrt
selbst andererseits), der Fahrlässigkeitsvorwurf an das zeitlich frühere Verhalten ange-
knüpft werden. Da A im Zeitpunkt des Alkoholkonsums noch uneingeschränkt
schuldfähig war, kann ihm dies auch als schuldhaft vorgeworfen werden.[2] Im Hinblick
darauf lässt sich also ein voll tatbestandsmäßiges, rechtswidriges und schuldhaftes
Handeln bejahen. Ein Rekurs auf die Figur der actio libera in causa (alic) ist hier nicht
erforderlich.[3]

e) Ergebnis

7   A hat sich damit nach § 222 StGB strafbar gemacht.

2. Gefährdung des Straßenverkehrs, § 315 c Abs. 1 Nr. 1 a, Abs. 3 StGB

8   A könnte sich jedoch wegen Gefährdung des Straßenverkehrs nach § 315 c Abs. 1
Nr. 1 a, Abs. 3 StGB strafbar gemacht haben.

---

[1] Eine alkoholbedingte Schuldunfähigkeit lässt sich jedenfalls nicht mit der erforderlichen Sicherheit
ausschließen, was für die Anwendbarkeit von § 20 StGB genügt.
[2] Ausdrücklich BGHSt 42, 235, 236; vgl. *Horn*, GA 1969, 289.
[3] So auch *Neumann*, StV 1997, 23; vgl. schon *Otto*, Jura 1986, 426, 433.

a) Tatbestand

aa) Objektiver Tatbestand

A müsste ein Fahrzeug geführt haben, obwohl er infolge des Genusses alkoholischer **9** Getränke nicht in der Lage war, das Fahrzeug sicher zu führen, d.h. er müsste fahruntauglich gewesen sein. Die Rechtsprechung unterscheidet zwischen der relativen und der absoluten Fahruntauglichkeit. Letztere ist gegeben bei einer BAK von über 1,1 Promille. Der konkrete Nachweis der Fahruntauglichkeit muss dann anders als bei der relativen Fahruntauglichkeit nicht mehr geführt werden. Bei A wurde unmittelbar nach der Tat eine BAK von 3,5 Promille festgestellt. Er war absolut fahruntauglich.

Dadurch müsste A weiterhin Leib oder Leben einer Person oder fremde Sachen von **10** bedeutendem Wert konkret gefährdet haben. Die Insassen des geparkten PKW sind sogar verstorben, eine konkrete Gefährdung lag daher vor. Weiterhin wurde mit dem gerammten PKW eine fremde Sache von bedeutendem Wert gefährdet, da davon ausgegangen werden kann, dass der PKW einen Wert von über 1.300 Euro hat.[4]

bb) Subjektiver Tatbestand

A müsste vorsätzlich gehandelt haben. Bei einer derartig hohen BAK ist davon aus- **11** zugehen, dass A seine Fahruntauglichkeit erkannt hat und das Fahrzeug vorsätzlich im Zustand der absoluten Fahruntauglichkeit führte. Bezüglich der Verursachung der konkreten Gefahr wäre (bedingter) Vorsatz jedoch nur dann zu bejahen, wenn A diese zumindest billigend in Kauf genommen hätte. Dies kann ihm mangels näherer Anhaltspunkte nicht unterstellt werden. Ihm ist jedoch hinsichtlich der konkreten Gefährdung der Fahrzeuginsassen Fahrlässigkeit vorzuwerfen, welche nach § 315c Abs. 3 Nr. 1 StGB genügt. Er handelte sorgfaltswidrig, die Gefährdung war auch objektiv vorhersehbar.

b) Rechtswidrigkeit

Die Tat war rechtswidrig.   **12**

c) Schuld

Sehr fraglich ist aber, ob eine Schuld des A bejaht werden kann. Als er die Tathand- **13** lung ausführte, hatte er eine BAK von 3,5 Promille. Er war daher schuldunfähig.

Eine Vorverlagerung des Schuldvorwurfs könnte hier allenfalls mittels der Figur der **14** actio libera in causa erreichbar sein. Die actio libera in causa dient dazu, Strafbarkeitslücken zu schließen, die entstehen, wenn sich jemand vorsätzlich in einen Zustand der Schuldunfähigkeit versetzt und dann in voraussehbarer Weise Straftaten begeht. Die Vorsatzform der actio libera in causa wird ergänzt durch eine Fahrlässigkeitsform, die die Fälle der fahrlässigen Berauschung und der im Zustand der Schuldunfähigkeit begangenen fahrlässigen Straftaten erfasst.[5] Im vorliegenden Fall kommt allein eine fahrlässige actio libera in causa in Betracht: A hat sich zwar vorsätzlich betrunken, in diesem Zustand aber bloß eine Fahrlässigkeitstat begangen (§ 315c Abs. 1, Abs. 3 Nr. 1 StGB).

Die Zulässigkeit einer Vorverlagerung des Schuldvorwurfs ist allerdings zu Recht **15** umstritten. Nach § 20 StGB muss die Schuld „bei Begehung der Tat" vorliegen (Koinzidenzprinzip); von einer Vorverlagerung des Schuldvorwurfs ist hier nicht die

---

[4] Vgl. *Fischer*, § 315 Rn. 16a.
[5] Näher zu den verschiedenen Formen der actio libera in causa *Wessels/Beulke*, AT, Rn. 420f.

Rede. Die sog. Tatbestandslösung, die das einschlägige Vorverhalten (hier: das Trinken des Alkohols) zum Tatbestand des jeweiligen Delikts rechnen möchte, ist allenfalls bei reinen Erfolgsdelikten, die lediglich eine (wie auch immer geartete) Verursachung des tatbestandsmäßigen Erfolgs voraussetzen, gangbar. Sie versagt, wenn es sich um tätigkeits- oder, wie hier, um verhaltensgebundene Delikte handelt, um Delikte also, die über eine Erfolgsverursachung hinaus noch eine bestimmte Qualität des erfolgsverursachenden Verhaltens verlangen.[6] Es ist sprachlich nicht möglich, das Sich-Betrinken des A bereits als das Führen eines Fahrzeugs im Straßenverkehr zu qualifizieren und es so als tatbestandsmäßig i.S.v. § 315c Abs. 1, 3 StGB zu interpretieren.

16   Die anderen Versuche, die actio libera in causa dogmatisch zu fundieren, sind ebenfalls erheblichen Zweifeln ausgesetzt: Der Versuch, sie als Sonderfall der mittelbaren Täterschaft zu interpretieren (der Rauschtäter als sein eigenes Werkzeug)[7] ist mit dem Wortlaut von § 20 StGB ebenso wenig zu vereinbaren wie die Tatbestandslösung. Die Ausdehnung des Begriffs „Begehung der Tat" auf den Zeitpunkt der schuldhaften Setzung einer Erfolgsursache[8] widerspricht der unbestrittenen Auslegung dieses Terminus in den §§ 16 und 17 StGB. Auch mit § 8 StGB ist sie kaum in Einklang zu bringen. Tragfähig erscheint allenfalls der Vorschlag, für die Fälle der vorsätzlichen dolosen Defektherbeiführung eine Ausnahme vom Koinzidenzprinzip zu machen;[9] eine derartige Ausnahme müsste aber vom Gesetzgeber festgesetzt werden, was bislang nicht geschehen ist. Im Ergebnis bedeutet dies, dass die Anwendung der alic jedenfalls außerhalb der reinen Erfolgsdelikte gegen das Gesetz verstößt. Deshalb ist sie im vorliegenden Fall nicht anwendbar.[10]

d) Ergebnis

17   Mangels Schuld scheidet somit eine Strafbarkeit As nach § 315c Abs. 1 Nr. 1a, Abs. 3 Nr. 1 StGB aus.

3. Vollrausch, § 323a StGB

18   A könnte sich jedoch wegen Vollrauschs gemäß § 323a StGB strafbar gemacht haben.

a) Anwendbarkeit des deutschen Strafrechts

19   Fraglich ist wieder die Anwendbarkeit des deutschen Strafrechts, §§ 3, 9 StGB. Auf die Tathandlung – das „Sich-Berauschen" i.S.v. § 323a StGB – lässt sich nicht abstellen, da wegen § 9 Abs. 1 Var. 1 StGB der Tatort nicht in Deutschland liegen würde. Die Anwendbarkeit des deutschen Strafrechts hängt also davon ab, ob § 9 Abs. 1 Var. 3 StGB auch den Erfolgsort der Rauschtat erfasst. Dann müsste es sich dabei um einen „tatbestandsmäßigen Erfolg" i.S.v. § 9 Abs. 1 Var. 3 StGB handeln. Streng genommen ist dies zu verneinen, da die Rauschtat als bloße Bedingung der Strafbarkeit nicht vom Vorsatz umfasst sein muss.

---

[6] *Neumann*, StV 1997, 23, 24.
[7] So etwa RGSt 22, 413, 415.
[8] *Roxin*, AT I, § 20 Rn. 67.
[9] *Jescheck/Weigend*, AT, S. 445; *Otto*, Jura 1986, 426, 430.
[10] BGHSt 42, 235, 238ff., wo allerdings in wenig klärender Weise die Nichtanwendbarkeit der alic nur für die Straßenverkehrsdelikte festgestellt wird; vgl. auch *BGH* NStZ 1997, 230.

Es ist allerdings zweifelhaft, ob die dogmatische Unterscheidung von tatbestands- 20
mäßigen Erfolgen und bloßen Bedingungen der Strafbarkeit[11] dem Sinn und Zweck
von § 9 Abs. 1 Var. 3 StGB gerecht wird. Diese Norm soll deutsches Strafrecht zur
Anwendung bringen, sofern ein Taterfolg, der ein vom jeweiligen Straftatbestand geschütztes Rechtsgut verletzt, auf deutschem Boden eintritt. Ein solcher Erfolg ist hier
in der konkreten, bereits in eine Rechtsgutvernichtung umgeschlagenen Gefährdung
der beiden Pkw-Insassen zu sehen. Deshalb kann im vorliegenden Fall auch der Erfolgsort der Rauschtat über § 9 Abs. 1 Var. 3 StGB tatortbegründend wirken.[12]

b) Tatbestand

A hat sich in einen Rausch versetzt. Dies geschah zumindest bedingt vorsätzlich. 21

c) Objektive Bedingung der Strafbarkeit

A hat eine rechtswidrige Tat nach § 315c Abs. 1 Nr. 1a, Abs. 3 StGB begangen. Er 22
konnte jedoch nicht bestraft werden, weil er infolge des alkoholbedingten Rausches
schuldunfähig war, s.o. Die Rauschtat als objektive Bedingung der Strafbarkeit liegt
vor.

Hinweis: Ob dem A hinsichtlich der Rauschtat Fahrlässigkeit oder gar Vorsatz (zum Zeitpunkt der 23
Berauschung) vorzuwerfen ist, kann hier offen bleiben, da die Begehung der Rauschtat nach dem insoweit eindeutigen Wortlaut von § 323a StGB als objektive Bedingung der Strafbarkeit ausgestaltet
ist.[13]

d) Rechtswidrigkeit und Schuld

Rechtswidrigkeit und Schuld sind gegeben, so dass sich A nach § 323a StGB strafbar 24
gemacht hat.

4. Ergebnis und Konkurrenzen

A ist strafbar wegen fahrlässiger Tötung in zwei Fällen in Tatmehrheit[14] mit Voll- 25
rausch gemäß §§ 222 (in zwei Fällen), 323a i.V.m. §§ 315c Abs. 1, Abs. 3 Nr. 1, 53
StGB.

II. Zweiter Handlungsabschnitt: Der vermeintliche Überfall

1. Versuchter Totschlag, §§ 212 Abs. 1, 22, 23 Abs. 1 StGB

Eine Strafbarkeit wegen versuchten Totschlags nach §§ 212 Abs. 1, 22, 23 Abs. 1 26
StGB scheidet aus, da nicht anzunehmen ist, dass A beim Zufahren auf den Grenzschutzbeamten mit Tötungsvorsatz handelte.

Hinweis: Eine ausführlichere Prüfung wäre an dieser Stelle verfehlt, da A offensichtlich nicht mit 27
Tötungsvorsatz handelt.

---

[11] Eingehend zum Hintergrund dieser Unterscheidung Schönke/Schröder/*Lenckner/Eisele*, Vorbem. § 13 Rn. 124 ff.
[12] BGHSt, 42, 235, 242; vgl. auch *Hilgendorf*, NJW 1997, 1873, 1874.
[13] Zu den dagegen geäußerten Bedenken aus dem Schuldprinzip vgl. *Arthur Kaufmann*, JZ 1963,
425, 431; *Fahl*, JuS 2005, 1076, 1078; NK/*Paeffgen*, § 323a Rn. 7 m.w.N.
[14] *Lackner/Kühl*, § 323a Rn. 18.

2. Versuchte gefährliche Körperverletzung, §§ 223 Abs. 1, 224 Abs. 1, Abs. 2, 22, 23 Abs. 1 StGB

28   A könnte sich aber wegen versuchter gefährlicher Körperverletzung nach §§ 223 Abs. 1, 224 Abs. 1 Nr. 2, 5, Abs. 2, 22, 23 Abs. 1 StGB strafbar gemacht haben.

a) Vorprüfung

29   Die Tat ist nicht vollendet, da G nicht verletzt wurde. Der Versuch der gefährlichen Körperverletzung ist gemäß §§ 224 Abs. 2, 23 Abs. 1 Var. 2, 12 Abs. 2 StGB strafbar.

b) Tatentschluss

30   A müsste den Tatentschluss gehabt haben, den Grenzposten körperlich zu misshandeln oder an der Gesundheit zu beschädigen. Das Anfahren mit dem PKW hätte jedenfalls eine üble und unangemessene Behandlung dargestellt, außerdem wäre damit das Hervorrufen eines pathologischen Zustands verbunden gewesen. A wusste dies und es war ihm gleichgültig. Damit nahm er die körperliche Misshandlung und Gesundheitsbeschädigung zumindest billigend in Kauf, handelte also mit bedingtem Vorsatz und hatte daher Tatenschluss.

31   Ein gefährliches Werkzeug nach § 224 Abs. 1 Nr. 2 Var. 2 StGB ist jeder Gegenstand, der nach seiner objektiven Beschaffenheit und der Art seiner konkreten Verwendung dazu geeignet ist, erhebliche Verletzungen hervorzurufen.[15] A setzte den PKW bewusst dazu ein, um den Beamten zu rammen. Dabei hätte der Beamte erheblich verletzt werden können. Der PKW ist daher ein gefährliches Werkzeug, A handelte insoweit auch vorsätzlich. Weiterhin wurde durch die Handlung des A das Leben des Grenzschutzbeamten konkret gefährdet, da er nur äußerst knapp einer Kollision entgehen konnte. Der Streit, ob bei § 224 Abs. 1 Nr. 5 StGB eine konkrete Lebensgefährdung erforderlich ist oder ob die abstrakte Lebensgefahr ausreicht, kann deshalb dahinstehen.[16] A gefährdete das Leben des Grenzschutzbeamten vorsätzlich.

32   Der Tatentschluss liegt vor.

c) Unmittelbares Ansetzen

33   Da A die tatbestandliche Ausführungshandlung bereits vorgenommen hat, liegt ein unmittelbares Ansetzen zur Tat nach § 22 StGB vor.

d) Rechtswidrigkeit

34   A hat rechtswidrig gehandelt.

e) Schuld

35   Problematisch ist jedoch die Schuld. Infolge seiner erheblichen Alkoholisierung war A zum Zeitpunkt der Tat schuldunfähig, § 20 StGB. Folgt man dem unter Rn. 14 zur actio libera in causa Ausgeführten, so ließe sich hier allenfalls für das Erfolgsdelikt des § 223 Abs. 1, 2 StGB an eine Vorverlegung des Schuldvorwurfs auf den Zeitpunkt des Alkoholkonsums denken. Bei § 224 Abs. 1 Nr. 2 und 5 StGB handelt es sich dagegen um verhaltensgebundene Tatbeschreibungen, so dass bei ihnen die actio libera in causa

---

[15] BGHSt 3, 105, 109.
[16] Eine konkrete Lebensgefahr wird nur von einer Mindermeinung verlangt. Nachweise bei *Lackner/Kühl*, § 224 Rn. 8.

nicht angewandt werden kann. Allerdings lässt sich A zum Zeitpunkt des Alkoholkonsums hinsichtlich der Gefährdung des Grenzbeamten allenfalls ein Fahrlässigkeitsvorwurf machen, nicht aber Vorsatz annehmen, wie es für § 223 Abs. 1, Abs. 2 StGB erforderlich wäre. Eine Strafbarkeit As scheidet also insofern aus.

Hinweis: Ein Eingehen auf die Frage, ob sich A, als er auf den Grenzbeamten zufuhr, in einem Erlaubnistatbestandsirrtum befunden hat, ist hier noch nicht erforderlich, da die Frage der Schuld(un)fähigkeit der Prüfung des Erlaubnistatbestandsirrtums vorgelagert ist (jedenfalls sofern man mit der h. L. bei Vorliegen eines derartigen Irrtums den Schuldvorsatz verneint). **36**

3. Vollrausch, § 323 a StGB

Zu prüfen ist auch hier wieder das Vorliegen des Vollrauschdeliktes, § 323 a StGB. **37**

a) Tatbestand

A hat sich vorsätzlich in einen Rauschzustand versetzt, der objektive und subjektive **38** Tatbestand des § 323 a StGB ist erfüllt.

b) Objektive Bedingung der Strafbarkeit

Es ist allerdings fraglich, ob die versuchte gefährliche Körperverletzung als Rausch- **39** tat i. S. v. § 323 a StGB anzusehen ist. § 323 a StGB verlangt, dass der Rauschtäter wegen seiner Tat deswegen nicht bestraft werden kann, weil er infolge seines Rausches schuldunfähig war oder dies jedenfalls nicht mit der erforderlichen Sicherheit auszuschließen ist. Eine volle Strafbarkeit wegen der Vorsatztat scheitert hier aber nicht nur an As Schuldunfähigkeit, sondern auch am Vorliegen eines Erlaubnistatbestandsirrtums, denn A nahm zum Zeitpunkt der Tat an, er werde überfallen. Seine Reaktion hielt sich im Rahmen des nach § 32 StGB Zulässigen; insbesondere die Kriterien der Erforderlichkeit sind erfüllt.

Es fragt sich allerdings, ob der Irrtum des A im Rahmen des § 323 a StGB berück- **40** sichtigt werden kann. Dagegen spricht, dass die Feststellung eines Irrtums bei einem Menschen, der bis zum Zustand der Schuldunfähigkeit berauscht ist, in aller Regel auf einer Fiktion beruhen wird. Dies gilt erst recht für die Bejahung eines der verschiedenen von der Dogmatik herausgearbeiteten Irrtumstypen.[17] Nach h. L. sind Irrtümer bei Rauschtaten i. S. v. § 323 a StGB trotzdem beachtlich. Dies soll selbst für rauschbedingte Irrtümer gelten.[18] Da der Wortlaut des § 323 a StGB kaum einen Ansatz bietet, alle oder auch nur bestimmte Irrtümer im Anwendungsbereich des Vollrauschtatbestandes für unbeachtlich zu erklären, § 323 a Abs. 1 StGB eine Feststellung der subjektiven Tatseite selbst bei rauschbedingten Irrtümern sogar erfordert, ist dieser Ansicht zu folgen.[19] As Erlaubnistatbestandsirrtum muss also auch im vorliegenden Fall berücksichtigt werden.

Nach h. L. lässt ein Erlaubnistatbestandsirrtum den Schuldvorsatz entfallen (sog. **41** eingeschränkte rechtsfolgenverweisende Schuldtheorie), während die Rechtsprechung den Tatbestandsvorsatz entfallen lässt und damit bereits die Tatbestandsmäßigkeit verneint.[20] Die erstgenannte Ansicht verdient den Vorzug, da sie Strafbarkeitslücken in Beteiligungsfällen vermeidet. Die Frage kann aber letztlich offen bleiben, da es auf je-

---

[17] LK/*Spendel*, § 323 a Rn. 185 ff., 198, 202.
[18] *Arzt/Weber/Heinrich/Hilgendorf*, BT, § 40 Rn. 21; *Lackner/Kühl* § 323 a Rn. 9, beide m. w. N.
[19] Eine Änderung des Gesetzeswortlauts ist wünschenswert, vgl. NK/*Paeffgen*, § 323 a Rn. 4.
[20] Ausf. zu den verschiedenen Lösungsvorschlägen *Wessels/Beulke*, AT, Rn. 468 ff.

den Fall an einem (Gesamt-)Vorsatz fehlt.[21] Eine für § 323 a StGB hinreichende Rauschtat liegt hier also nicht vor.[22]

c) Ergebnis

42 Insgesamt hat sich A damit nicht nach § 323 a i. V. m. §§ 223, 224 Abs. 1 Nr. 2, 5, Abs. 2, 22, 23 Abs. 1 StGB strafbar gemacht.

4. Gefährlicher Eingriff in den Straßenverkehr, § 315 b Abs. 1 Nr. 3, Abs. 5 StGB

43 A könnte sich wegen eines gefährlichen Eingriffs in den Straßenverkehr gemäß § 315 b Abs. 1 Nr. 3, Abs. 5 StGB strafbar gemacht haben.

a) Tatbestand

44 A müsste die Sicherheit des Straßenverkehrs dadurch beeinträchtigt haben, dass er einen den § 315 b Abs. 1 Nr. 1 und 2 StGB ähnlichen, ebenso gefährlichen Eingriff in den Straßenverkehr vorgenommen haben. Erfasst werden in Abgrenzung zu § 315 c StGB nur verkehrsfremde Eingriffe von außen. Dies ist beim Fahren mit dem PKW problematisch, da dieser grundsätzlich am Verkehrsgeschehen teilnimmt. Die Rspr. fordert daher, dass der Täter zumindest mit bedingtem Schädigungsvorsatz handelt und das Fahrzeug bewusst zweckwidrig in verkehrswidriger Absicht missbraucht.[23] Handelt der Täter lediglich mit Gefährdungsvorsatz und kommt es ihm primär auf das eigene Fortkommen an, so liegt kein Eingriff in den Straßenverkehr vor.

45 A fuhr gezielt auf G zu, um den Weg frei zu bekommen und fliehen zu können. Dabei nahm er die Verletzung des G billigend in Kauf, er handelte also mit Schädigungsvorsatz und missbrauchte den PKW als Nötigungsmittel. Ein Eingriff im Sinne des § 315 b Abs. 1 Nr. 3 StGB liegt daher vor.

46 Durch den Eingriff wurde Leib und Leben des G konkret gefährdet.

47 Wegen As Erlaubnistatbestandsirrtum kommt aber auch hier analog § 16 StGB nur eine Strafbarkeit wegen einer fahrlässigen Tatbegehung, § 315 b Abs. 1, 5 StGB, in Betracht. Fraglich ist, ob sich das Verhalten des A als fahrlässig ansehen lässt. Ein objektiver Sorgfaltsverstoß ist hier ohne Weiteres anzunehmen, da der uniformierte Grenzposten von einem nüchternen, besonnenen Menschen nicht mit einem Räuber verwechselt werden konnte.

b) Rechtswidrigkeit

48 Die Tat war rechtswidrig.

c) Schuld

49 Problematisch ist jedoch die subjektive Sorgfaltswidrigkeit. Es ließe sich argumentieren, A sei infolge seiner Trunkenheit nicht in der Lage gewesen, den Grenzposten als solchen zu erkennen. Dem kann allerdings entgegengehalten werden, dass A trotz seines Rausches immerhin noch imstande war, die für die Fortbewegung eines Kfz

---

[21] § 323 a StGB wird von der ganz h. M. so gelesen, dass die Strafbarkeit wegen der Rauschtat *nur* an der mangelnden Schuldfähigkeit scheitern muss, vgl. NK/*Paeffgen*, § 323 a Rn. 78.

[22] Ein anderes Ergebnis wäre allenfalls dann vertretbar, wenn man bei der Behandlung des Erlaubnistatbestandsirrtums der strengen Schuldtheorie folgen würde (§ 17 StGB) und das Fehlen von Unrechtsbewusstsein für § 323 a StGB für unbeachtlich erklärt, so offenbar NK/*Paeffgen*, § 323 a Rn. 75.

[23] BGHSt 48, 233, 237 f.

erforderlichen Handgriffe vorzunehmen. Auch war er in der Lage, sein Fahrzeug auf der Straße zu halten. Ein Mindestmaß an Aufnahme- und Steuerungsfähigkeit lag bei ihm also trotz seiner erheblichen Alkoholisierung noch vor. In diesem Zustand war ihm zuzumuten, einen uniformierten (!) Grenzposten nicht mit einem Räuber zu verwechseln. Dass er es trotzdem tat, begründet einen Sorgfaltsvorwurf,[24] der grundsätzlich eine Verurteilung nach § 315b Abs. 1 Nr. 3, Abs. 5 StGB trägt.

Hinweis: Da die Schuld offensichtlich aufgrund der Schuldunfähigkeit des A entfällt, musste die subjektive Sorgfaltswidrigkeit nicht unbedingt geprüft werden. 50

Auch hier fehlt es jedoch an der Schuldfähigkeit As, so dass eine Strafbarkeit nach § 315b Abs. 1 Nr. 3, 5 StGB ausscheidet. 51

5. Vollrausch, § 323a StGB

Die Tat nach § 315b Abs. 1 Nr. 3, Abs. 5 StGB könnte allerdings wieder eine Rauschtat 52 i.S.v. § 323a StGB darstellen. Im Unterschied zu der versuchten gefährlichen Körperverletzung nach §§ 223, 224, 22, 23 StGB steht hier der Erlaubnistatbestandsirrtum einer Strafbarkeit des A nicht im Wege; A ist vielmehr ausschließlich infolge seiner Schuldunfähigkeit bei Tatbegehung nicht nach § 315b Abs. 1 Nr. 3, Abs. 5 StGB strafbar. Da die sonstigen Voraussetzungen des § 323a StGB gegeben sind (vgl. oben 3), hat sich A nach § 323a i.V.m. § 315b Abs. 1 Nr. 3, Abs. 5 StGB strafbar gemacht.

6. Trunkenheit im Verkehr, § 323a i.V.m. § 316 Abs. 1 StGB

Gegeben ist ferner ein Delikt gem. § 316 StGB, das allerdings wegen As alkoholbe- 53 dingter Schuldunfähigkeit ebenfalls nur als Rauschtat i.S.v. § 323a StGB in Anschlag zu bringen ist.

Hinweis: § 316 StGB liegt hier völlig unproblematisch vor, die Voraussetzungen des § 323a StGB 54 wurden schon mehrfach geprüft. Es ist daher auch in Anbetracht des Umfangs der Klausur zulässig und angeraten, den Tatbestand nur kurz anzusprechen.

7. Widerstand gegen Vollstreckungsbeamte, § 113 Abs. 1 StGB

Die Annahme einer Tat gem. § 113 StGB scheitert am fehlenden subjektiven Tatbe- 55 stand.

8. Unerlaubtes Entfernen vom Unfallort, § 142 Abs. 1 Nr. 1 StGB

Da A den Unfall nicht bemerkt hat, handelt er auf jeden Fall ohne Vorsatz, so dass 56 der subjektive Tatbestand entfällt.

9. Ergebnis für den zweiten Handlungsabschnitt

A ist strafbar wegen Vollrauschs gemäß § 323a i.V.m. § 315b Abs. 1 Nr. 3, Abs. 5 57 und § 316 StGB.

III. Konkurrenzen und Gesamtergebnis

Da A sämtliche Taten während ein und desselben Rauschzustandes begangen hat, 58 liegt insgesamt nur eine Tat nach § 323a StGB vor.[25] Hinzu tritt in Realkonkurrenz[26] § 222 StGB (in zwei Fällen).

---

[24] Ein anderes Ergebnis ist hier vertretbar.
[25] Schönke/Schröder/*Cramer/Sternberg-Lieben*, § 323a Rn. 30.
[26] MünchKomm/*Geisler*, § 323a Rn. 74; *Lackner/Kühl*, § 323a Rn. 18.

Fallbeurteilung

Es handelt sich um einen für die Fortgeschrittenenübung schweren Fall, in dem nicht nur Standardprobleme abgefragt werden, sondern auch weniger bekannte Probleme, welche dem Bearbeiter die Möglichkeit geben, eigenständig zu argumentieren.

Im ersten Handlungsabschnitt liegt der Schwerpunkt bei der Prüfung der Schuld bzw. der Anwendbarkeit der actio libera in causa. Der Bearbeiter soll hier einerseits zeigen, dass er die richtigen Schwerpunkte setzen kann, Probleme erkennt und als solche einordnet. Unproblematisches kann kurz, Problematisches soll dagegen ausführlich bearbeitet werden. Die verschiedenen Argumente zur Anwendung der alic müssen dem Bearbeiter bekannt sein. Ein Sonderproblem, welches dem Bearbeiter eigenes Argumentationsvermögen abverlangt, ist die Anwendbarkeit des deutschen Strafrechts bei § 323 a StGB.

Der zweite Handlungsabschnitt befasst sich zunächst mit der gefährlichen Körperverletzung. Hier muss zwischen den einzelnen Varianten des § 224 Abs. 1 StGB differenziert werden. Die Schwierigkeit liegt darin, dass auch hier die Anwendbarkeit der alic zu prüfen ist. Eine weitere Schwierigkeit besteht in der Frage, inwieweit der Irrtum bei § 323 a StGB Berücksichtigung findet. Dabei handelt es sich nicht um ein Standardproblem. Von dem Bearbeiter kann aber verlangt werden, dass er das Problem überhaupt erkennt und mit eigener Argumentation zu einem vertretbaren Ergebnis kommt. Bei § 315 b StGB muss dem Bearbeiter die Abgrenzungsproblematik zu § 315 c StGB bekannt sein.

Da insbesondere im 2. Tatkomplex viele Delikte zu prüfen sind, ist eine richtige Schwerpunktsetzung sehr wichtig. Die völlig unproblematischen Tatbestände wie § 113 und § 142 StGB, die im Ergebnis auch nicht erfüllt sind, können dabei kurz abgehandelt werden.

Weiterführende Hinweise: *Beck*, Fahrlässiger Umgang mit der Fahrlässigkeit, JA 2009, 111–115 und JA 2009, 268–270; *Brüning*, Das unerlaubte Entfernen vom Unfallort gem. § 142 StGB, ZJS 2008, 148–154; *Eisele*, Der Tatbestand der Gefährdung des Straßenverkehrs (§ 315 c StGB), JA 2007, 168–173; *Swoboda*, Grundwissen – Strafrecht: Der Gewaltbegriff, JuS 2008, 862–863.

Fall 10. Der übereifrige Zahnarzt

Sachverhalt

P ist Patient bei Zahnarzt Z. Wegen einer langjährigen Migräne bittet P den Z, ihm alle Zähne im Oberkiefer zu ziehen, da seiner Meinung nach ein Zusammenhang zwischen diesen Zähnen und seinem Leiden besteht. Obwohl Z den P darauf hinweist, dass ein solcher Zusammenhang medizinisch nicht bestehen könne, bleibt P bei seinem Wunsch. Z erklärt sich schließlich zu dem Eingriff bereit und entfernt alle Oberkieferzähne mit Hilfe einer zahnärztlichen Zange. Für P fertigt er eine Prothese.

P klagt außerdem über starke Zahnschmerzen im rechten Unterkiefer. Er verspricht sich allerdings und gibt an, die Schmerzen im linken Unterkiefer zu haben. Z bohrt dem P deshalb den falschen Zahn auf, obgleich er hätte erkennen müssen, dass dieser Zahn nicht der schmerzende sein konnte. Nachdem er seinen Fehler erkannt hat, legt Z lege artis eine Füllung. P wird über den Fehler nicht informiert. Den eigentlich schmerzenden Zahn behandelt Z aus Zeitnot nicht mehr.

Auch R sucht den Z wegen außerordentlich heftiger Zahnschmerzen auf. Z führt die Beschwerden auf einen kranken Weisheitszahn zurück, den er der R zieht, ohne sie vorher über mögliche Alternativen zu beraten. Eventuell hätte man den Zahn durch eine Füllung retten können.

Wie hat sich Z strafbar gemacht? Erforderliche Strafanträge sind gestellt.

Abwandlung: Während Rs Zahnbehandlung ist auch Zs Helferin A, die zugleich seine Ehefrau ist, anwesend. A erkennt zwar, dass für die Extraktion keine eindeutige Indikation vorliegt, doch sie sagt nichts, weil sie ihren Mann nicht bloßstellen möchte.

Wie haben sich Z und A strafbar gemacht? Erforderliche Strafanträge sind gestellt.

Gliederung

Lösung

I. Erster Tatkomplex: Die Totalextraktion

1. Gefährliche Körperverletzung, §§ 223, 224 Abs. 1 StGB

Z könnte sich durch das Ziehen aller Oberkieferzähne des P wegen gefährlicher **1** Körperverletzung nach §§ 223 Abs. 1, 224 Abs. 1 StGB strafbar gemacht haben.

a) Tatbestand

aa) Objektiver Tatbestand

(1) Objektiver Tatbestand des Grunddelikts, § 223 Abs. 1 StGB

Dazu muss zunächst der Grundtatbestand des § 223 Abs. 1 StGB, also eine körper- **2** liche Misshandlung beziehungsweise eine Gesundheitsschädigung durch das Ziehen der Oberkieferzähne bei P eingetreten sein.

Eine körperliche Misshandlung im Sinne von § 223 Abs. 1 Alt. 1 StGB ist jede üble **3** und unangemessene Behandlung, durch die das körperliche Wohlbefinden des Opfers nicht nur unerheblich beeinträchtigt wird;[1] eine Gesundheitsschädigung im Sinne des § 223 Abs. 1 Alt. 2 StGB ist das Hervorrufen oder Steigern eines krankhaften (patho-logischen) Zustandes.[2]

Der zahnärztliche Eingriff, bei dem alle Zähne aus Ps Oberkiefer gezogen wurden, **4** beeinträchtigt das körperliche Wohlbefinden des P. Somit liegt eine körperliche Miss-handlung im Sinne des § 223 Abs. 1 Alt. 1 StGB vor. Da P nun keine Zähne mehr im Oberkiefer hat, liegt ein krankhafter Zustand vor. Z hat P folglich auch im Sinne des § 223 Abs. 1 Alt. 2 StGB an der Gesundheit geschädigt.

Es ist jedoch grundsätzlich fraglich, ob eine ärztliche Heilbehandlung dem Tatbe- **5** stand der Körperverletzung unterliegt. Im Schrifttum wird die Meinung vertreten, eine ärztliche Heilbehandlung erfülle gar nicht erst den Tatbestand der Körperverletzung, da sie auf Erhaltung und nicht Verletzung des körperlichen Wohls ausgerichtet ist.[3]

Die ständige Rechtsprechung hingegen sieht auch im lege artis durchgeführten Heil- **6** eingriff den Tatbestand der Körperverletzung verwirklicht.[4] Ein ärztlicher Eingriff fällt demnach nicht schon wegen der „guten Absicht" nicht unter § 223 StGB. Vielmehr

---

[1] *Fischer*, § 223 Rn. 3 a.
[2] *Fischer*, § 223 Rn. 6.
[3] Etwa Schönke/Schröder/*Eser*, § 223 Rn. 30 ff.; *Lackner/Kühl*, § 223 Rn. 8 ff.
[4] Seit RGSt 25, 375; vgl. die Nachweise bei *Fischer*, § 223 Rn. 9.

bedarf es, um eigenmächtige Behandlungen auszuschließen, eines Rechtfertigungsgrundes in Form einer ausdrücklichen bzw. stillschweigend erklärten Einwilligung des
Patienten.[5] Diese Ansicht überzeugt, da sie sicherstellt, dass der Arzt nicht gegen den
Willen des Patienten Eingriffe vornehmen kann, ohne sich der Gefahr der Strafverfolgung auszusetzen.

(2) Objektiver Tatbestand der Qualifikation, § 224 Abs. 1 Nr. 2 StGB

7   Möglicherweise hat der Z zum Ziehen der Zähne des P ein gefährliches Werkzeug
im Sinne des § 224 Abs. 1 Nr. 2 Var. 2 StGB benutzt. Ein gefährliches Werkzeug ist ein
Gegenstand, der nach seiner objektiven Beschaffenheit und der Art seiner konkreten
Verwendung geeignet ist, erhebliche körperliche Verletzungen hervorzurufen.[6] Demnach käme die Zange als gefährliches Werkzeug in Betracht.

8   Eine weitere Bedingung ist jedoch, dass die Extraktionszange zu Angriffs- oder Ver-
teidigungszwecken eingesetzt worden ist.[7] Z hat die Zange für eine zahnmedizinische
Behandlung benutzt. Es handelt sich daher um kein gefährliches Werkzeug nach § 224
Abs. 1 Nr. 2 Var. 2 StGB.

bb) Subjektiver Tatbestand

9   Z müsste weiterhin vorsätzlich gehandelt haben, § 15 StGB. Vorsatz ist der Wille zur
Tatbestandsverwirklichung in Kenntnis all seiner objektiven Tatumstände.[8] Z handelte
in Kenntnis aller Umstände und hat P die Zähne absichtlich gezogen. Er handelte daher vorsätzlich.

b) Rechtswidrigkeit

10   Z könnte jedoch gerechtfertigt sein. In Betracht kommt eine Einwilligung des P. Da
es sich bei der körperlichen Unversehrtheit nicht um ein Rechtsgut der Allgemeinheit
handelt, ist P darüber dispositionsbefugt. Außerdem muss P einwilligungsfähig gewesen sein und die Einwilligung ernstlich und frei von Willensmängeln erklärt haben.
Einwilligungsfähigkeit liegt vor, wenn der Einwilligende nach seiner geistigen und sittlichen Reife in der Lage ist, Wesen, Bedeutung und Tragweite des Rechtsgutsverzichtes
zu erkennen und sachgerecht zu beurteilen.[9] Hier bestanden keine Zweifel an der geistigen und sittlichen Reife des P.

11   Eine Einwilligung ist zudem nur nach Aufklärung des Patienten durch den Arzt
möglich. Wie weit dabei die Aufklärungspflicht des Arztes geht, ist umstritten,[10] kann
hier jedoch dahinstehen, da von einer entsprechenden Aufklärung ausgegangen werden kann; Z hat P ausdrücklich darauf hingewiesen, dass ein Zusammenhang der
Schmerzen mit den Zähnen medizinisch nicht bestehen kann.

12   P litt aber an einer langjährigen Migräne, die dazu führen könnte, dass seine Einwilligung nicht frei von Willensmängeln ist, weil er in seiner Urteilsfähigkeit eingeschränkt war. Die Literatur stellt auf die Selbstverantwortung des Patienten ab[11] und

---

[5] *Fischer*, § 223 Rn. 9.
[6] *Fischer*, § 224 Rn. 9.
[7] *BGH* NJW 1978, 1206.
[8] BGHSt 19, 295, 298.
[9] Schönke/Schröder/*Lenckner*, Vorbem. §§ 32 ff. Rn. 40.
[10] Ausführlich dazu: *Rohde, Ernst,* Regelwidrige und eigenmächtige zahnärztlich-prothetische Behandlung, 1999.
[11] *Amelung*, ZStW 104 (1992), 525, 546 ff.

geht nur bei einem psychischen Defekt von Krankheitswert von einem Willensmangel aus. Ein solcher Defekt liegt nicht vor.

Einer anderen Ansicht zufolge mangelt es an Urteilsfähigkeit, wenn die Entschei- **13** dung des Einwilligenden auf Unkenntnis beruht oder Ausdruck einer seelischen Verfassung ist, die ein rationales Abwägen der relevanten Gesichtspunkte verhindert.[12] Die Entscheidung des P beruht nicht auf Unkenntnis, da Z den P über den mangelnden Zusammenhang zwischen Zahnleiden und der Migräne informiert hat.

Die sehr lange anhaltenden Schmerzen und der radikale Behandlungswunsch, der **14** von vornherein keinerlei Heilung verspricht, demonstrieren jedoch einen erheblichen Grad der Verzweiflung, der einer sachlichen Abwägung der Umstände durch P entgegensteht. Gerade für Z in seiner Stellung als Arzt war eine solche irreversible Behandlung unvertretbar. Es lag daher keine wirksame Einwilligung des P vor. Z handelte daher rechtswidrig.

Hinweis: Diese Lösung entspricht der Rechtsprechung des BGH. An dieser Stelle kann der Bearbei- **15** ter mit entsprechender Begründung auch ein anderes Ergebnis vertreten. Die Einwilligung ist dann am Maßstab des § 228 StGB zu messen, der den Bürger gerade vor seiner eigenen Unvernunft schützen will. § 228 StGB ist einschlägig, wenn die Tat des Z gegen das Anstandsgefühl aller billig und gerecht Denkenden verstößt, was hier zu bejahen ist.[13]

c) Schuld

Z handelte schuldhaft.   **16**

d) Ergebnis

Er hat sich daher wegen Körperverletzung nach § 223 Abs. 1 StGB strafbar ge- **17** macht. Der nach § 230 Abs. 1 StGB erforderliche Strafantrag wurde gestellt.

2. Schwere Körperverletzung, § 226 Abs. 1 StGB

In Betracht kommt auch eine Strafbarkeit des Z wegen schwerer Körperverletzung **18** gemäß § 226 Abs. 1 Nr. 3 StGB.

a) Grunddelikt

Eine objektiv und subjektiv tatbestandsmäßige Körperverletzung nach § 223 Abs. 1 **19** StGB ist gegeben.

b) Eintritt der schweren Folge, § 226 Abs. 1 Nr. 3 StGB

Zur Verwirklichung des § 226 Abs. 1 Nr. 3 StGB müsste die verletzte Person in er- **20** heblicher Weise dauernd entstellt sein oder in Siechtum, Lähmung, geistige Krankheit oder Behinderung verfallen. Möglicherweise hat Z den P durch die Totalextraktion dauernd entstellt.

Eine Entstellung liegt vor bei einer Verunstaltung der Gesamterscheinung.[14] Sie ist **21** erheblich, wenn ihre Auswirkungen auf die Person den sonstigen in § 226 StGB genannten schweren Folgen gleichgestellt werden kann.[15] Mit dem Verlust aller Zähne des Oberkiefers wird die optische Erscheinung des P schwerwiegend beeinträchtigt.

---

[12] *BGH* NJW 1978, 1206.
[13] MünchKomm/*Hardtung*, § 228 Rn. 31 ff., 44.
[14] *Fischer*, § 226 Rn. 9.
[15] *Fischer*, § 226 Rn. 9.

Da die Entstellung im Gesicht nicht verborgen werden kann und für jedermann sicht-
bar ist, sind für P schwere psychische Nachteile zu erwarten, die denen der sonstigen
Varianten des § 226 StGB vergleichbar sind. P ist erheblich entstellt.

22 Dauernd ist eine Entstellung, wenn sie mit einer bleibenden oder unbestimmt langwierigen Beeinträchtigung des Aussehens verbunden ist.[16] Dies ist zu verneinen, wenn
eine künstliche Beseitigung der äußeren Entstellung durch eine medizinische Maßnahme üblich, ausführbar und dem Betroffenen zumutbar ist.[17] Im vorliegenden Fall
wurde eine Prothese hergestellt. Dies ist gerade im Zahnbereich eine übliche medizinische Prozedur, die zwar nicht den Ursprungszustand wiederherstellen kann, eine äu-
ßerliche Beeinträchtigung des Aussehens jedoch behebt. Das Einsetzen einer Zahnpro-
these ist dem Betroffenen auch zuzumuten, da dies einen verhältnismäßig geringen
Eingriff für eine äußerlich umfassende Beseitigung der Beeinträchtigung darstellt. P ist
demzufolge nicht dauerhaft entstellt.

c) Ergebnis

23 Der objektive Tatbestand des § 226 Abs. 1 Nr. 3 StGB liegt daher nicht vor. Z hat
sich nicht wegen schwerer Körperverletzung strafbar gemacht.

3. Ergebnis für den ersten Tatkomplex

24 Z hat sich nach § 223 Abs. 1 StGB strafbar gemacht.

II. Zweiter Tatkomplex: Die Verwechslung

1. Körperverletzung, § 223 Abs. 1 StGB

25 Z könnte sich durch das Aufbohren des falschen Zahnes wegen Körperverletzung
nach § 223 Abs. 1 StGB strafbar gemacht haben.

a) Tatbestand

aa) Objektiver Tatbestand

26 Das Aufbohren des Zahnes stellt eine üble und unangemessene Behandlung, die das
körperliche Wohlbefinden nicht nur unerheblich beeinträchtigt, also eine körperliche
Misshandlung im Sinne des § 223 Abs. 1 Alt. 1 StGB dar. Ein geöffneter Zahn weicht
zudem vom gesunden Zustand deutlich ab und muss behandelt werden. Es wird also
ein pathologischer Zustand hervorgerufen.

27 Stellt man allerdings auf den Gesamtvorgang ab, so entfiele der objektive Tatbestand
des § 223 Abs. 1 Alt. 2 StGB wegen der fachgerechten Füllung. Die Füllung behebt
nämlich den pathologischen Zustand. Es kommt jedoch auf die Einzelakte und nicht
die Gesamtbehandlung an. Objektiv wurde ein pathologischer Zustand geschaffen,
wenngleich dieser nur von kurzer Dauer war. Die nachträgliche Füllung hat keinen
Einfluss auf die Tatbestandsmäßigkeit des § 223 Abs. 1 StGB.

bb) Subjektiver Tatbestand

28 Z handelte auch vorsätzlich in Hinblick auf die objektiven Tatumstände.

---

[16] Schönke/Schröder/*Stree*, § 226 Rn. 4.
[17] *Wessels/Hettinger*, BT 1, Rn. 293.

b) Rechtswidrigkeit

Möglicherweise liegt in Form der Einwilligung des P ein Rechtfertigungsgrund vor. 29

P ist berechtigt, über seine körperliche Unversehrtheit zu verfügen. Eine Einwilli- 30
gung in eine Körperverletzung ist möglich. P hat daher über ein disponibles Rechtsgut
verfügt. P ist ferner fähig, einzuwilligen (vgl. o.).

Zu prüfen ist auch, ob die Einwilligung des P frei von Willensmängeln war. Dazu 31
müsste die Einwilligung mit der Wertvorstellung des Einwilligenden P im Augenblick
der Erklärung übereingestimmt haben. Sie kann daher nur rechtfertigend wirken,
wenn das Erklärte mit dem tatsächlichen Willen des P übereinstimmt.[18] Die gewollte
Einwilligung bezog sich aber auf den rechten und nicht, wie versehentlich geäußert,
auf den linken Unterkiefer. Die erklärte Einwilligung deckte sich daher nicht mit den
Vorstellungen des P, eine Einwilligung lag also nur hinsichtlich des rechten Zahnes
vor.[19] Die Einwilligung des P hinsichtlich des linken Zahnes ist daher nicht frei von
Willensmängeln und somit unwirksam. Z handelte demzufolge rechtswidrig.

c) Schuld

Z könnte aber entschuldigt sein. Möglicherweise unterlag er einem Erlaubnistatbe- 32
standsirrtum. Dies wäre der Fall, wenn der Täter irrig von Umständen ausgeht, die,
wenn sie tatsächlich vorlägen, die Tat rechtfertigen würden.

Hier kommt wiederum die Einwilligung des P in Betracht. Nach der Vorstellung des 33
Z hat P in die ärztliche Behandlung eines kranken Zahnes eingewilligt. Da P seine
Einwilligung geäußert hat, über ein grundsätzlich disponibles Rechtsgut in Form seiner körperlichen Unversehrtheit verfügte und keine Sittenwidrigkeit vorlag, war die
Einwilligung nach der Vorstellung des Z wirksam. Er wäre also über die Einwilligung
gerechtfertigt gewesen, wenn sich P nicht versprochen hätte. Ein Erlaubnistatbestandsirrtum ist folglich gegeben.

Folgt man der überwiegend vertretenen sog. rechtsfolgenverweisenden einge- 34
schränkten Schuldtheorie, entfällt unter analoger Anwendung des § 16 Abs. 1 S. 1
StGB der Vorsatzschuldvorwurf.[20] Z handelte also nicht schuldhaft.

Hinweis: Bei der rechtsfolgenverweisenden eingeschränkten Schuldtheorie entfällt der Vorsatzschuld- 35
vorwurf im Rahmen der Schuld, nicht im subjektiven Tatbestand. Dies führt dazu, dass die Bestrafung von
Teilnehmern möglich ist, da eine vorsätzliche rechtswidrige Tat des Handelnden gegeben ist.[21]

d) Ergebnis

Z ist nicht strafbar wegen Körperverletzung nach § 223 Abs. 1 StGB. 36

2. Fahrlässige Körperverletzung, § 229 StGB

Z könnte sich aber wegen fahrlässiger Körperverletzung nach § 229 StGB strafbar 37
gemacht haben.

a) Tatbestand

Z hat durch das Aufbohren des Zahnes P körperlich misshandelt und an der Ge- 38
sundheit geschädigt (s. o.).

---

[18] Schönke/Schröder/*Eser*, § 223 Rn. 39.
[19] Nach anderer Ansicht muss eine Einwilligung immer kundgegeben werden, demnach liegt auch
keine Einwilligung hinsichtlich des rechten Zahns vor, vgl. *Zieschang*, AT, S. 77.
[20] Schönke/Schröder/*Cramer/Sternberg-Lieben*, § 16 Rn. 17 m. w. N.
[21] Zur Behandlung des Erlaubnistatbestandsirrtums siehe Fall 2 („Nachbarschaftswache"), Fall 9
(„Trunkenheitsfahrt") und Band 1 Fall 7 („Die Selbstschussanlage").

39   Zu prüfen ist, wie ein besonnener Dritter in der Lage des Täters aus der Sicht ex ante gehandelt hätte. Ein besonnen handelnder Zahnarzt hätte erkannt, dass der betroffene Zahn nicht der schmerzende sein konnte und die Einwilligung des P somit unwirksam ist. Z handelte also objektiv sorgfaltswidrig.

40   Weiter ist zu untersuchen, ob der eingetretene Erfolg objektiv vorhersehbar war. Objektive Vorhersehbarkeit liegt vor, wenn der wesentliche Kausalverlauf und der eingetretene Erfolg nicht so sehr außerhalb aller Lebenserfahrung liegen, dass man nicht damit zu rechnen brauchte.[22] Beim Ziehen eines gesunden Zahnes ist mit der Erfüllung des Tatbestands der Körperverletzung zu rechnen. Der Erfolg war also auch objektiv vorhersehbar.

41   Der Pflichtwidrigkeitszusammenhang liegt vor; hätte sich Z sorgfaltsgemäß verhalten, wäre der Erfolg nicht eingetreten.

b) Rechtswidrigkeit und Schuld

42   Möglicherweise ist das Ziehen des falschen Zahnes gerechtfertigt. Dies wäre der Fall, wenn P wirksam eingewilligt hätte. Die Einwilligung ist allerdings, wie bereits festgestellt, unwirksam. Z handelte schuldhaft, insbesondere war sein Handeln individuell sorgfaltswidrig und vorhersehbar.

c) Ergebnis

43   Z hat sich daher wegen fahrlässiger Körperverletzung nach § 229 StGB strafbar gemacht.

3. Körperverletzung durch Unterlassen, §§ 223 Abs. 1, 13 StGB

44   Möglicherweise hat Z den P durch das Unterlassen der Behandlung des richtigen Zahnes an der Gesundheit geschädigt und sich dadurch wegen Körperverletzung strafbar gemacht, §§ 223 Abs. 1, 13 StGB.

a) Tatbestand
aa) Objektiver Tatbestand

45   Möglicherweise ist eine körperliche Misshandlung durch Unterlassen des Z gegeben. Das Aufrechterhalten des Zustandes in Form des schmerzenden Zahnes stellt eine Beeinträchtigung des körperlichen Wohlbefindens dar. Der tatbestandsmäßige Erfolg in Form der körperlichen Misshandlung ist somit gegeben.

46   Des Weiteren könnte Z den P durch das Unterlassen der ordnungsgemäßen Behandlung an der Gesundheit geschädigt haben. Durch die unterlassene Behandlung hat Z einen pathologischen Zustand zwar nicht herbeigeführt, jedoch hat er ihn aufrechterhalten, was zur Tatbestandserfüllung ausreicht.

47   Z hat die objektiv gebotene und physisch-real mögliche Handlung in Form der erforderlichen Operation unterlassen.

48   Die Unterlassung müsste auch kausal für die Körperverletzung sein. In Betracht kommt eine hypothetische Kausalität, wonach jede Handlung kausal ist, die nicht hinzugedacht werden kann, ohne dass der Erfolg mit an Sicherheit grenzender Wahrscheinlichkeit entfiele.[23] Hätte der Zahnarzt die Behandlung vorgenommen, wäre die

---

[22] *Baumann/Weber/Mitsch*, § 22 Rn. 43.
[23] *Fischer*, Vor § 13 Rn. 39.

körperliche Misshandlung durch die Aufrechterhaltung entfallen. Die unterlassene Operation ist also kausal für die körperliche Misshandlung.

Der Behandlungsvertrag begründet die Garantenstellung.[24] Des Weiteren wäre zu **49** prüfen, ob das Unterlassen der Verwirklichung des gesetzlichen Tatbestandes durch ein Tun entspricht, § 13 Abs. 1 StGB. Bei reinen Erfolgsdelikten ist die Gleichwertigkeit jedoch bereits durch die Garantenstellung begründet.

bb) Subjektiver Tatbestand

Z müsste vorsätzlich bezüglich aller objektiven Tatbestandsmerkmale gehandelt ha- **50** ben, § 15 StGB. Z hat seinen Fehler erkannt und die kausal gewordene Handlung trotz seiner Garantenstellung absichtlich unterlassen. Er handelte damit vorsätzlich in Bezug auf alle Tatbestandsmerkmale.

b) Rechtswidrigkeit

Möglicherweise liegt ein Fall der rechtfertigenden Pflichtenkollision vor. Eine solche **51** ist gegeben, wenn den Handelnden mehrere sich ausschließende verschiedenwertige Handlungpflichten treffen und er die objektiv höherwertige zum Nachteil der geringerwertigen erfüllt.[25] Die bloße Zeitnot des Z rechtfertigt jedoch das Unterlassen der Behandlung nicht, eine andere höherwertige Handlungspflicht ist nicht ersichtlich. Z handelte also rechtswidrig.

c) Schuld

Z handelte schuldhaft. **52**

d) Ergebnis

Er hat sich daher wegen Körperverletzung durch Unterlassen nach §§ 223 Abs. 1, 13 **53** StGB strafbar gemacht. Der nach § 230 Abs. 1 StGB erforderliche Strafantrag wurde gestellt.

4. Unterlassene Hilfeleistung, § 323 c StGB

Im Unterlassen der Behandlung könnte ferner ein Fall der unterlassenen Hilfeleis- **54** tung nach § 323 c StGB bestehen.

a) Tatbestand

Dazu muss ein Unglücksfall, gemeine Gefahr oder Not vorliegen. Ein Unglücksfall **55** ist jedes plötzlich eintretende Ereignis, das die unmittelbare Gefahr eines erheblichen Schadens für andere Menschen oder fremde Sachen von bedeutendem Wert hervorruft.[26] Da weder ein plötzlicher Unglücksfall noch gemeine Gefahr oder Not vorliegen, ist der objektive Tatbestand des § 323 c StGB nicht erfüllt.

b) Ergebnis

Z ist nicht strafbar wegen unterlassener Hilfeleistung nach § 323 c StGB. **56**

---

[24] Vgl. Schönke/Schröder/*Stree*, § 13 Rn. 28 a.
[25] *Fischer*, Vor § 32 Rn. 11.
[26] Schönke/Schröder/*Sternberg-Lieben*, § 323 c Rn. 5.

5. Ergebnis für den zweiten Tatkomplex

57 Z ist strafbar wegen fahrlässiger Körperverletzung gemäß § 229 StGB in Tateinheit mit Körperverletzung durch Unterlassen gemäß §§ 223 Abs. 1, 13, 52 StGB.

III. Dritter Tatkomplex: Der Weisheitszahn

1. Gefährliche Körperverletzung, §§ 223 Abs. 1, 224 Abs. 1 StGB

58 Möglicherweise hat sich Zahnarzt Z durch das Ziehen des Weisheitszahnes der R wegen gefährlicher Körperverletzung nach §§ 223 Abs. 1, 224 Abs. 1 StGB strafbar gemacht.

a) Tatbestand

aa) Objektiver Tatbestand

(1) Objektiver Tatbestand des Grunddelikts, § 223 Abs. 1 StGB

59 Die Operation, bei der R der Zahn gezogen wurde, verursacht typischerweise Schmerzen. Somit liegt eine körperliche Misshandlung nach § 223 Abs. 1 Alt. 1 StGB vor. Eine Gesundheitsschädigung nach § 223 Abs. 1 Alt. 2 StGB ist das Hervorrufen oder Steigern eines krankhaften (pathologischen) Zustandes.[27] Da der R der Zahn gezogen wurde, liegt ein krankhafter Zustand vor. Z hat R folglich auch an der Gesundheit geschädigt.

60 **Hinweis:** Die Frage, ob ein ärztlicher Heileingriff den Tatbestand der Körperverletzung verwirklicht, wurde bereits im 1. Tatkomplex ausführlich erörtert. In der Klausurbearbeitung kann man sich an dieser Stelle also deutlich knapper fassen.

(2) Objektiver Tatbestand der Qualifikation, § 224 Abs. 1 StGB

61 Möglicherweise ist Z auch wegen gefährlicher Körperverletzung gemäß § 224 Abs. 1 Nr. 2 StGB strafbar.

62 Die Extraktionszange könnte ein gefährliches Werkzeug im Sinne des § 224 Abs. 1 Nr. 2 Var. 2 StGB sein. Sie wurde jedoch nicht zu Angriffs- oder Verteidigungszwecken eingesetzt, sondern für eine zahnmedizinische Behandlung benutzt. Es handelt sich daher um kein gefährliches Werkzeug nach § 224 Abs. 1 Nr. 2 Var. 2 StGB.

bb) Subjektiver Tatbestand

63 Z muss vorsätzlich gehandelt haben, § 15 StGB. Z handelte in Kenntnis aller Umstände und hat R den Weisheitszahn absichtlich gezogen. Er handelte daher vorsätzlich.

b) Rechtswidrigkeit

64 Z könnte wegen einer Einwilligung der R gerechtfertigt sein. R ist Trägerin des Interesses ihrer körperlichen Unversehrtheit, mithin darüber verfügungsberechtigt. R hat auch über ein disponibles Rechtsgut verfügt.

65 Außerdem müsste R einwilligungsfähig sein. Einwilligungsfähigkeit liegt vor, wenn der Einwilligende nach seiner geistigen und sittlichen Reife in der Lage ist, Wesen, Bedeutung und Tragweite des Rechtsgutsverzichtes zu erkennen und sachgerecht zu be-

---

[27] *Fischer*, § 223 Rn. 6.

urteilen.[28] R konnte die Risiken und Folgen ihrer Entscheidung hinreichend beurteilen und war somit auch einwilligungsfähig.

Zu prüfen ist auch, ob die Einwilligung der R frei von Willensmängeln war. Die **66** Entscheidung der R dürfte nicht auf Unkenntnis beruhen. Z müsste R daher ausreichend aufgeklärt haben, denn nur dadurch wird eine Einwilligung ermöglicht. Z hat es unterlassen, die R vorher über mögliche Alternativen zu beraten.

Eine rechtfertigende Einwilligung ist also nicht gegeben. Z handelte daher rechtswidrig.

c) Schuld

Z handelte schuldhaft. **67**

d) Ergebnis

Er hat sich damit wegen Körperverletzung nach § 223 Abs. 1 StGB strafbar ge- **68** macht. Der nach § 230 Abs. 1 StGB erforderliche Strafantrag wurde gestellt.

2. Ergebnis für den dritten Tatkomplex

Z ist strafbar wegen Körperverletzung nach § 223 Abs. 1 StGB. **69**

IV. Konkurrenzen und Gesamtergebnis für Z

Die von Z in den einzelnen Tatkomplexen verwirklichten Delikte stehen auf Grund **70** der zeitlichen Zäsur zueinander in Tatmehrheit nach § 53 StGB. Innerhalb des ersten Tatkomplexes hat Z sich gemäß § 223 Abs. 1 StGB strafbar gemacht. Im zweiten Tatkomplex hat sich Z wegen fahrlässiger Körperverletzung gemäß § 229 StGB und Körperverletzung durch Unterlassen gemäß §§ 223 Abs. 1, 13 strafbar gemacht. Beide Delikte des zweiten Tatkomplexes wurden während eines einheitlichen Behandlungsvorgangs verwirklicht, so dass sie zueinander in Idealkonkurrenz nach § 52 StGB stehen.[29] Im dritten Tatkomplex macht sich Z strafbar wegen Körperverletzung nach § 223 Abs. 1 StGB.

Abwandlung

An Zs Strafbarkeit ändert sich nichts. Zu prüfen ist die Strafbarkeit der A. **71**

I. Körperverletzung in Mittäterschaft, §§ 223 Abs. 1, 25 Abs. 2 StGB

A könnte sich wegen ihrer Anwesenheit als Helferin wegen Körperverletzung in **72** Mittäterschaft nach §§ 223 Abs. 1, 25 Abs. 2 StGB strafbar gemacht haben.

1. Tatbestand

Dazu müsste sie R körperlich misshandelt oder an der Gesundheit geschädigt haben. **73** A hat aber nicht selbst gehandelt. Fraglich ist, ob ihr die Tatbeiträge des Z mittäterschaftlich zugerechnet werden können. Dazu müssten Z und A einen gemeinsamen Tatplan gefasst haben. A hat, um ihren Mann nicht bloßzustellen, nichts gesagt, obwohl sie die Fehlerhaftigkeit der Behandlung erkannte. Ein Mittäter darf jedoch nicht

---

[28] Schönke/Schröder/*Lenckner*, Vorbem. §§ 32 ff. Rn. 40.
[29] Hier wäre auch Realkonkurrenz nach § 53 StGB vertretbar.

bloß ein fremdes Tun billigen oder fördern. Er muss seinen Beitrag vielmehr als Teil der Tätigkeit des anderen und den des anderen als Ergänzung seines Tatanteils wollen.[30] Da dies hier nicht geschehen ist, ist ein gemeinsamer Tatplan folglich nicht gegeben; die Voraussetzungen der Mittäterschaft liegen nicht vor.

2. Ergebnis

74 A hat sich nicht wegen Körperverletzung in Mittäterschaft gemäß §§ 223 Abs. 1, 25 Abs. 2 StGB strafbar gemacht.

II. Beihilfe zur Körperverletzung durch Unterlassen , §§ 223 Abs. 1, 27 Abs. 1, 13 StGB

75 Möglicherweise hat sich die Ehefrau A jedoch wegen Beihilfe zur Körperverletzung durch Unterlassen nach §§ 223 Abs. 1, 27 Abs. 1, 13 StGB strafbar gemacht.

1. Tatbestand

a) Objektiver Tatbestand

aa) Teilnahmefähige Haupttat

76 Z handelte im Rahmen der Körperverletzung durch das Ziehen des Weisheitszahnes zum Nachteil der R vorsätzlich und rechtswidrig (s. o.). Eine beihilfefähige Haupttat liegt damit vor.

bb) Hilfeleisten

77 A müsste des Weiteren einen Beihilfebeitrag gemäß § 27 StGB geleistet haben. Dieser kann in jeder Handlung liegen, die die Haupttat ermöglicht, erleichtert oder die durch sie begangene Rechtsgutsverletzung verstärkt.[31] A hat aber gar nichts getan, sondern geschwiegen. Der Schwerpunkt der Vorwerfbarkeit liegt daher nicht in einem aktiven Tun, sondern einem Unterlassen. In Betracht kommt also psychische Beihilfe durch Unterlassen. Durch das Unterlassen eines Hinweises – trotz physisch-realer Möglichkeit – auf die fehlende eindeutige Indikation hat A die Körperverletzung der R durch Z gefördert.

78 Fraglich ist jedoch, ob A gegenüber der R eine Garantenstellung nach § 13 StGB hat. In Betracht kommt eine Garantenstellung aus dem Behandlungsvertrag. Der Behandlungsvertrag zwischen Arzt und Patient schließt die Mitarbeiter des Arztes mit ein. A hatte daher eine Garantenstellung.

b) Subjektiver Tatbestand

79 A wollte ihren Mann nicht bloßstellen. Sie hatte daher Vorsatz bezüglich der Haupttat und bezüglich ihres Hilfeleistens durch Unterlassen.

2. Rechtswidrigkeit und Schuld

80 Da Rs Einwilligung nicht frei von Willensmängeln war, ist A nicht gerechtfertigt. Sie handelt schuldhaft.

---

[30] *BGH* NStZ 1982, 243; 1990, 130; 1997, 336.
[31] *Wessels/Beulke*, AT, Rn. 582.

3. Ergebnis

A handelte schuldhaft und hat sich daher wegen Beihilfe durch Unterlassen zur 81
Körperverletzung nach §§ 223 Abs. 1, 27 Abs. 1, 13 StGB strafbar gemacht.

III. Strafvereitelung, § 258 Abs. 1 StGB

A könnte sich zudem wegen Strafvereitelung zu Gunsten des Z strafbar gemacht 82
haben, § 258 Abs. 1 StGB.

1. Objektiver Tatbestand

Zu prüfen ist, ob A es vereitelte, dass Z wegen einer rechtswidrigen Tat bestraft 83
wird. Das Ziehen des Zahnes war rechtswidrig (s. o.). A müsste die Bestrafung zudem
vereitelt haben. Wenn A den Z im Beisein der R auf die unterlassene Beratung hingewiesen hätte, wäre R auf diesen Mangel aufmerksam geworden. Es ist davon auszugehen, dass R daraufhin eine ordnungsgemäße Belehrung gefordert hätte und diese auch
erfolgt wäre. Deshalb hat A gerade nicht die Bestrafung vereitelt, sondern erst ermöglicht. Ihr ging es lediglich darum, das Bloßstellen ihres Ehemanns zu verhindern.

2. Ergebnis

A hat sich nicht wegen Strafvereitelung nach § 258 Abs. 1 StGB strafbar gemacht. 84

IV. Gesamtergebnis für A

A hat sich wegen Beihilfe zur Körperverletzung durch Unterlassen nach §§ 223 85
Abs. 1, 27 Abs. 1, 13 StGB strafbar gemacht.

Fallbeurteilung

Dieser mittelschwere Fall behandelt das Einverständnis mit ärztlichen Behandlungen und die Aufklärungspflicht des Arztes gegenüber dem Patienten. Diese Problematik gehört zum Standardwissen und muss vom Studenten der mittleren Semester beherrscht werden.

Im ersten Tatkomplex ist zunächst die Tatbestandsmäßigkeit der ärztlichen Heilbehandlung zu thematisieren. In der Regel empfiehlt es sich, sich der überwiegenden
Auffassung anzuschließen, die auch in lege artis ausgeführten Heileingriffen ein tat-
bestandliches Handeln sieht.

Anschließend sind am Beispiel der Totalextraktion typische Probleme der Einwilligung in eine ärztliche Heilbehandlung, speziell die Willensmängel, zu prüfen. Weitere
regelmäßig zu prüfende Probleme sind der Umfang der Aufklärungspflicht des Arztes
sowie die mögliche Sittenwidrigkeit des Eingriffes.

Nachfolgend muss die dauerhafte Entstellung gem. § 226 Abs. 1 Nr. 3 StGB erörtert
werden. Hier kann eigenständig argumentiert werden, inwieweit die Einstellung tatsächlich dauerhaft ist und inwieweit die Prothese als Maßnahme zumutbar ist.

Wiederum auf die Einwilligung, diesmal jedoch auf eine falsch erklärte, ist im zweiten Tatkomplex einzugehen. Der sich daraus ergebende Erlaubnistatbestandsirrtum
sollte hier nur kurz angesprochen werden, da dies nicht Schwerpunkt der Prüfung ist.

Im dritten Tatkomplex liegt der Schwerpunkt bei der Aufklärungspflicht des Arztes.

In der folgenden Fallabwandlung sind Mittäterschaft und Beihilfe zu erörtern, wobei besonders auf die Beihilfe durch Unterlassen der A einzugehen ist. Die anschließend geprüfte Strafvereitelung kann entweder bereits im Tatbestand oder zumindest wegen § 258 Abs. 6 StGB abgelehnt werden. Eine ausführliche Prüfung ist nicht erforderlich und würde die Schwerpunktsetzung verschieben.

Vertiefende Hinweise: *Bollacher/Stockburger,* Der ärztliche Heileingriff in der strafrechtlichen Fallbearbeitung, Jura 2006, 908–914; *Otto,* Einwilligung, mutmaßliche, gemutmaßte und hypothetische Einwilligung, Jura 2004, 679–683; *Rönnau,* Grundwissen Strafrecht: Einwilligung und Einverständnis, JuS 2007, 18–20.

Fall 11. Der aufmerksame Nachbar

Sachverhalt

A ist schwer und unheilbar an Krebs erkrankt. Um einem qualvollen Tod zu entgehen, beschließt er bei klarem Bewusstsein, sich selbst zu töten. Nachdem er seinem Vater V von seinem Vorhaben erzählt hat, verfasst er eine Erklärung, in der er sich jede Einmischung Dritter verbittet. Dann nimmt er eine tödlich wirkende Überdosis Schlaftabletten. Weder sein Vater noch andere Personen sind dabei anwesend.

Nachbar B fällt auf, dass A die Post nicht aus dem Briefkasten holt. Nachdem auf sein wiederholtes Klingeln niemand die Tür öffnet, sieht er durch ein Fenster den A am Boden liegen. Daraufhin bricht er die Haustür auf, eilt zu A und ruft sofort den Arzt C herbei. C erkennt, dass As Gehirn mit an Sicherheit grenzender Wahrscheinlichkeit bereits schwer und irreparabel geschädigt ist. Er findet sodann die von A verfasste Erklärung und liest sie. Nach kurzem Zögern pumpt C dennoch As Magen aus und gibt ihm starke Medikamente. Dann wird A in ein Krankenhaus gebracht. Weil nur so sein Leben bewahrt werden kann, wird ihm dort auf Anweisung des C eine Magensonde durch die Bauchdecke eingesetzt. A wacht jedoch nicht auf, sondern verfällt in ein Koma.

Obgleich As Kreislauftätigkeit mit Hilfe aufwändiger Apparaturen in Gang gehalten werden kann, hat er das Bewusstsein auch 24 Monate später nicht zurückerlangt. Rings um die Magensonde hat sich an der Bauchdecke eine eitrige Entzündung gebildet, die trotz Behandlung nicht mehr verheilt. Sein Vater V fordert schließlich, diesem Zustand ein Ende zu setzen, die Magensonde zu entfernen und die Apparate abzuschalten, damit sein Sohn in Frieden sterben könne. Das Krankenhaus und Arzt C verweigern dies. Daraufhin dringt V eines Nachts in die Klinik ein und schaltet den Beatmungsapparat selbst aus. A verstirbt schon einige Stunden später.

Wie haben sich B, C und V strafbar gemacht?

Gliederung

Lösung

I. Strafbarkeit des B

1. Hausfriedensbruch, § 123 Abs. 1 StGB

B könnte sich durch das Aufbrechen der Tür wegen Hausfriedensbruchs gem. § 123 **1** Abs. 1 StGB strafbar gemacht haben.

a) Tatbestand

aa) Objektiver Tatbestand

Dazu müsste er in die Wohnung eines anderen eingedrungen sein. Wohnung ist der **2** Inbegriff von Räumlichkeiten, deren Hauptzweck es ist, Menschen zur ständigen Benutzung zu dienen, ohne primär Arbeitsräume zu sein.[1] Das Haus des A ist damit eine Wohnung. Eindringen bedeutet das Betreten entgegen oder ohne den Willen des Berechtigten.[2] Da A nicht mit Rettungsmaßnahmen einverstanden war, hat B das Haus entgegen seinem Willen betreten. Damit ist der objektive Tatbestand erfüllt.

bb) Subjektiver Tatbestand

B müsste vorsätzlich gehandelt haben, § 15 StGB. Vorsatz ist der Wille zur Verwirk- **3** lichung des Tatbestandes in Kenntnis aller objektiven Tatumstände. B wusste nichts von der Absicht des A zur Selbsttötung. Nach seiner Vorstellung musste er davon ausgehen, das Haus des A zu dessen Rettung betreten zu dürfen. Er ging somit von einem tatbestandsausschließenden Einverständnis aus. Er befand sich damit in einem Tatbestandsirrtum, was gemäß § 16 Abs. 1 S. 1StGB seinen Vorsatz entfallen lässt.

b) Ergebnis

B ist nicht strafbar gem. § 123 Abs. 1 StGB. **4**

2. Sachbeschädigung, § 303 Abs. 1 StGB

B könnte sich durch das Aufbrechen der Tür wegen Sachbeschädigung gem. § 303 **5** Abs. 1 StGB strafbar gemacht haben.

a) Tatbestand

aa) Objektiver Tatbestand

Dann müsste er eine für ihn fremde Sache beschädigt haben. Sachen sind alle kör- **6** perlichen Gegenstände.[3] Fremd ist eine Sache, wenn sie nicht im Alleineigentum des Täters steht und nicht herrenlos ist.[4] Beschädigen ist jede nicht nur unerhebliche körperliche Einwirkung auf die Sache, durch die ihre stoffliche Zusammensetzung verändert oder Unversehrtheit derart aufgehoben ist, dass ihre bestimmungsgemäße Brauchbarkeit gemindert oder aufgehoben ist.[5] Da die Tür verschlossen war, muss davon ausgegangen werden, dass sie nicht ohne eine solche Einwirkung geöffnet werden konnte. Mit der Haustür hat B somit eine für ihn fremde Sache beschädigt.

---

[1] *Fischer*, § 123 Rn. 6.
[2] *Wessels/Hettinger*, BT 1, Rn. 584.
[3] *Wessels/Hillenkamp*, BT 2, Rn. 15.
[4] *Wessels/Hillenkamp*, BT 2, Rn. 17.
[5] *Lackner/Kühl*, § 303 Rn. 3 m. w. N.

bb) Subjektiver Tatbestand

7   B müsste vorsätzlich gehandelt haben, § 15 StGB. Auch hier fragt sich, ob B nicht von einem Einverständnis des A in die Sachbeschädigung ausging. Bei der Sachbeschädigung ist aber fraglich, ob die Zustimmung des Rechtsgutsinhabers den Tatbestand ausschließt oder als rechtfertigende Einwilligung wirkt.[6]

8   **Hinweis:** Es gilt hier, den Unterschied in der Terminologie zu beachten. Man spricht von tatbestandsausschließendem *Einverständnis* oder rechtfertigender *Einwilligung*. Ein *Einverständnis* kommt immer dann in Betracht, wenn ein Tatbestand an den Willen des Opfers anknüpft (z. B. §§ 239, 123 StGB).

9   Geht man mit einer Ansicht davon aus, dass Kern der Sachbeschädigung nicht die Substanz-, sondern die Willensverletzung ist, so würde die Billigung der Rechtsgutsverletzung durch das Opfer bereits den Tatbestand ausschließen.[7] Ein Irrtum über das Vorliegen des Einverständnisses wäre ein Tatbestandsirrtum (siehe oben bei § 123 StGB).

10   Nach überzeugender Auffassung lässt ein Einverständnis in die Sachbeschädigung jedoch nicht den Tatbestand entfallen, sondern die Rechtswidrigkeit. Geschütztes Rechtsgut der Sachbeschädigung ist nämlich das Eigentum und nicht ein irgendwie gearteter Wille.[8] Da ein fehlendes Einverständnis also kein Tatbestandsmerkmal der Sachbeschädigung ist, schließt ein Irrtum über ein angenommenes Einverständnis nicht gem. § 16 StGB den subjektiven Tatbestand aus.

11   Da B bewusst und gewollt die Tür aufgebrochen hat, um dem A im Haus helfen zu können, handelte er somit vorsätzlich im Sinne des § 15 StGB.

b) Rechtswidrigkeit

12   Die Tat könnte durch eine Einwilligung gerechtfertigt sein. Diese muss aber vorher ausdrücklich oder konkludent vom Opfer erklärt werden.[9] Das ist hier nicht geschehen, die Tat ist nicht durch Einwilligung gerechtfertigt.

13   Es könnte jedoch eine mutmaßliche Einwilligung vorliegen. Hierbei ist der hypothetische Wille des Opfers zu ermitteln. Erforderlich ist ein Wahrscheinlichkeitsurteil über den wahren Willen des A unter Berücksichtigung individueller Wünsche, Interessen und Wertvorstellungen.[10] Abzustellen ist dabei auf die ex-ante-Sicht des Täters.[11]

14   In der Regel kann davon ausgegangen werden, dass jemand, der in seinem Hause ohnmächtig auf dem Boden liegt, ein Interesse daran hat, dass ihm geholfen wird. B hatte auch keine Kenntnis von der Selbsttötungsabsicht und der von A abgefassten Erklärung. Ob B Kenntnis von der unheilbaren Krankheit des A hatte, geht aus dem Sachverhalt nicht hervor. Die Nachbarschaftshilfe des B entsprach danach dem mutmaßlichen Willen des A. Die Sachbeschädigung des B ist also über eine mutmaßliche Einwilligung gerechtfertigt und nicht rechtswidrig.

c) Ergebnis

15   B ist nicht strafbar wegen Sachbeschädigung gem. § 303 Abs. 1 StGB.

---

[6] Vgl. dazu *Fischer*, § 303 Rn. 16.
[7] *Roxin*, Strafrecht AT I, § 13 Rn. 2.
[8] Schönke/Schröder/*Stree*, § 303 Rn. 1, 12.
[9] *Kühl*, Strafrecht AT, § 9 Rn. 31; a. A. *Zieschang*, AT, S. 77.
[10] *Kühl*, Strafrecht AT, § 9 Rn. 47.
[11] *Jescheck/Weigend*, AT, § 34 VII Rn. 3; *Wessels/Beulke*, AT, Rn. 382.

II. Strafbarkeit des C

1. Gefährliche Körperverletzung, §§ 223 Abs. 1, 224 Abs. 1 StGB

C könnte sich durch die ärztliche Behandlung des A wegen gefährlicher Körperver- **16** letzung nach §§ 223 Abs. 1, 224 Abs. 1 StGB strafbar gemacht haben.

a) Tatbestand

aa) Objektiver Tatbestand

(1) Grundtatbestand, § 223 Abs. 1 StGB

Dann müsste C den A körperlich misshandelt oder an der Gesundheit geschädigt **17** haben.

Körperliche Misshandlung ist jede üble, unangemessene Behandlung, durch die das **18** körperliche Wohlbefinden oder die körperliche Unversehrtheit mehr als nur unerheblich beeinträchtigt wird.[12] Gesundheitsschädigung ist jedes Hervorrufen oder Steigern eines vom Normalzustand der körperlichen Funktionen nachteilig abweichenden (also pathologischen) Zustandes.[13]

Fraglich ist hier, ob man einen ärztlichen Heileingriff überhaupt als tatbestandliche **19** Körperverletzung ansehen kann. Daran zweifelt die überwiegende Ansicht in der Literatur, da Handlungen, die letztlich der Wiederherstellung der Gesundheit dienen, das körperliche Wohlbefinden bzw. die körperliche Unversehrtheit insgesamt verbessern und nicht verschlechtern.[14] Nach dem sozialen Sinngehalt der Handlungen sei es bei einer solchen Betrachtung verfehlt, ärztliche Eingriffe als Körperverletzungen zu qualifizieren, wenn sie Heilzwecken dienen und auch ihren Erfolg erreichen. Manche stellen auch darauf ab, ob der Eingriff kunstgerecht (lege artis) ausgeführt wurde.[15]

Nach der überzeugenden Rechtsprechung[16] liegt dagegen unabhängig vom Zweck der **20** Behandlung stets eine tatbestandliche Körperverletzung vor, die Behandlung bedarf daher der (rechtfertigenden) Einwilligung des Patienten. Nur so wird der Schutz des Selbstbestimmungsrechts des Patienten gewährleistet. Vertritt man die Ansicht der Literatur, würde dies dazu führen, dass ein Arzt gegen den Willen des Patienten Heileingriffe vornehmen könnte, ohne dabei den Tatbestand der Körperverletzung zu verwirklichen.

Hinweis: Dabei versucht die Literatur, die daraus entstehenden Strafbarkeitslücken über eine An- **21** wendung der §§ 185, 239, 240 StGB zu schließen.[17]

Das Auspumpen des Magens, das Legen der Sonde sowie die Verabreichung der **22** starken Medikamente stellen für die körperliche Unversehrtheit nicht unerhebliche Eingriffe dar und begründen auch jeweils einen vom Normalzustand der körperlichen Funktionen nachteilig abweichenden Zustand. Damit ist § 223 Abs. 1 StGB in beiden Varianten erfüllt. Somit hat C mit seinen Handlungen jeweils den objektiven Tatbestand der einfachen Körperverletzung erfüllt.

(2) Qualifikation, § 224 Abs. 1 StGB

Es fragt sich, ob die beim Legen der Magensonde eingesetzten Instrumente als ge- **23** fährliche Werkzeuge im Sinne des § 224 Abs. 1 Nr. 2 Var. 2 StGB zu qualifizieren sind.

---

[12] BGHSt 14, 269, 271.
[13] *Rengier*, BT II, § 13 Rn. 11.
[14] Etwa Schönke/Schröder/*Eser*, § 223 Rn. 30 ff.; *Lackner/Kühl*, § 223 Rn. 8 ff.
[15] LK/*Lilie*, Vor § 223 Rn. 5.
[16] Seit RGSt 25, 375, vgl. die Nachweise bei *Fischer*, § 223 Rn. 9.
[17] *Joecks*, Vor § 223 Rn. 15.

24   Ein gefährliches Werkzeug ist jeder Gegenstand, der nach seiner objektiven Beschaffenheit und der konkreten Art seiner Verwendung im Einzelfall dazu geeignet ist, erhebliche Körperverletzungen herbeizuführen. Zudem muss der Täter den Gegenstand zu Angriffs- oder Verteidigungszwecken einsetzen.[18] Daran scheitert auch nach ganz herrschender Meinung die Einordnung des lege artis eingesetzten Gegenstandes als gefährliches Werkzeug. Dieser wird nämlich weder zu Angriffs- noch zu Verteidigungszwecken eingesetzt. Die bei der Operation eingesetzten Instrumente sind somit keine gefährlichen Werkzeuge.

25   **Hinweis:** Das Erfordernis der objektiven Beschaffenheit wird von vielen als überflüssig angesehen, es komme nur auf die konkrete Verwendung an. Wenn im Einzelfall ein Gegenstand bei seiner konkreten Verwendung erhebliche Körperverletzungen hervorruft, so ist auch seine objektive Beschaffenheit dazu geeignet. Und wenn die objektive Beschaffenheit geeignet ist, erhebliche Verletzungen herbeizuführen, die konkrete Verwendung jedoch nicht, so handelt es sich auch nicht um ein gefährliches Werkzeug. Das Merkmal der objektiven Beschaffenheit ist damit eigentlich irrelevant.[19]

bb) Subjektiver Tatbestand

26   C handelte bei all seinen Handlungen vorsätzlich, er wollte gerade den Magen des A auspumpen, ihm Medikamente verabreichen und ihm eine Magensonde legen.

b) Rechtswidrigkeit

aa) Einwilligung

27   Eine ausdrückliche ebenso wie eine mutmaßliche Einwilligung kommen als Rechtfertigungsgründe nicht in Betracht. Denn eine ausdrückliche Einwilligung des A lag nicht vor und C konnte auch nicht von einem hypothetischen Willen des A zu diesen Maßnahmen ausgehen, da dem die ausdrücklich abgefasste Erklärung des A entgegenstand, aus der deutlich wurde, dass keine Behandlung erwünscht war.

bb) Rechtfertigender Notstand gem. § 34 StGB

28   Als Rechtfertigungsgrund kommt aber ein rechtfertigender Notstand gem. § 34 StGB in Betracht.

29   Dann müsste zunächst eine Notstandslage gegeben sein. Diese besteht in einer gegenwärtigen, nicht anders abwendbaren Gefahr für Leben, Leib, Freiheit, Ehre, Eigentum oder ein anderes Rechtsgut. Gefahr ist dabei ein Zustand, der bei ungehindertem Fortgang den Eintritt eines Schadens befürchten lässt.[20] Gegenwärtig ist die Gefahr, die unmittelbar bevorsteht oder bereits begonnen hat.[21]

30   Im Haus hatte A sich eine tödlich wirkende Dosis Schlaftabletten verabreicht. Damit bestand eine gegenwärtige Gefahr für sein Leben. Auch im Krankenhaus hängt As Leben von der Magensonde ab. Auch hier bestand also eine Lebensgefahr. Damit liegt jeweils eine Notstandslage vor.

31   Die Notstandshandlung muss jeweils erforderlich, d.h. geeignet und das mildeste Mittel, gewesen sein. Geeignet ist sie, wenn sie mit einer nicht ganz unwesentlichen Erhöhung der Rettungschance verbunden ist.[22] Weiterhin darf kein milderes Mittel bei gleicher Geeignetheit geben. Alle Handlungen waren zumindest geeignet, den Todes-

---

[18] *BGH* NJW 1978, 1206; *Rengier*, BT II, § 14 Rn. 9.
[19] Ausführlich *Rengier*, BT I, § 4 Rn. 24 ff.
[20] *Wessels/Beulke*, AT, Rn. 303.
[21] Vertiefend zum Begriff der Gefahr in § 34 StGB *Kretschmer*, Jura 2005, 662.
[22] MünchKomm/*Erb*, § 34 Rn. 89.

erfolg abzuwenden. Dies zeigt sich schon darin, dass A nicht gestorben, sondern in ein Koma verfallen ist. Auch ist jeweils kein milderes Mittel zur Lebensrettung ersichtlich als das Auspumpen, die Medikamentenverabreichung und die Magensonde.

Im Rahmen des § 34 StGB bedarf es einer Interessenabwägung zwischen den betrof- **32** fenen Rechtsgütern und dem Grad der ihnen drohenden Gefahren. Wenn das geschützte Interesse das beeinträchtigte wesentlich überwiegt, ist die Tat gerechtfertigt. Hier stehen sich jeweils zwei Interessen des A gegenüber, sein Selbstbestimmungsrecht sowie das Interesse am Erhalt seines Lebens. Das Selbstbestimmungsrecht umfasst jedoch auch das Recht, über den Zeitpunkt des eigenen Todes zu entscheiden. Damit überwiegt hier das Selbstbestimmungsrecht.

Die Tat war daher nicht gem. § 34 StGB gerechtfertigt. **33**

c) Schuld

Eine Entschuldigung des C über den entschuldigenden Notstand, § 35 StGB, schei- **34** det vorliegend aus, da es sich bei dem A weder um einen Angehörigen noch um eine sonst nahestehende Person handelt.

In Betracht kommt aber ein übergesetzlicher entschuldigender Notstand. Dabei **35** handelt es sich um einen Entschuldigungsgrund für ganz außergewöhnliche Konfliktsituationen des Täters, der gerade dann in Betracht kommt, wenn sowohl eine Rechtfertigung über § 34 StGB als auch eine Entschuldigung über § 35 StGB ausgeschlossen sind. Auch in solchen Fällen kann man zu dem Ergebnis kommen, dass eine Bestrafung eine besondere Ungerechtigkeit bedeutete. Es bedarf somit einer außergewöhnlichen Konfliktlage des C, bei welcher der Unrechtsgehalt der Tat deutlich gemindert ist und der Täter subjektiv aus schwerer Gewissensnot gehandelt hat.[23] C ist zwar Arzt, Sinn seines Berufes ist somit auch die Rettung von Leben. Es ist aber nicht ungewöhnlich, dass ein Patient die Behandlung verweigert und infolge mangelnder Behandlung sterben wird. Eine gänzlich ungewöhnliche Konfliktsituation liegt somit nicht vor. Insgesamt handelte C also schuldhaft.

d) Ergebnis

Damit ist C strafbar wegen Körperverletzung zum Nachteil des A gem. § 223 Abs. 1 **36** StGB.

Hinweis: Eine andere Ansicht ist hier vertretbar, etwa mit der Begründung, dass die Situation ein **37** schnelles Handeln des Arztes erfordert und es ihm nicht vorwerfbar ist, dass er sich für die Rettung des Lebens des A entschieden hat.

Im Übrigen hätte C sich nicht wegen unterlassener Hilfeleistung gem. § 323 c StGB strafbar ge- **38** macht, wenn er dem A nicht geholfen hätte, denn die Erklärung des A ließe die Rechtswidrigkeit des Unterlassens entfallen.[24]

2. Körperverletzung durch Unterlassen, §§ 223 Abs. 1, 13 StGB

C könnte sich wegen Körperverletzung durch Unterlassen, §§ 223 Abs. 1, 13 StGB, **39** strafbar gemacht haben, weil er die Magensonde später nicht entfernt und das Beatmungsgerät nicht abgestellt hat.

---

[23] Schönke/Schröder/*Lenckner*, Vor §§ 32 ff. Rn. 117.
[24] Vgl. *Fischer*, § 323 c Rn. 6.

a) Tatbestand

aa) Objektiver Tatbestand

40 Zur Diskussion hinsichtlich der Tatbestandsmäßigkeit eines ärztlichen Heileingriffs siehe bereits oben. Vertritt man die Ansicht der Literatur, so wäre hier zu berücksichtigen, dass der Einsatz der Magensonde tatsächlich zu einer Verschlechterung, nämlich einer Entzündung führt. Andererseits könnte A ohne die Magensonde nicht überleben. Damit läge noch ein Heileingriff vor, so dass der Tatbestand der Körperverletzung nicht erfüllt wäre.

41 Nach überzeugender Betrachtungsweise der Rechtsprechung bewirkt jedoch die Magensonde faktisch einen pathologischen Zustand.[25] Somit ist der Erfolg des § 223 Abs. 1 StGB, die körperliche Misshandlung als auch die Gesundheitsschädigung, zumindest durch das Legen der Magensonde eingetreten.

42 Das Beatmungsgerät führt jedoch lediglich zu einer Beatmung des Patienten. Darin ist weder eine üble unangemessene Behandlung für das körperliche Wohlbefinden noch eine Gesundheitsschädigung zu sehen.

43 C hat es unterlassen, die Magensonde zu entfernen und somit die Entzündung aufrechterhalten. Durch die Entfernung der Sonde wäre die Entzündung mit an Sicherheit grenzender Wahrscheinlichkeit zurückgegangen, denn die Magensonde hat die Entzündung ja gerade verursacht. Damit liegt eine kausale Unterlassungshandlung vor.

44 Der Arzt müsste weiterhin gem. § 13 StGB rechtlich dafür einzustehen haben, dass der Erfolg nicht eintritt, er müsste also Garant für die Erfolgsabwendung sein. Garantenstellungen können auf verschiedene Weise entstehen, unter anderem durch vertragliche Übernahme. In der Regel begründet dann auch der Behandlungsvertrag, den der Arzt mit einem Patienten eingegangen ist, Garantenpflichten für den Arzt. Hier war A jedoch die ganze Zeit über bewusstlos und konnte somit mit C gar keinen Behandlungsvertrag schließen. Somit kommt eine Garantenstellung nur aus tatsächlicher freiwilliger Übernahme in Betracht. Auch ohne individuellen Behandlungsvertrag treffen den Arzt Obhutspflichten, wenn er einen Not- oder Bereitschaftsdienst übernommen hat oder für die Behandlung bestimmter Patienten zuständig ist.[26] C ist zur Behandlung zuständig, somit ist C hier Garant für die Erfolgsabwendung.

bb) Subjektiver Tatbestand

45 C wollte den Zustand der gelegten Magensonde aufrechterhalten. Damit handelte er vorsätzlich gem. § 15 StGB.

b) Rechtswidrigkeit

46 Auch handelte C rechtswidrig, es gilt das oben Gesagte entsprechend. Unter Berücksichtigung des Selbstbestimmungsrechts des A scheidet insbesondere eine Rechtfertigung über § 34 StGB aus.

c) Schuld

47 Beim Unterlassungsdelikt wird die Frage bedeutsam, ob dem Täter normgemäßes Verhalten zumutbar war.[27] Dies wird in Ausnahmesituationen verneint, insbesondere

---

[25] *BGH* NJW 2003, 1588, 1590; BeckOK-StGB/*Eschelbach*, § 223 Rn. 8.
[26] Siehe auch Schönke/Schröder/*Stree*, § 13 Rn. 28 a.
[27] SK/*Rudolphi/Stein*, Vor § 13 Rn. 31 m.w.N. Die Einordnung dieses Punktes ist umstritten. Manche sehen ihn analog § 323 c StGB als Tatbestandsmerkmal an, da dort die Zumutbarkeit ausdrücklich

wenn die Rettung für den Täter eine ernsthafte Gefahr bedeuten würde. Ein solcher Fall liegt hier jedoch nicht vor. Aber auch unter Berücksichtigung, dass A nach Entfernung der Magensonde sterben würde, ist zu berücksichtigen, dass er schon zwei Jahre im Koma liegt. Wenn in einem solchen Fall lebenserhaltende Maßnahmen beendet werden, besteht darin keine außergewöhnliche Konfliktsituation für den Arzt.

d) Ergebnis

Somit ist C strafbar gem. §§ 223, 13 StGB wegen des Nichtentfernens der Magensonde, nicht aber wegen des unterlassenen Abschaltens des Beatmungsgeräts. **48**

III. Strafbarkeit des V

1. Tötung auf Verlangen, § 216 Abs. 1 StGB

V könnte sich wegen Tötung auf Verlangen gem. § 216 StGB strafbar gemacht haben, indem er den Beatmungsapparat abschaltete. **49**

a) Objektiver Tatbestand

A ist gestorben. Hätte V den Beatmungsapparat nicht abgeschaltet, wäre A nicht gestorben. Seine Handlung war damit kausal. **50**

Weiterhin müsste V durch ausdrückliches und ernsthaftes Verlangen des A zur Tötung bestimmt worden sein. In der zwei Jahre zurückliegenden Erklärung, wonach A keine weitere Behandlung wünscht, liegt aber schon nicht die Aufforderung, das Leben des A durch eine eigene Handlung des V zu beenden. **51**

Damit ist der objektive Tatbestand des § 216 StGB nicht erfüllt. **52**

b) Ergebnis

V ist nicht strafbar gem. § 216 Abs. 1 StGB. **53**

2. Totschlag, § 212 Abs. 1 StGB

V könnte sich durch das Abschalten des Beatmungsgerätes wegen Totschlags gem. § 212 Abs. 1 StGB strafbar gemacht haben. **54**

a) Tatbestand

aa) Objektiver Tatbestand

A ist gestorben, der Erfolg des § 212 Abs. 1 StGB ist eingetreten. **55**

Dies müsste durch eine kausale Handlung des V hervorgerufen worden sein. Hier **56** fragt sich, ob die strafrechtlich relevante Verhaltensweise des V in einem aktiven Tun oder eher einem Unterlassen liegt. Bei der Abgrenzung von Tun und Unterlassen ist nach überwiegender Ansicht der Schwerpunkt des strafrechtlich relevanten Verhaltens zu bestimmen (sog. Schwerpunktformel).[28] Hier kann man einerseits argumentieren, dass V aktiv den Schalter am Beatmungsgerät betätigte. Dies würde für ein aktives Tun sprechen. Andererseits ist zu bedenken, dass hier durch das Abschalten gerade eine fortlaufende Behandlung abgebrochen wurde. Nach einer Gesamtbetrachtung spricht

---

im Tatbestand genannt ist: *Heinrich*, AT II, Rn. 904 m.w.N.; manche verorten den Punkt auch auf Rechtfertigungsebene.

[28] MünchKomm/*Freund*, § 13 Rn. 5.

dies eher für ein Unterlassen. Nach überwiegender Ansicht handelt denn auch ein Arzt, der ein Beatmungsgerät abschaltet, nicht durch aktives Tun, sondern durch Unterlassen.[29]

57   **Hinweis:** Diese Ansicht ist auch von dem Bemühen getragen, überhaupt einen Behandlungsabbruch zu ermöglichen. Denn nähme man beim Abschalten eines Beatmungsgerätes aktives Tun an, wäre es wegen der Wertung des § 216 StGB stets strafbar.[30]

58   Hier hat jedoch V in die vom Arzt eingeleitete und aufrechterhaltene Krankheitsbehandlung eingegriffen. In einem solchen Fall wird überwiegend aktives Verhalten angenommen.[31] Dem ist zuzustimmen, da bei einem Eingreifen Dritter von außen aktiv ein rettender und andauernder Behandlungsverlauf beeinträchtigt wird.

59   Es ist aber fraglich, ob man den Tatbestand des § 212 Abs. 1 StGB für Fälle der vorliegenden Art nicht teleologisch reduzieren sollte. Jedenfalls in Fällen, in denen der Tod des Patienten sicher und nahe ist, wird eine Strafbarkeit des Arztes abgelehnt, wenn der Patient bestimmt hat, dass in einem solchen Fall keine lebensverlängernden Maßnahmen aufrecht erhalten werden sollen.[32] Problematisch ist hier zwar, dass A sich noch nicht in der Sterbephase befindet. Jedoch liegt er bereits seit zwei Jahren im Koma, eine Aussicht auf Heilung besteht wohl nicht. Auch hier ist nach überwiegender Ansicht das Selbstbestimmungsrecht des Patienten zu berücksichtigen. Entspricht ein Behandlungsabbruch seinem wirklichen oder mutmaßlichen Willen, so ist dieser Wille zu berücksichtigen, d.h. die Behandlung darf abgebrochen werden. Hier ergibt sich aus der Erklärung des A sogar ausdrücklich, dass er sterben wollte. Mangels entgegenstehender Hinweise kann auch davon ausgegangen werden, dass dieser Wille noch fortbesteht.

60   Somit bliebe der Behandlungsabbruch grundsätzlich straflos. Jedoch darf ein solcher Abbruch nur von dem behandelnden Arzt vorgenommen werden, nicht aber auch von einem Angehörigen. Denn nur der Arzt kann die Voraussetzungen für einen zulässigen Abbruch fachgerecht beurteilen, außerdem trägt er die Verantwortung für eine sachgemäße Behandlung.[33]

61   Damit hat V den objektiven Tatbestand des § 212 Abs. 1 StGB erfüllt.

62   **Exkurs zur Sterbehilfe:** Neben der vorliegenden Konstellation der sog. passiven Sterbehilfe, also dem Abbruch lebensrettender Maßnahmen, kann Sterbehilfe in verschiedenen Varianten geleistet werden. Zunächst sind die Fälle der Schmerzlinderung zu nennen, die überwiegend auch als „indirekte Sterbehilfe" beschrieben werden. Der Arzt verabreicht dem Patienten hierbei Medikamente, um ihm die möglicherweise schmerzhafte Phase vor dem Todeseintritt erträglicher zu gestalten. Hier muss unterschieden werden, ob die Verabreichung der Medikamente zu einer Lebensverkürzung führt oder nicht. Im letzteren Fall bleibt der Arzt straflos. Aber auch im Falle lebensverkürzender Wirkungen wird eine Straflosigkeit anerkannt: Während eine Ansicht hierbei schon die Verwirklichung des Tatbestandes des § 212 Abs. 1 StGB mit dem Argument ablehnt, der Schutzzweck der Tötungsdelikte umfasse keine lebensverkürzenden Wirkungen schmerzlindernder Maßnahmen,[34] kommt die Rechtsprechung zu einer Rechtfertigung über § 34 StGB.[35] Daneben gibt es noch die direkte aktive Sterbehilfe. Dabei nimmt jemand Maßnahmen vor, die darauf gerichtet sind, zu einer Lebensverkürzung des Pati-

---

[29] BGHSt 40, 257, 265; a. A. etwa LK/*Jähnke*, Vor § 211 Rn. 18.

[30] Manche, die derart vorgehen, kommen aber auch zu einer Straflosigkeit des Arztes, indem der Schutzzweck der Tötungsdelikte für solche Konstellationen oder die Rechtswidrigkeit verneint wird, *Wessels/Hettinger*, § 1 Rn. 37.

[31] *Kühl*, AT, § 18 Rn. 18 m. w. N.

[32] Vgl. dazu BGHSt 40, 257.

[33] *Roxin*, in: Roxin/Schroth, Medizinstrafrecht, 3. Aufl., 2007, S. 313, 332; LK/*Jähnke*, Vor § 211 Rn. 20; a. A. Schönke/Schröder/*Eser*, Vor §§ 211 ff. Rn. 32 m. w. N.

[34] LK/*Jähnke*, Vor § 211 Rn. 17; *Roxin*, Zur strafrechtlichen Beurteilung der Sterbehilfe, in: Roxin/Schroth, Medizinstrafrecht, 3. Aufl., 2007, S. 323.

[35] BGHSt 42, 301, 305.

enten zu führen. Dies ist strafbar, schon die Tötung eines anderen auf dessen ernstliches und ausdrückliches Verlangen hin wird in § 216 StGB pönalisiert.[36]

bb) Subjektiver Tatbestand

V wollte den Todeserfolg gerade durch das Abschalten des Beatmungsgerätes her- 63
beiführen. Damit handelte er vorsätzlich im Sinne des § 15 StGB.

b) Rechtswidrigkeit und Schuld

V handelte auch rechtswidrig und schuldhaft. Eine Rechtfertigung über § 34 StGB 64
oder eine Entschuldigung über § 35 StGB scheiden aus, da V nicht der behandelnde
Arzt ist, s. o.

c) Ergebnis

V ist strafbar wegen Totschlags gem. § 212 StGB.[37]   65

3. Gefährliche Körperverletzung, §§ 223 Abs. 1, 224 Abs. 1 StGB

V hat auch eine gefährliche Körperverletzung verwirklicht. Die das Leben gefähr- 66
dende Behandlung zeigt sich im eingetretenen Tod des A. Der Körperverletzungsvorsatz ist mit im Tötungsvorsatz enthalten. Die gefährliche Körperverletzung tritt subsidiär hinter das verwirklichte Tötungsdelikt zurück.

4. Hausfriedensbruch, § 123 Abs. 1 StGB

V könnte sich durch das Eindringen in die Klinik wegen Hausfriedensbruchs, § 123 67
Abs. 1 StGB, strafbar gemacht haben.

a) Tatbestand

Dann müsste er gegen oder ohne den Willen des Hausrechtsinhabers in das Kranken- 68
haus eingedrungen sein. Unabhängig davon, ob grundsätzlich eine generelle Einwilligung in das Betreten eines Krankenhauses gegeben ist, ist V hier nachts eingedrungen. Es
kann nicht ohne Weiteres davon ausgegangen werden, dass eine etwaige Zutrittserlaubnis auch außerhalb der Besuchszeiten gelten soll. Damit hat V hier das Krankenhaus gegen den Willen des Hausrechtsinhabers betreten. Er handelte dabei vorsätzlich.

b) Rechtswidrigkeit und Schuld

Auch handelte er rechtswidrig und schuldhaft.   69

c) Ergebnis

Damit ist V strafbar wegen Hausfriedensbruchs gem. § 123 Abs. 1 StGB. Gem. 70
§ 123 Abs. 2 StGB wird die Tat nur auf Antrag verfolgt.

IV. Gesamtergebnis

B ist straflos.   71
C ist strafbar wegen Körperverletzung in Tatmehrheit mit Körperverletzung durch
Unterlassen, §§ 223 Abs. 1; 223 Abs. 1, 13; 53 StGB.

---

[36] Weiterführend *Roxin*, Zur strafrechtlichen Beurteilung der Sterbehilfe, in: Roxin/Schroth, Medizinstrafrecht, 3. Aufl., 2007, S. 313 ff.
[37] A. A. vertretbar.

V ist strafbar wegen Totschlags gemäß § 212 Abs. 1 StGB. Die gleichzeitig verwirklichte gefährliche Körperverletzung tritt subsidiär zurück. Tateinheitlich dazu hat er einen Hausfriedensbruch gem. § 123 Abs. 1 StGB begangen.

Fallbeurteilung

Der Fall lehnt sich an BGHSt 32, 367 an. Es handelt sich angesichts der teilweisen Sonderproblematik um eine etwas über den durchschnittlichen Anforderungen liegende Fortgeschrittenenklausur. Die Fragen um den ärztlichen Heileingriff sowie Sterbehilfe und Patientenverfügung sollten gerade wegen der aktuellen Bedeutung und Diskussionen nicht vernachlässigt werden. Beim Heileingriff gilt es, den Streit um seine Tatbestandsmäßigkeit zu kennen sowie das gefährliche Werkzeug zutreffend abzulehnen.

Im Rahmen der Sterbehilfe ist zunächst die Tathandlung genau zu bestimmen, wobei schon einige unproblematische Konstellationen ausgesondert werden können (siehe den Exkurs). Weiterhin ist zu erkennen, dass eine möglicherweise abgegebene Patientenverfügung wegen des Selbstbestimmungsrechtes des Patienten die Strafbarkeit des Arztes entfallen lassen kann.[38] Hier werden Fälle problematisch, in denen keine schriftliche Verfügung vorliegt, sondern nur (unter Umständen lange zurückliegende und beiläufige) Äußerungen. Hier sollte die Wirkung der jeweiligen Äußerung genau untersucht werden.

Auch ist zu beachten, dass eine zulässige Sterbehilfe Sache des Arztes ist. In den Fällen der Sterbehilfeorganisationen wird einer Strafbarkeit in der Regel entgangen, indem man den Suizidenten mittels einer Maschine, deren Funktionsweise man ihnen erklärt, ermöglicht, sich selbst zu töten. Mangels strafbarer Haupttat (Straffreiheit der Selbsttötung) fehlt ein Anknüpfungspunkt für eine Teilnahmestrafbarkeit. In Betracht kommt in diesen Fällen lediglich § 323c StGB. Auch wenn jede durch einen Selbsttötungsversuch hervorgerufene Gefahrenlage als Unglücksfall im Sinne dieser Vorschrift angesehen wird, wird eine Strafbarkeit verneint, da die passive Nicht-Verhinderung eines Selbstmordes nicht zu einer Strafbarkeit führen könne, wenn schon die aktive Teilnahme daran straflos bleibe.[39]

Im Übrigen läge es hier fern, einen Heimtückemord des V anzusprechen, denn es wäre bereits die Arglosigkeit des A zu verneinen, da er im komatösen Zustand keinen Argwohn bilden kann und auch bei seinem Selbstmordversuch keine Arglosigkeit mit in das Koma nahm o.Ä. Auch fehlte es an der feindlichen Willensrichtung oder einem verwerflichen Vertrauensbruch.

Weiterführende Hinweise: *Küpper,* Der Täter als „Werkzeug" des Opfers?, JuS 2004, 757–760 (Besprechung von BGH NJW 2003, 2326 und OLG Nürnberg, NJW 2003, 454); *Roxin,* Zur strafrechtlichen Beurteilung der Sterbehilfe, in: Roxin/Schroth (Hrsg.), Medizinstrafrecht, 3. Aufl., 2007, S. 313–356; *Schreiber,* Das ungelöste Problem der Sterbehilfe. Zu den neuen Entwürfen und Vorschlägen, NStZ 2006, 473–479; *Schroth,* Sterbehilfe als strafrechtliches Problem, GA 2006, 549–572.

---

[38] Dazu näher *Fischer,* Vor § 211 Rn. 26.
[39] *Fischer,* § 323c Rn. 3b m.w.N.

Fall 12. Tombstone

Sachverhalt

„Tombstone" heißt eine einsame Postkutschenstation irgendwo im Wilden Westen Deutschlands. Umzogen von einem niedrigen Wall aus vertrocknetem Buschwerk stehen ein Hauptgebäude und eine kleine alte Scheune, die nur aus zwei Räumen besteht und vorbeikommenden Reisenden als Nachtquartier dient. Daneben befindet sich noch ein Stall, in dem Durchreisende ihre Pferde unterstellen können. Gäste sind dem alten P, dem die Station gehört und der dort zusammen mit seiner schönen Nichte N ganz allein wohnt, stets willkommen, denn außer ihnen gibt es kaum Abwechslung.

An diesem Abend hat P jedoch äußerst unangenehme Besucher. Laut grölend und mit Revolverschüssen reitet die gefürchtete A-Bande durch das wie immer offen stehende Tor auf sein Grundstück. P weiß, dass er gegen sie machtlos ist. Er lässt die Bande in sein Haus und wird von ihnen in seinem Zimmer eingeschlossen, während sich A und seine Leute über die Alkoholvorräte der Station hermachen. Dabei drohen sie der N an, dass sie sie ebenfalls einsperren werden, wenn sie ihnen die Getränke nicht auftischt. N serviert A und seinen Kumpanen daraufhin den Alkohol.

Die Stimmung des A wird immer besser. Weil er meint, zu einem wirklichen Fest gehöre auch eine Beleuchtung, zündet er die Scheune an, nachdem er sich vorher vergewissert hat, dass keiner der Männer dort seinen Rausch ausschläft. Die Scheune brennt daraufhin vollständig ab. Um seine Leute zu erfreuen, bricht er dann mit einem Stemmeisen den Pferdestall auf und verschenkt das einzige darin befindliche Tier an einen seiner Männer. P muss dies alles vom Fenster aus mit ansehen.

Wie hat sich A strafbar gemacht? Gegebenenfalls erforderliche Strafanträge wurden gestellt.

Gliederung

Lösung

Hinweis: Es empfiehlt sich eine chronologische Prüfung, da es viele Delikte zu prüfen gilt und man **1** auf diese Weise dem Vergessen von Tatbeständen vorbeugt.

I. Erster Tatkomplex: Der Ritt auf das Grundstück und das Betreten des Hauses

1. Hausfriedensbruch, § 123 Abs. 1 StGB

Durch den Ritt auf das Grundstück und das Betreten des Hauses könnte sich A we- **2** gen Hausfriedensbruchs gemäß § 123 Abs. 1 StGB strafbar gemacht haben.

a) Objektiver Tatbestand

Dazu müssten zunächst die objektiven Tatbestandsmerkmale erfüllt sein. **3**

aa) Wohnung, Geschäftsräume, befriedetes Besitztum

A könnte eine Wohnung betreten haben. Wohnung ist der Inbegriff von Räumlich- **4** keiten, welche hauptsächlich der ständigen Benutzung durch Menschen dienen, ohne dass sie in erster Linie Arbeitsräume sind.[1] Das Grundstück ist keine Wohnung, wohl aber das Haus des P.

Daneben könnten Geschäftsräume vorliegen. Geschäftsräume sind abgeschlossene **5** Betriebs- und Verkaufsstätten, die vorübergehend oder dauernd gewerblich genutzt werden.[2] Dies würde allenfalls für die Scheune, in der P Übernachtungsgäste unter- bringt, zutreffen. Das Haus wird aber von ihm selbst bewohnt.

Das Grundstück könnte ein befriedetes Besitztum sein. Befriedetes Besitztum ist ein **6** Grundstück, wenn es durch zusammenhängende, nicht unbedingt lückenlose Schutz- wehren wie z.B. Mauern, Zäune, Hecken in äußerlich erkennbarer Weise gegen das willkürliche Betreten durch andere gesichert ist.[3] Hier ist das Grundstück von einem Wall aus vertrocknetem Buschwerk umzogen. Ein befriedetes Besitztum liegt vor.

bb) Eindringen

A müsste in das Haus oder auf das Grundstück eingedrungen sein. Unter Eindrin- **7** gen versteht man das Betreten gegen den Willen des Berechtigten.[4] Gleichgültig ist dabei, ob der Wille ausdrücklich erklärt wird oder sich aus den Umständen ergibt.

P hat A in das Haus gelassen. Damit liegt zumindest ein konkludentes Einverständ- nis vor. Ein innerer Vorbehalt des P, der den A nicht wirklich in seinem Haus haben

---

[1] *Fischer*, § 123 Rn. 6.
[2] *Fischer*, § 123 Rn. 7.
[3] *Fischer*, § 123 Rn. 8.
[4] *Fischer*, § 123 Rn. 14.

will, spielt dabei keine Rolle, solange ihm das Einverständnis nicht abgenötigt wurde.[5] Aus dem Sachverhalt ergibt sich jedoch nicht, die Erteilung der Erlaubnis erzwungen hätte. Damit liegt ein tatbestandsausschließendes Einverständnis vor.

8   **Hinweis:** Eine andere Auffassung ist hier vertretbar mit der Begründung, dass aus dem Auftreten As erkennbar war, dass er notfalls Gewalt gegen P anwenden würde. Dann läge eine konkludente Drohung mit einem empfindlichen Übel vor, das Einverständnis wäre dem P abgenötigt worden. Ein Eindringen in das Haus läge dann vor. Zu prüfen wäre dann außerdem § 240 StGB.

9   A könnte jedoch gegen den Willen des P auf dessen befriedetes Besitztum eingedrungen sein. Dem könnte entgegenstehen, dass das Grundstück dem Publikumsverkehr grundsätzlich offen steht und zu diesem Zweck auch das Tor stets geöffnet ist. Die Verfolgung eines widerrechtlichen Zweckes erfüllt dabei nicht ohne Weiteres den Tatbestand des Eindringens, sondern nur, wenn das äußere Erscheinungsbild des Betretens von dem Verhalten abweicht, das durch die generelle Zutrittserlaubnis gedeckt wird.[6] Eine solche Abweichung kann vorliegend aufgrund der Revolverschüsse und dem lauten Grölen angenommen werden, denn P bietet nur ruhigen und nicht gefährlichen Personen eine Unterkunft an, was bei A nicht der Fall ist. Ein Eindringen liegt somit vor.

b) Subjektiver Tatbestand

10   A müsste vorsätzlich gehandelt haben. Ihm war es gleichgültig, ob er gegen den Willen Ps eindringt oder nicht; er wollte das Grundstück in jedem Falle betreten und musste mit der Möglichkeit rechnen, dass er bei P nicht erwünscht war. Er nahm damit eine Verletzung des Hausrechts jedenfalls billigend in Kauf. Somit liegt zumindest bedingter Vorsatz vor.

c) Rechtswidrigkeit, Schuld

11   Die Tat war rechtswidrig und schuldhaft.

2. Ergebnis für den ersten Tatkomplex

12   A ist strafbar wegen Hausfriedensbruchs gemäß § 123 StGB. Der nach § 123 Abs. 2 StGB erforderliche Strafantrag wurde gestellt.

II. Zweiter Tatkomplex: Das Einschließen des P

1. Freiheitsberaubung, § 239 Abs. 1 StGB

13   Durch das Einschließen des P in das Zimmer könnte sich A wegen Freiheitsberaubung gemäß § 239 Abs. 1 Var. 1 StGB strafbar gemacht haben.

a) Objektiver Tatbestand

14   Dazu müsste er den P eingesperrt haben. Unter Einsperren (Var. 1) versteht man das Festhalten eines anderen Menschen in einem umschlossenen Raum durch äußere Vorrichtungen, so dass der Betroffene objektiv gehindert ist, sich von dem Ort wegzubewegen.[7] P wurde in dem Zimmer eingeschlossen und konnte dieses nicht mehr verlassen. Ein Einsperren liegt vor.

---

[5] LK/*Lilie*, § 123 Rn. 55.
[6] Schönke/Schröder/*Sternberg-Lieben*, § 123 Rn. 26.
[7] *Fischer*, § 239 Rn. 7.

b) Subjektiver Tatbestand

A handelte vorsätzlich. **15**

c) Rechtswidrigkeit, Schuld

Die Tat war rechtswidrig. A handelte schuldhaft. **16**

d) Ergebnis

A ist strafbar wegen Freiheitsberaubung gemäß § 239 Abs. 1 Var. 1 StGB. **17**

2. Nötigung, § 240 StGB

Daneben hat sich A wegen Nötigung gemäß § 240 Abs. 1 StGB strafbar gemacht, da **18** er P unter Anwendung von Gewalt gezwungen hat, das Eingesperrtsein zu dulden. Die Nötigung tritt jedoch hinter der Freiheitsberaubung subsidiär zurück, da sie in dieser zwingend enthalten ist.

3. Ergebnis für den zweiten Tatkomplex

A ist strafbar wegen Freiheitsberaubung gemäß § 239 Abs. 1 Var. 1 StGB. **19**

III. Dritter Tatkomplex: Die Plünderung der Alkoholvorräte

1. Raub, § 249 Abs. 1 StGB

A könnte sich wegen Raubes nach § 249 Abs. 1 StGB strafbar gemacht haben. Er- **20** forderlich ist eine qualifizierte Nötigung. A hat keine Gewalt angewendet. Er hat zwar mit einem empfindlichen Übel, nämlich dem Einsperren gedroht, nicht aber mit einer gegenwärtigen Gefahr für Leib oder Leben. Ein Raub nach § 249 Abs. 1 StGB scheidet daher aus.

2. Diebstahl mit Waffen, Bandendiebstahl, §§ 242 Abs. 1, 244 Abs. 1, 2 StGB

Durch das Plündern der Alkoholvorräte könnte sich A wegen Diebstahls mit Waf- **21** fen und Bandendiebstahl gemäß §§ 242 Abs. 1, 244 Abs. 1 Nr. 1a, Abs. 2 StGB strafbar gemacht haben.

a) Objektiver Tatbestand des § 242 Abs. 1 StGB

A müsste eine fremde bewegliche Sache weggenommen haben. Die Getränke sind **22** bewegliche Sachen. Fraglich ist, ob sie für A fremd sind, denn durch das Servieren könnte N ihm die Getränke übereignet haben. Dies ist allerdings schon deshalb problematisch, weil die Getränke nicht im Eigentum der N, sondern des P stehen. Im Übrigen setzt gemäß § 929 S. 1 BGB die wirksame Übereignung neben der Übergabe eine Einigung voraus, d.h. der Übereignende muss eine auf die Übereignung zielende Willenserklärung abgeben. N wie auch P waren aber mit dem Verzehr der Getränke nicht einverstanden, da allen Beteiligten klar war, dass A diese nicht bezahlen würde. Eine Übereignung fand daher nicht statt. Die Getränke sind für A fremd.

Weiterhin müsste A die Getränke weggenommen haben. Wegnahme ist der Bruch **23** fremden und die Begründung neuen Gewahrsams.[8] N hat die Getränke jedoch aufge-

---

[8] *Wessels/Hillenkamp*, BT 2, Rn. 71.

tischt und könnte sie somit freiwillig weggegeben haben. Dem steht jedoch entgegen, dass sie die Getränke nur unter der Androhung aufgetragen hat, sie werde ebenfalls eingesperrt werden. Die Rspr. bejaht in diesen Fällen eine Wegnahme dann, wenn nach dem äußeren Erscheinungsbild ein Nehmen und nicht ein Geben vorliegt.[9] Da im vorliegenden Fall N die Getränke serviert und damit hergibt, scheidet eine Wegnahme nach der Rspr. aus. Nach h.L. ist dagegen die Sicht des Opfers maßgeblich.[10] Verfügt das Opfer aus seiner Sicht über den Vermögensgegenstand und ist der Täter auf seine Mitwirkung angewiesen, so liegt eine Vermögensverfügung vor, so dass nach Auffassung der h.L. nur § 253 StGB greifen kann. Anders ist es, wenn aus Sicht des Opfers der Täter ohnehin auf den Vermögensgegenstand zugreifen und ihn auch ohne seine Mitwirkung an sich nehmen würde. Hätte N sich geweigert, hätten A und seine Kumpanen sich selbst bedient. Die Mitwirkung der N stellt sich deshalb nicht als Vermögensverfügung dar, vielmehr liegt eine Wegnahme vor.

24   **Hinweis:** Dieser Meinungsstreit ist vor allem für die Abgrenzung zwischen Raub und räuberischer Erpressung relevant.[11] Da hier aber keine qualifizierte Nötigung vorliegt, kommen hier weder § 249 StGB noch § 255 StGB in Betracht.

25   Gegen die Auffassung der Rechtsprechung spricht, dass der Raub kein Unterfall der Erpressung ist. Die Erpressung ist ein Selbstschädigungsdelikt und setzt anders als der Raub eine Vermögensverfügung in Form einer willentlichen Gewahrsamsübertragung voraus. Daher ist die innere Willensrichtung des Opfers maßgeblich.
Der objektive Tatbestand des Diebstahls ist erfüllt.

   Hinweis: Folgt man der Rechtsprechung, so scheidet eine Wegnahme und somit der Diebstahl aus. Zu prüfen ist dann die Erpressung gemäß § 253 StGB.

b) Objektiver Tatbestand des § 244 Abs. 1 Nr. 1a, Abs. 2 StGB

26   A und seine Kumpanen tragen Revolver bei sich und damit Waffen im Sinne des § 244 Abs. 1 Nr. 1a StGB. Eine Bande nach § 244 Abs. 2 StGB besteht, wenn sich mindestens drei Personen zur Verübung fortgesetzter, im Einzelnen noch ungewisser Diebes- oder Raubtaten zusammengeschlossen haben.[12] Im Sachverhalt werden A und seine Kumpanen zwar als Bande bezeichnet, jedoch ist unklar, ob sie sich zur Begehung weiterer Diebes- oder Raubtaten zusammengeschlossen haben. Eine Bande im Sinne des § 244 Abs. 2 StGB liegt daher nicht vor.

c) Subjektiver Tatbestand

27   A handelt vorsätzlich und mit rechtswidriger Zueignungsabsicht, da er die Getränke verzehren will. Er handelt außerdem vorsätzlich in Bezug auf das Beisichführen einer Waffe.

d) Rechtswidrigkeit, Schuld

28   Die Tat war rechtswidrig. A handelt schuldhaft.

e) Ergebnis

29   A hat sich wegen Diebstahls mit Waffen strafbar gemacht.

---

[9] *BGH* NStZ 1999, 350.
[10] *Wessels/Hillenkamp*, BT 2, Rn. 713 m.w.N.
[11] Vgl. ausführlich *Rengier*, BT I, § 11 Rn. 33 ff.
[12] BGHSt GS 46, 321.

3. Nötigung, § 240 StGB

Daneben könnte A sich wegen Nötigung strafbar gemacht haben, da er N mit dem **30** Einsperren gedroht hat.

a) Objektiver Tatbestand

In Betracht kommt die Drohung mit einem empfindlichen Übel. Drohung ist das **31** Inaussichtstellen eines künftigen Übels, auf dessen Eintritt der Drohende sich Einfluss zuschreibt.[13] Empfindlich ist ein Übel, wenn der in Aussicht gestellte Nachteil dazu geeignet ist, einen besonnen Menschen zu dem mit der Drohung bezweckten Verhalten zu bestimmen.[14] A drohte der N an, sie einzusperren. Das angedrohte Übel ist empfindlich. Der von A angestrebte Nötigungserfolg war das Servieren der Getränke durch N. Dieser ist eingetreten. Der objektive Tatbestand der Nötigung ist damit erfüllt.

b) Subjektiver Tatbestand

A handelte vorsätzlich. **32**

c) Rechtswidrigkeit, Schuld

Rechtfertigungsgründe liegen nicht vor. Die Androhung des Einsperrens zum ange- **33** strebten Zweck, nämlich des Servierenlassens der Getränke, ist verwerflich, § 240 Abs. 2 StGB. Die Tat ist rechtswidrig. A handelt zudem schuldhaft.

d) Ergebnis

Er ist strafbar wegen Nötigung gemäß § 240 Abs. 1, 2 StGB. **34**

4. Ergebnis für den dritten Tatkomplex

A ist strafbar wegen Diebstahls mit Waffen in Tateinheit mit Nötigung gemäß **35** §§ 242 Abs. 1, 244 Abs. 1 Nr. 1a, 240 Abs. 1, 2, 52 StGB.

IV. Vierter Tatkomplex: Das Anzünden der Scheune

1. Brandstiftung, § 306 Abs. 1 StGB

Durch das Anzünden der Scheune könnte sich A wegen Brandstiftung gemäß § 306 **36** Abs. 1 StGB strafbar gemacht haben.

a) Objektiver Tatbestand

A müsste ein fremdes Gebäude in Brand gesetzt oder durch eine Brandlegung ganz **37** oder teilweise zerstört haben.

Ein Gebäude nach § 306 Abs. 1 Nr. 1 Var. 1 StGB ist ein umschlossener Raum, der **38** dem Aufenthalt von Menschen dienen kann.[15] Die Scheune dient vorbeikommenden Reisenden als Nachtquartier, Menschen können sich darin aufhalten. Ein Gebäude liegt vor. Das Gebäude wird in Brand gesetzt, wenn es auch nach der Entfernung des

---

[13] BGHSt 16, 386; *Wessels/Hettinger*, BT 1, Rn. 402.
[14] *BGH* NStZ 1987, 222, 223; *Fischer*, § 240 Rn. 32a.
[15] *Fischer*, § 306 Rn. 3.

Zündstoffes noch selbständig weiter brennt.[16] Dies ist vorliegend gegeben. Weiterhin wurde die Scheune zerstört, da sie vollständig abgebrannt ist und somit ihre bestimmungsgemäße Brauchbarkeit vollständig aufgehoben wurde.

b) Subjektiver Tatbestand

39   A handelte vorsätzlich.

c) Rechtswidrigkeit, Schuld

40   Die Tat ist rechtswidrig. A handelte schuldhaft.

d) Ergebnis

41   A ist strafbar wegen Brandstiftung nach § 306 Abs. 1 StGB.

2. Schwere Brandstiftung, § 306 a Abs. 1 StGB

42   A könnte sich außerdem wegen schwerer Brandstiftung nach § 306 a Abs. 1 StGB strafbar gemacht haben.

a) Objektiver Tatbestand

43   Nach § 306 a Abs. 1 Nr. 1 StGB müsste er ein Gebäude, welches der Wohnung von Menschen dient, in Brand gesetzt haben. Die Scheune ist ein Gebäude. Sie würde Menschen als Wohnung dienen, wenn sie von einer Person zumindest vorübergehend als Mittelpunkt seines Lebens genutzt worden wäre.[17] Dabei kann auch ein Hotel eine Wohnung sein, insbesondere wenn sich gerade Übernachtungsgäste darin aufhalten.[18] Problematisch ist hier allerdings, dass die Scheune derzeit leer steht und P darin nur gelegentlich Reisende übernachten lässt. Zwar ist nicht erforderlich, dass sich zum Zeitpunkt der Brandsetzung ein Mensch im Gebäude aufhält, ein leerstehendes Hotel, in dem zum Beispiel wegen Betriebsferien gerade keine Zimmer vermietet werden, genügt jedoch nicht.[19] Zum Tatzeitpunkt hat niemand das Gebäude zu seinem Lebensmittelpunkt gemacht, es ist nicht bewohnt. § 306 a Abs. 1 Nr. 1 StGB scheidet daher aus.

44   Die Scheune könnte jedoch eine Räumlichkeit sein, die zeitweise dem Aufenthalt von Menschen dient, § 306 a Abs. 1 Nr. 3 StGB. Da in der Scheune gelegentlich Gäste übernachten, dient sie zeitweise dem Aufenthalt von Menschen. Weiterhin müsste A die Scheune zu einem Zeitpunkt in Brand gesetzt haben, in dem sich Menschen dort aufzuhalten pflegen. In der Scheune halten sich vor allem nachts Gäste auf, die dort schlafen. Da die Scheune in dieser Zeit in Brand gesetzt wurde, ist § 306 a Abs. 1 Nr. 3 StGB grundsätzlich erfüllt.

45   Etwas anderes könnte sich jedoch daraus ergeben, dass A sich vor der Brandlegung vergewisserte, dass sich niemand in der Scheune befindet. Da eine Gefährdung von Menschen sicher ausgeschlossen ist, kommt eine teleologische Reduktion der Vorschrift in Betracht, da der Schutzzweck der Norm möglicherweise nicht mehr betroffen ist. Nach überwiegender Ansicht gilt dies jedoch nur bei kleinen Hütten oder Häuschen, die mit einen Blick überschaut werden können. In allen anderen Fällen

---

[16] *Fischer*, § 306 Rn. 14.
[17] Schönke/Schröder/*Heine*, § 306 a Rn. 5.
[18] *Fischer*, § 306 a Rn. 4.
[19] *BGH* NStZ 1984, 455; 1999, 32, 34; Schönke/Schröder/*Heine*, § 306 a Rn. 5.

kann der Täter die abstrakte Gefährdung nicht ausschließen.[20] Im vorliegenden Fall handelt es sich zwar um eine kleine Scheune. Da sie jedoch aus zwei Räumen besteht, kann nicht auf einen Blick festgestellt werden, ob sich Menschen darin befinden. § 306 a Abs. 1 Nr. 3 StGB liegt daher vor.

b) Subjektiver Tatbestand

A weiß, dass die Scheune zweitweise dem Aufenthalt von Menschen dient und dass **46** sich nachts dort Menschen aufzuhalten pflegen. Er handelt vorsätzlich.

c) Rechtswidrigkeit, Schuld

Die Tat war rechtswidrig und schuldhaft. **47**

d) Ergebnis

A hat sich wegen schwerer Brandstiftung strafbar gemacht. **48**

3. Sachbeschädigung, § 303 Abs. 1 StGB

Durch das Inbrandsetzen hat A die Scheune auch vorsätzlich, rechtswidrig und **49** schuldhaft zerstört. Eine Sachbeschädigung gemäß § 303 Abs. 1 StGB liegt vor. Diese tritt jedoch aufgrund der Spezialität des § 306 a StGB hinter diesem zurück.

4. Ergebnis für den vierten Tatkomplex

A ist strafbar wegen schwerer Brandstiftung gemäß § 306 a Abs. 1 Nr. 3 StGB. Die **50** Brandstiftung nach § 306 Abs. 1 StGB tritt dahinter zurück.[21]

V. Fünfter Tatkomplex: Aufbrechen des Stalles und Verschenken des Pferdes

1. Diebstahl, §§ 242 Abs. 1 i. V. m. 243 Abs. 1 S. 2 Nr. 1 StGB

Durch das Aufbrechen des Pferdestalls und das Verschenken des Pferdes könnte A **51** sich wegen Diebstahls in einem besonders schweren Fall gemäß §§ 242 Abs. 1 i. V. m. 243 Abs. 1 S. 2 Nr. 1 StGB strafbar gemacht haben.

a) Objektiver Tatbestand

Das Pferd ist eine fremde bewegliche Sache. § 90 a BGB, wonach Tiere keine Sachen **52** sind, steht dem nicht entgegen, da er sich nur auf das Zivilrecht bezieht.[22] A müsste das Pferd weggenommen haben, d. h. er müsste den Gewahrsam des P gebrochen und neuen Gewahrsam begründet haben. P hatte, auch wenn er eingesperrt war, Gewahrsam am Pferd, das sich in seinem Stall befand. A hat diesen Gewahrsam gebrochen und durch die Ansichnahme des Pferds neuen Gewahrsam begründet. Der objektive Tatbestand ist erfüllt.

b) Subjektiver Tatbestand

A handelt vorsätzlich. Er müsste mit Zueignungsabsicht gehandelt haben. A wollte **53** P dauerhaft enteignen und das Pferd sich oder seinem Kumpanen zueignen. Die Zueignung war, wie A wusste, rechtswidrig. Die Zueignungsabsicht liegt daher vor.

---

[20] BT-Drs. 13/8587, S. 47; BGHSt 26, 121, 124 f., *BGH* NStZ 1999, 32, 34.
[21] *BGH* NStZ 2001, 196.
[22] Vgl. *Wessels/Hillenkamp*, BT 2, Rn. 15.

c) Rechtswidrigkeit, Schuld

54   Die Tat war rechtswidrig. A handelte schuldhaft.

d) Strafzumessung, § 243 Abs. 1 S. 2 Nr. 1 StGB

55   Weiterhin könnte ein besonders schwerer Fall des Diebstahls nach § 243 Abs. 1 S. 2 Nr. 1 StGB vorliegen. Dazu müsste A zur Ausführung der Tat in ein Gebäude eingebrochen sein. Der Pferdestall ist ein Gebäude. Einbrechen ist die Aufhebung einer Umschließung unter Aufwendung einer nicht unerheblichen körperlichen Kraft.[23] Das Aufbrechen mit einem Stemmeisen erfordert einen gewissen Kraftaufwand. Es erfolgte zur Ausführung der Tat, da A auf diese Weise Gewahrsam an dem Pferd erlangt hat. Ein Einbrechen liegt daher vor.

e) Ergebnis

56   A ist strafbar wegen Diebstahls in einem besonders schweren Fall gemäß §§ 242 Abs. 1, 243 Abs. 1 S. 2 Nr. 1 StGB.

2. Diebstahl mit Waffen, §§ 242, 244 Abs. 1 Nr. 1a StGB

57   Darüber hinaus könnte sich A wegen Diebstahls mit Waffen gemäß § 244 Abs. 1 Nr. 1a StGB strafbar gemacht haben.

a) Objektiver Tatbestand

58   Dazu müsste A bei dem Diebstahl eine Waffe bei sich geführt haben. Da angenommen werden kann, dass A seinen Revolver noch bei sich trägt, ist auch der Qualifikationstatbestand erfüllt; insbesondere bedeutet „bei sich führen" nur die Verfügbarkeit der Waffe zu irgendeinem Zeitpunkt während der Tatausführung.[24]

b) Subjektiver Tatbestand

59   A handelte vorsätzlich.

c) Rechtswidrigkeit, Schuld

60   Die Tat war rechtswidrig. A handelte schuldhaft.

d) Ergebnis

61   A ist strafbar wegen Diebstahls mit Waffen gemäß § 244 Abs. 1 Nr. 1a StGB. Dieser verdrängt den Diebstahl in einem besonders schweren Fall.

3. Sachbeschädigung, § 303 Abs. 1 StGB

62   Ob bei dem Einbruch die Tür des Pferdestalls beschädigt wurde, geht aus dem Sachverhalt nicht hervor. Mangels näherer Angaben liegt eine Sachbeschädigung nicht vor.

4. Hausfriedensbruch, § 123 Abs. 1 StGB

63   A könnte sich außerdem wegen Hausfriedensbruchs gemäß § 123 StGB strafbar gemacht haben.

---

[23] *Fischer*, § 243 Rn. 5.
[24] *Fischer*, § 244 Rn. 27.

a) Objektiver Tatbestand

Der Pferdestall könnte ein Geschäftsraum sein. Darunter versteht man eine Be- **64** triebs- oder Verkaufsstätte, die hauptsächlich für eine gewisse Zeit oder dauernd gewerblichen (nicht notwendig erwerbswirtschaftlichen) Zwecken dient.[25] Da der Pferdestall dazu dient, dass Reisende ihre Pferde dort unterstellen können, ist er ein Geschäftsraum.

In diesen müsste A gegen den Willen des P eingedrungen sein. Das Betreten des **65** Stalles war nicht von der generellen Erlaubnis gedeckt; zudem war der Stall abgeschlossen, also gegen unbefugte Benutzung geschützt. Ein Eindringen liegt vor.

b) Subjektiver Tatbestand

A handelte vorsätzlich. **66**

c) Rechtswidrigkeit, Schuld

Die Tat war rechtswidrig. A handelte schuldhaft. **67**

d) Ergebnis

Er ist auch strafbar wegen Hausfriedensbruchs gemäß § 123 StGB. Der nach § 123 **68** Abs. 2 StGB erforderliche Strafantrag wurde gestellt.

Hinweis: Es könnte noch an die Bildung bewaffneter Gruppen gem. § 127 StGB gedacht werden. **69** Mangels genauerer Angaben über die Verhaltensweise des A im Sachverhalt muss dies allerdings offen bleiben.

5. Ergebnis für den fünften Tatkomplex und Konkurrenzen

A ist strafbar wegen Diebstahls mit Waffen gemäß § 244 Abs. 1 Nr. 1a StGB. Der **70** Einbruchsdiebstahl nach §§ 242 Abs. 1 i.V.m. 243 Abs. 1 S. 2 Nr. 1 StGB wird durch diesen verdrängt. Der Hausfriedensbruch steht dazu in Tateinheit.[26] Zwar würde dieser von §§ 242 Abs. 1 i.V.m. 243 Abs. 1 S. 2 Nr. 1 StGB verdrängt werden, da der Einbruchsdiebstahl den Hausfriedensbruch konsumiert. Dieser kommt hier jedoch nicht zur Anwendung.

Die in den einzelnen Tatkomplexen verwirklichten Tatbestände stehen zueinander in Tatmehrheit, § 53 StGB, weil ihnen selbständige Geschehensabläufe und Tatentschlüsse zugrunde liegen.

Fallbeurteilung

Es handelt sich um eine mittelschwere Klausur, in der zwar vorwiegend Standardprobleme abgefragt werden, deren Schwierigkeit aber in der Vielzahl der zu prüfenden Tatkomplexe und Tatbestände liegt.

Im ersten Tatkomplex ist der Hausfriedensbruch zu prüfen, wobei zwischen Haus und Grundstück zu differenzieren war. Der Schwerpunkt liegt hier auf der Prüfung des Merkmals „eindringen".

Der zweite Tatkomplex befasst sich mit dem Einsperren des P. Die Prüfung der §§ 239, 240 StGB ist hier weitgehend unproblematisch, zu achten ist auf einen saube-

---

[25] *Fischer*, § 123 Rn. 7.
[26] Schönke/Schröder/*Eser*, § 244 Rn. 35.

ren Aufbau und eine ordentliche Subsumtion. Eine breite Darstellung wäre hier verfehlt.

Der dritte Tatkomplex ist hingegen problematisch. Hier ist im Rahmen der Prüfung des Diebstahls zunächst zu prüfen, ob dem A die Getränke übereignet wurden. Schwerpunkt des Tatkomplexes ist aber die Frage, ob eine Wegnahme vorliegt oder ein freiwilliges Weggeben der Getränke.

Im vierten Tatkomplex ist die Brandstiftung zu prüfen. Während die einfache Brandstiftung keine Probleme aufwirft, beinhaltet die Prüfung des § 306a StGB mehrere schwierige Fragestellungen. Zunächst ist zu klären, ob die Scheune als Wohnung dienen kann oder eine Räumlichkeit nach § 306a Abs. 1 Nr. 3 StGB ist. Anschließend ist darauf einzugehen, ob A dadurch, dass er vor der Brandlegung die Scheune durchsucht hat, den Tatbestand ausschließen konnte.

Der letzte Tatkomplex befasst sich wiederum mit Standardproblemen. Hier soll der Bearbeiter zeigen, dass er Aufbau und Subsumtion beherrscht.

Da in der Klausur sehr viele Tatbestände zu prüfen sind, ist eine gute Zeiteinteilung und richtige Schwerpunktsetzung hier unerlässlich. Bestehen kann die Klausur nur, wer die einzelnen Tatbestände sauber durchprüft und die im dritten und vierten Tatkomplex bestehenden Probleme zumindest erkennt. Aufgrund des Umfangs der Klausur wird sich der Bearbeiter schon aus zeitlichen Gründen auf die wesentlichen Probleme konzentrieren müssen und daher Unproblematisches nur knapp, gegebenenfalls auch im Urteilsstil, darstellen können.

Weiterführende Hinweise: *Fehling/Faust/Rönnau,* Durchblick: Grund und Grenzen des Eigentums- und Vermögensschutzes, JuS 2006, 18–25; *Geppert,* Die Nötigung (§ 240 StGB), Jura 2006, 31–41; *Knauth,* Neuralgische Punkte des neuen Brandstrafrechts, Jura 2005, 230–234; *Schramm,* Grundfälle zum Diebstahl, JuS 2008, 678–682, 773–779; *Zopfs,* Der besonders schwere Fall des Diebstahls (§ 243 StGB), Jura 2007, 421–426; *ders.,* Examinatorium zu den Qualifikationstatbeständen des Diebstahls (§§ 244, 244a StGB), Jura 2007, 510–521.

Fall 13. Produkthaftung

Sachverhalt

Die X-GmbH stellt das Körperpflegemittel „Beauty Star" her und vertreibt es. Nach einiger Zeit gehen Meldungen ein, dass es nach der Verwendung von „Beauty Star" zu Hautreizungen und Atembeschwerden gekommen sei. Teilweise müssen Kunden wegen akuter Atemnot sogar kurzzeitig in die Intensivstation eingeliefert werden. Dennoch wird weiter produziert. Erst am 1. 9. 2009 findet eine Geschäftsführersitzung statt, an der die Geschäftsführer A, B und C teilnehmen. A ist für die Entwicklung, B für die Herstellung und C für den Vertrieb der Körperpflegemittel verantwortlich. Außerdem ist D als Sachverständiger geladen. Die Schadensfälle werden ausführlich diskutiert. D erklärt den Geschäftsführern, dass nach derzeitigem Kenntnisstand nicht mit der erforderlichen Sicherheit davon ausgegangen werden könne, dass das Mittel „Beauty Star" für die aufgetretenen Gesundheitsschäden kausal sei. Er halte deshalb eine Rückrufaktion für nicht erforderlich.

Daraufhin beschließen die Geschäftsführer einstimmig, „Beauty Star" weiter zu produzieren. Allerdings werden an den Verpackungen Warnhinweise angebracht, dass das Mittel bei übermäßiger Verwendung Hautreizungen und Atembeschwerden verursachen könne. Ein Rückruf der noch nicht mit einer entsprechenden Erklärung versehenen Packungen erfolgt nicht. In der Folge mehren sich die Berichte über Gesundheitsschäden, die nach der Benutzung von „Beauty Star" aufgetreten sind. Alle erkrankten Personen weisen die gleichen Symptome auf. Es gelingt jedoch nicht, den Wirkstoff zu finden, der die Gesundheitsschäden verursacht. Die X-GmbH bestreitet jeden Zusammenhang mit ihren Produkten. Erst nachdem die Presse über die Vorfälle berichtet, wird die Produktion von „Beauty Star" eingestellt.

Wie haben sich A, B, C und D strafbar gemacht?

Gliederung

Lösung

I. Erster Handlungsabschnitt: Vor der Geschäftsführersitzung

1. Strafbarkeit des C

Hinweis: C steht als der für den Vertrieb zuständige Geschäftsführer den Schäden am Nächsten. Gut **1** vertretbar ist es aber auch, bei A, B und C sofort mit der Prüfung von Mittäterschaft zu beginnen. Zum Problem der fahrlässigen Mittäterschaft näher unter Rn. 17.

a) Fahrlässige Körperverletzung, § 229 StGB

C könnte sich durch den Vertrieb des Körperpflegemittels „Beauty Star" wegen **2** fahrlässiger Körperverletzung strafbar gemacht haben, § 229 StGB.

aa) Varianten des § 223 Abs. 1 StGB

Die Verursachung der Hautreizungen und teilweise lebensbedrohlichen Atembe- **3** schwerden stellt eine üble und unangemessene Behandlung dar, die das körperliche Wohlbefinden der Konsumenten mehr als nur unerheblich beeinträchtigt hat.[1] Damit sind die Voraussetzungen einer körperlichen Misshandlung i.S.v. § 223 Abs. 1 Var. 1 StGB erfüllt. In den Hautreizungen und Atembeschwerden ist zudem eine Gesundheitsbeschädigung i.S. der Hervorrufung eines pathologischen Zustandes[2] zu erblicken, § 223 Abs. 1 Var. 2 StGB. Die beiden Varianten des § 223 Abs. 1 StGB liegen nebeneinander vor.

Hinweis: Da es im Rahmen des § 229 StGB nicht darauf ankommt, ob auch eine gefährliche Körper- **4** verletzung nach § 224 Abs. 1 StGB vorliegt, werden die hier in Betracht kommenden Varianten § 224 Abs. 1 Nr. 1, 4 und 5 StGB nicht geprüft.

bb) Tun oder Unterlassen des C

Fraglich ist, ob diese Körperverletzungen auf ein Tun oder ein Unterlassen des C **5** zurückzuführen sind. Die Abgrenzung zwischen Tun und Unterlassen ist umstritten.[3] Die h.M. stellt auf den Schwerpunkt des Geschehens bei „normativer" Betrachtungsweise ab.[4] Vor allem bei Fahrlässigkeitsdelikten liegen aber in der Regel Tun und Unterlassen nebeneinander vor. Fahrlässigkeit ist geradezu als „Außerachtlassung der erforderlichen Sorgfalt", mithin durch ein Unterlassen, definiert.[5] Auch im vorliegenden Fall hat C die schadensträchtigen Produkte vertrieben (Tun) und dabei gewisse Vorsichtsmaßregeln nicht beachtet (Unterlassen). Dennoch ist fraglich, ob darin der Schwerpunkt der Vorwerfbarkeit liegt. Bei derartigen Konstellationen wird ganz überwiegend von einem Vorrang des Tuns ausgegangen, weil im aktiven Verbringen des Produkts in den Verkehr die tatsächliche Gefährlichkeit liegt und das Außerachtlassen der Sorgfalt ohne diese aktive Handlung irrelevant wäre.[6] Auch hier ist dies der Fall, somit ist also ein Tun des C anzunehmen.

---

[1] Vgl. *Wessels/Hettinger*, BT 1, Rn. 255f.

[2] Näher zum Begriff der Gesundheitsschädigung *Otto*, BT, § 15 Rn. 5.

[3] *Heinrich*, AT II, Rn. 863ff., 866; *Kühl*, AT, § 18 Rn. 13ff., 24.

[4] *Haft*, AT, G II 3; Kritisch *Jescheck/Weigend*, AT, S. 604f., wo zu Recht darauf hingewiesen wird, dass die Formel der h.M. wenig mehr enthält als einen Appell an das Rechtsgefühl.

[5] *Haft*, AT, F III 2 b cc.

[6] Eine wichtige Leitentscheidung ist der „Ziegenhaarfall" RGSt 63, 211, und dazu *Engisch*, FS Gallas, 1973, S. 163, 184ff.

cc) Kausalität

6   Dieses Tun müsste für die Gesundheitsschäden kausal geworden sein. Zweifel an der Kausalität könnten sich vor allem daraus ergeben, dass es nicht möglich gewesen ist, den Wirkstoff von „Beauty Star" zu finden, der die Gesundheitsschäden verursachte. Kausal i. S. der Äquivalenztheorie ist ein Tun dann, wenn man es nicht hinweg denken kann, ohne dass der Erfolg in seiner konkreten Gestalt entfiele (conditio sine qua non-Formel).[7] Es ist also zu prüfen, ob man den Vertrieb von „Beauty Star" hinweg denken kann, ohne dass der Erfolg – die Gesundheitsschäden – wegfielen. Diese Frage lässt sich offensichtlich erst beantworten, wenn man weiß, ob zwischen der Benutzung von „Beauty Star" und dem Auftreten der Gesundheitsschäden ein naturgesetzlicher Zusammenhang besteht. Dies ist eine Frage empirischer Forschung. Die conditio sine qua non-Formel ist also nur anwendbar, wenn die naturgesetzlichen Zusammenhänge bereits geklärt sind.[8]

7   Hier könnte der naturgesetzliche Zusammenhang deshalb in Frage zu stellen sein, weil nicht feststeht, welcher Wirkstoff die Gesundheitsschäden verursacht hat.[9] Dem ist jedoch entgegenzuhalten, dass kein vernünftiger Zweifel daran bestehen kann, dass die Schäden durch das Mittel „Beauty Star" hervorgerufen wurden. Übereinstimmend berichten alle Geschädigten, dass die Gesundheitsstörungen auftraten, nachdem sie das Körperpflegemittel benutzt hatten. Alle diese Personen weisen zudem die gleichen Symptome auf. Damit steht fest, dass die Schäden durch die Verwendung von „Beauty Star" verursacht wurden. Die rein theoretische Möglichkeit, dass ein anderer Faktor, der mit dem Pflegemittel nichts zu tun hat, die Gesundheitsstörungen hervorgerufen hat, steht dem nicht entgegen,[10] denn diese Möglichkeit existiert angesichts der Begrenztheit und Fehlerträchtigkeit jeder wissenschaftlichen Erkenntnis immer. Die Kausalität zwischen dem Vertrieb des Körperpflegemittels „Beauty Star" und dem Auftreten der Gesundheitsschäden kann somit bejaht werden.

dd) Objektive Sorgfaltspflichtverletzung und Vorhersehbarkeit

8   C müsste durch sein Tun eine objektive[11] Sorgfaltspflicht verletzt haben. Sorgfaltswidrig handelt, wer die im Verkehr erforderliche Sorgfalt außer Acht lässt. Art und Maß der anzuwendenden Sorgfalt ergeben sich dabei aus den Anforderungen, die an einen besonnenen und gewissenhaften Menschen in der konkreten Lage und der sozialen Rolle des Handelnden ex ante zu stellen sind.[12] Die Sorgfaltsanforderungen könnten sich zunächst aus geschriebenen Normen ergeben, solche sind jedoch nicht ersichtlich.[13] Es ist somit auf die Umstände des konkreten Einzelfalles abzustellen und aus ihnen die konkret erforderliche Sorgfalt zu entwickeln. Dabei ist grundsätzlich davon

---

[7] So, mit im Einzelnen unterschiedlichen Formulierungen, die ganz h. M., vgl. nur *Jescheck/Weigend*, AT, S. 279 ff. m. w. N.

[8] So auch *Haft*, AT, C V 2 b aa; *Jescheck/Weigend*, AT, S. 281 f.; *Stratenwerth/Kuhlen*, AT I, § 8 Rn. 18. Aktuell wurden diese Schwierigkeiten schon in der Contergan-Entscheidung des *LG Aachen*, JZ 1971, 507.

[9] Vgl. dazu auch BGHSt 37, 106, 111 ff. (Lederspray-Fall), mit Besprechung von *Beulke* und *Bachmann*, JuS 1992, 737 und *Samson*, StV 1991, 182, 183.

[10] So auch BGHSt 37, 106, 112; vgl. auch BGHSt 41, 206, 213 ff. sowie *Hilgendorf*, FS Lenckner, 1998, S. 699 ff.

[11] Zur Lehre von der Doppelstellung der Fahrlässigkeit im objektiven Tatbestand und in der Schuld vgl. *Haft*, AT, F. III. 1. und ausführlich *Jescheck/Weigend*, AT, S. 564 f.

[12] BGHSt 7, 307; *BGH* NJW 2000, 2754, 2758; 2003, 657, 658.

[13] Es handelt sich hierbei um ein Grundproblem der Fahrlässigkeitsdogmatik, vgl. *Kühl*, AT, § 17 Rn. 3 ff.

auszugehen, dass dann, wenn einer unüberschaubaren Menge von Menschen körperliche Schäden drohen, besonders strenge Sorgfaltsanforderungen zu stellen sind. C hätte demnach das Produkt nicht weiter vertreiben dürfen.

Etwas anderes könnte sich nur aus den Grundsätzen des erlaubten Risikos[14] ergeben, wenn man davon ausgeht, dass gewisse Schäden in der modernen Massenproduktion nicht vermieden werden können. Eine vollkommene Sicherheit für die Ungefährlichkeit eines Produkts würde oftmals unverhältnismäßig teure Tests und andere Vorsichtsmaßnahmen voraussetzen. Dies wiederum ist dem Hersteller kaum zuzumuten und würde die Massenproduktion unter Umständen sogar zum Erliegen bringen. Daher muss ein gewisses Schadensspektrum noch vom „erlaubten Risiko" abgedeckt sein. Gerade bei einem Körperpflegemittel ist jedoch das Ausmaß der zu tolerierenden „unvermeidbaren" Schäden sehr gering, da solche Produkte erfahrungsgemäß nicht sehr schadensträchtig sind.[15] Die in großer Zahl auftretenden Hautreizungen und Atembeschwerden gingen weit über das hinaus, was im Hinblick auf die Vorteile der Massenproduktion noch hinzunehmen ist. Erst recht sind die teilweise akuten Lebensgefährdungen nicht mehr tolerabel. **9**

C wusste von den Schadensfällen; trotzdem hat er das Produkt weiter in den Verkehr gebracht. Eine objektive Sorgfaltspflichtverletzung ist also zu bejahen. Auch war aufgrund der Kenntnis der bereits aufgetretenen Schadensfälle der Erfolg objektiv vorhersehbar. **10**

Hinweis: Der Sachverhalt gibt nicht genug her, um dolus eventualis bejahen zu können. Dazu müsste C die Gefahren nicht nur erkennen, sondern sich auch mit ihnen abgefunden, sie innerlich „gebilligt" haben, vgl. unten Rn. 28. **11**

ee) Objektive Zurechnung

Es ist allgemein anerkannt, dass die Kausalität i. S. der Äquivalenztheorie zu weit ist, um als alleiniges Zurechnungskriterium zu dienen. Während die Rechtsprechung die erforderlichen Einschränkungen bei der Prüfung von Vorsatz und Fahrlässigkeit vornimmt, stellt die von großen Teilen der Literatur vertretene Lehre von der objektiven Zurechnung darauf ab, ob das für den Erfolg ursächliche Verhalten eine rechtlich missbilligte Gefahr im Sinne des jeweiligen Tatbestandes geschaffen und gerade diese Gefahr sich im tatsächlichen Erfolgseintritt auch realisiert hat.[16] Im vorliegenden Fall wurde durch den Vertrieb des Körperpflegemittels „Beauty Star" die Gefahr geschaffen, dass Konsumenten körperliche Schäden davontragen könnten. Eben dies ist auch eingetreten. Damit steht fest, dass C die Gesundheitsschäden objektiv zurechenbar sind. **12**

ff) Rechtswidrigkeit und Schuld

Rechtfertigungs-[17] oder Entschuldigungsgründe sind nicht ersichtlich. C handelte rechtswidrig und schuldhaft. Insbesondere war die Handlung auch individuell sorgfaltswidrig und der Erfolg für C vorhersehbar. **13**

---

[14] Die Grundsätze des erlaubten Risikos werden hier nicht als Rechtfertigungsgrund betrachtet, sondern begrenzen die Anforderungen an den Sorgfaltsmaßstab. Zu den verschiedenen Vorschlägen, das „erlaubte Risiko" dogmatisch zu verorten, vgl. *Roxin*, AT I, § 11 Rn. 65 ff.

[15] Das gilt freilich nicht für die Entwicklung von Körperpflegemitteln, man denke an den weit verbreiteten Missbrauch von Versuchstieren.

[16] *Zieschang*, AT, S. 33; *Haft*, AT, C IV 3; ausführlich *Jescheck/Weigend*, AT, S. 284 ff. (mit Fallgruppen).

[17] Zum erlaubten Risiko vgl. oben Rn. 9.

b) Zwischenergebnis für C

14   C hat sich einer fahrlässigen Körperverletzung gemäß § 229 StGB schuldig gemacht hat. Die Tat wird gemäß § 230 Abs. 1 S. 1 StGB nur auf Antrag verfolgt.

2. Strafbarkeit des A

a) Mittäterschaftlich begangene fahrlässige Körperverletzung, §§ 229, 25 Abs. 2 StGB

15   A könnte sich wegen einer mit C mittäterschaftlich begangenen fahrlässigen Körperverletzung gemäß §§ 229, 25 Abs. 2 StGB strafbar gemacht haben.

aa) Tatbestandsmäßigkeit

16   A war nicht für den Vertrieb, sondern für die Entwicklung von „Beauty Star" verantwortlich. Er hat das gefährliche Produkt freigegeben bzw. nichts unternommen, nachdem ihm die Gefährlichkeit des Mittels bekanntgeworden war. Als Geschäftsführer trug er in Ausnahmesituationen wie der vorliegenden nicht nur für seinen eigentlichen Fachbereich Verantwortung. Vielmehr war er auch für das Gesamtunternehmen und damit für den Vertrieb von „Beauty Star" verantwortlich.[18] Auch ihm ist deshalb eine Sorgfaltspflichtverletzung vorzuwerfen. Im Übrigen kann auf die Ausführungen unter Rn. 6 ff. verwiesen werden.

17   Fraglich ist, ob A in Mittäterschaft mit C handelte, da er das Produkt in bewusstem und gewolltem Zusammenwirken mit C auf den Markt brachte. Die h.M. lehnt die Figur der fahrlässigen Mittäterschaft jedoch ab, da es bei Fahrlässigkeitsdelikten an einem gemeinsamen Tatentschluss fehle. Wirken mehrere Täter bei einem Fahrlässigkeitsdelikt zusammen, so ist danach nur Nebentäterschaft möglich.[19] Dieses Argument überzeugt aber jedenfalls für die Fälle nicht, in denen, wie hier, die Täter bewusst und gewollt zusammenwirken, um eine Gefahr zu schaffen, die sich nachfolgend in Rechtsgutsverletzungen realisiert. Die Sorgfaltspflichtverletzung ist im vorliegenden Fall nicht im Zusammenwirken von A, B und C zu sehen – hier ist ohne Weiteres Vorsatz anzunehmen –, sondern in der Produktion und Verbreitung von „Beauty Star". Es ist also begrifflich möglich, in Fällen wie dem vorliegenden, fahrlässige Mittäterschaft anzunehmen.[20] Die Anerkennung dieser Figur ist auch rechtsdogmatisch sinnvoll, da auf diese Weise die Zurechnungsprobleme bei Kollegialentscheidungen relativ einfach gelöst werden können.[21] Im Ergebnis kann hier deshalb in Bezug auf § 229 StGB ein mittäterschaftliches Zusammenwirken von A und C bejaht werden.

18   Der Tatbestand der fahrlässigen Körperverletzung ist erfüllt.

bb) Rechtswidrigkeit und Schuld

19   Rechtfertigungs- und Entschuldigungsgründe sind nicht ersichtlich. A handelte rechtswidrig und schuldhaft.

b) Zwischenergebnis

20   A ist strafbar gemäß §§ 229, 25 Abs. 2 StGB.

---

[18] Vgl. nur *Schmidt/Salzer*, Produkthaftung, Bd. 1: Strafrecht, 2. Aufl., 1988, S. 119.
[19] Statt aller *Jescheck/Weigend*, AT, S. 676 m. w. N.
[20] Vgl. dazu insb. *Otto*, Jura 1990, 47; ferner *Lackner/Kühl*, § 25 Rn. 13; *Beulke/Bachmann*, JuS 1992, 737, 744; eingehend *Weißer*, JZ 1998, 230.
[21] Dazu näher *Hilgendorf*, NStZ 1994, 561.

3. Strafbarkeit des B

Aus denselben Gründen wie A hat sich auch B gemäß §§ 229, 25 Abs. 2 StGB straf- 21
bar gemacht.

Hinweis: Wer die Mittäterschaft hier ablehnt, kommt letztendlich zum gleichen Ergebnis, da es hier 22
nicht auf die gegenseitige Zurechnung von Tatbeiträgen ankommt. A, B und C wären dann ebenso
strafbar wegen fahrlässiger Körperverletzung (in Nebentäterschaft).

II. Zweiter Handlungsabschnitt: Nach der Geschäftsführersitzung

1. Strafbarkeit von A, B und C

a) Gefährliche Körperverletzung in Mittäterschaft, §§ 223 Abs. 1, 224 Abs. 1, 25 Abs. 2 StGB

A, B und C könnten sich einer gemeinschaftlich begangenen gefährlichen Körper- 23
verletzung gemäß §§ 223 Abs. 1, 224 Abs. 1, 25 Abs. 2 StGB schuldig gemacht haben,
indem sie auch nach der Geschäftsführersitzung „Beauty Star" produzierten und auf
den Markt brachten.

aa) Objektiver Tatbestand

Der objektive Tatbestand einer Körperverletzung ist gegeben, § 223 Abs. 1 Var. 1, 2 24
StGB, s.o. Rn. 3. Da A, B und C in bewusstem und gewolltem Zusammenwirken ge-
handelt haben, sind auch die Voraussetzungen der Mittäterschaft nach § 25 Abs. 2
StGB erfüllt.

(1) Gift oder gesundheitsschädlicher Stoff, § 224 Abs. 1 Nr. 1 StGB

Fraglich dagegen ist, ob die Körperverletzungen durch Beibringung von Gift oder an- 25
derer gesundheitsschädlicher Stoffe, § 224 Abs. 1 Nr. 1 StGB begangen wurde. Das Produkt „Beauty Star" müsste also Gift bzw. ein anderer gesundheitsschädlicher Stoff sein
oder Gift bzw. einen solchen Stoff enthalten. Unter „Gift" ist jeder anorganische oder
organische Stoff zu verstehen, der geeignet ist, durch chemische oder chemisch-
physikalische Wirkung die Gesundheit erheblich zu schädigen.[22] Unter das Merkmal
„sonstiger gesundheitsschädlicher Stoff" sind Stoffe zu subsumieren, die thermisch oder
mechanisch wirken.[23] Darunter fallen viele Stoffe, weshalb eine besondere Toxizität, also
Eignung zur Herbeiführung erheblicher Gesundheitsschäden, erforderlich ist.[24] Eine
erhebliche Gesundheitsschädigung ist anzunehmen, wenn wesentliche körperliche
Funktionen gestört werden, wobei sich die Erheblichkeit aus überdurchschnittlicher
Intensität oder Dauer der Störung ergeben kann.[25] Es ist nicht erforderlich, dass schwere
Folgen i. S. des § 226 StGB eintreten.[26] Hautreizungen und Atembeschwerden sind hin-
sichtlich Intensität und Dauer lediglich einfache, nicht aber erhebliche Gesundheitsschä-
digungen. Hinsichtlich der teilweise lebensgefährlichen akuten Atembeschwerden
könnte „Beauty Star" aber geeignet sein, eine erhebliche Schädigung hervorzurufen. Die
Geeignetheit bestimmt sich nach den Umständen des Einzelfalles im Hinblick auf Quan-

---

[22] *Lackner/Kühl*, § 224 Rn. 1 a.
[23] *Fischer*, § 224 Rn. 4.
[24] *Lackner/Kühl*, § 224 Rn. 1 a.
[25] MünchKomm/*Hardtung*, § 224 Rn. 7. Leichtere Fälle (z. B. infolge von Nikotin oder Alkohol)
sind also noch nicht tatbestandsmäßig.
[26] Anders SK/*Horn/Wolters*, § 224 Rn. 8 a.

tität und Qualität des beigebrachten Stoffes.[27] Die lebensgefährlichen akuten Atembeschwerden waren zwar nur vorübergehender Natur. Sie stellten jedoch eine Gesundheitsbeeinträchtigung von besonderer Intensität dar. Insofern war „Beauty Star" somit geeignet, die Gesundheit erheblich zu schädigen und ist aufgrund der chemischen Wirkung als Gift zu qualifizieren. § 224 Abs. 1 Nr. 1 StGB ist erfüllt.

(2) Gemeinschaftlich, § 224 Abs. 1 Nr. 4 StGB

26   Der Beschluss, „Beauty-Star" weiter zu produzieren, wurde einstimmig gefasst. Es könnte also § 224 Abs. 1 Nr. 4 StGB vorliegen. Grund der Strafschärfe des § 224 StGB ist bei diesem Tatbestandsmerkmal die erhöhte Gefahr für das Opfer beim Zusammenwirken mehrerer Täter am Tatort.[28] „Beauty Star" stellt aber für die Anwender unabhängig von der Anzahl der Geschäftsführer der Herstellerfirma X-GmbH immer die gleiche Gefahr dar; es besteht also keine erhöhte Gefahr durch die mittäterschaftliche Körperverletzung durch A, B und C. Eine gemeinschaftlich verübte Körperverletzung i.S. des § 224 Abs. 1 Nr. 4 StGB liegt also nicht vor.

(3) Das Leben gefährdende Behandlung, § 224 Abs. 1 Nr. 5 StGB

27   Im Hinblick auf die Fälle akuter Atemnot ist allerdings eine das Leben gefährdende Behandlung, § 224 Abs. 1 Nr. 5 StGB, zu bejahen, zumal einige Betroffene in die Intensivstation eingeliefert werden mussten. Da das Leben der Intensivpatienten konkret gefährdet war, kommt es auf den Meinungsstreit, ob eine abstrakte Gefährdung ausreicht oder eine konkrete Lebensgefahr bestehen muss,[29] nicht an.

bb) Subjektiver Tatbestand

28   Fraglich ist, ob Vorsatz zumindest in Form von dolus eventualis anzunehmen ist. Dolus eventualis liegt vor, wenn der Täter die Möglichkeit einer Tatbestandserfüllung erkennt (sog. Wissenskomponente) und sich damit abfindet bzw. den Eintritt des Erfolges billigend in Kauf nimmt (sog. Willenskomponente).[30] In der Geschäftsführersitzung sind die bislang vorgekommenen Schadensfälle ausführlich diskutiert worden; man hörte sogar einen Sachverständigen und beriet über mögliche Wege der Schadensverhütung. Dies zeigt, dass alle Geschäftsführer von der Möglichkeit weiterer Schadensfälle ausgingen. Jedenfalls das Wissenselement des dolus eventualis kann somit bejaht werden. Indem A, B und C trotz der erkannten Gefahren das Produkt „Beauty Star" weiter produzierten und lediglich Warnhinweise auf den Verpackungen anbringen ließen, haben sie den Eintritt weiterer Schäden billigend in Kauf genommen. Dazu ist nicht erforderlich, dass ihnen der Eintritt des Erfolges erwünscht war;[31] Es reicht aus, dass sie sich mit dem Eintritt weiterer Schäden abfanden. Vorsatz in Form von dolus eventualis ist mithin zu bejahen.[32]

cc) Rechtswidrigkeit und Schuld

29   Die Tat ist rechtswidrig und schuldhaft.

---

27 Schönke/Schröder/*Stree*, § 224 Rn. 2 b; vgl. MünchKomm/*Hardtung*, § 224 Rn. 8.
28 *Wessels/Hettinger*, BT 1, Rn. 280.
29 Vgl. dazu *Fische*r, § 224 Rn. 12 m.w.N.
30 Vgl. BeckOK-StGB/*Kudlich*, § 15 Rn. 20.
31 BGHSt 7, 363.
32 Ausführlich zu den verschiedenen Vorschlägen zur Definition des dolus eventualis *Wessels/Beulke*, AT, Rn. 214 ff.

dd) Zwischenergebnis

A, B und C haben sich somit einer mittäterschaftlich begangenen Körperverletzung 30 gemäß §§ 223 Abs. 1 Var. 1, 2, 224 Abs. 1 Nr. 1, Nr. 5, 25 Abs. 2 StGB schuldig gemacht.

b) Gefährliche Körperverletzung durch Unterlassen, §§ 223 Abs. 1, 224 Abs. 1, 13, 25 Abs. 2 StGB

Ferner könnte eine mittäterschaftlich begangene Körperverletzung durch Unterlas- 31 sen, §§ 223 Abs. 1, 224 Abs. 1, 13, 25 Abs. 2 StGB anzunehmen sein, weil A, B und C es unterließen, die bereits auf den Markt gelangten gefährlichen Produkte der Marke „Beauty Star" zurückzurufen.

aa) Objektiver Tatbestand

(1) Eintritt des Erfolgs

Körperliche Misshandlung und Gesundheitsbeschädigung liegen vor. Ebenso sind 32 die §§ 224 Abs. 1 Nr. 1 und 5 StGB erfüllt, vgl. Rn. 25, 27.

(2) Unterlassen und Kausalität

Wäre rechtzeitig eine Rückrufaktion durchgeführt worden, so wären zahlreiche 33 Körperschäden mit an Sicherheit grenzender Wahrscheinlichkeit vermieden worden.[33] Eine derartige Rückrufaktion – sie war die einzige Möglichkeit einer raschen und sicheren Verhütung weiterer Schäden – war der X-GmbH ohne weiteres möglich und auch zumutbar; die Gefahr finanzieller Einbußen steht der Zumutbarkeit nicht entgegen.[34]

(3) Garantenstellung

Fraglich ist jedoch, ob die Geschäftsführer rechtlich dafür einzustehen hatten, dass 34 der Erfolg nicht eintrat, § 13 Abs. 1 Hs. 1 StGB. Eine derartige Garantenstellung setzt beim Täter eine besondere Rechtspflicht[35] zur Schadensabwendung voraus. Während die klassische Lehre die vier Entstehungsgründe Gesetz, Vertrag, enge persönliche Beziehung und vorangegangenes gefährdendes Tun (Ingerenz) unterscheidet,[36] stellt die moderne Lehre auf materielle Gesichtspunkte ab und differenziert nach Sicherungspflichten einerseits und Obhutspflichten andererseits. Sicherungspflichten begründen die Verantwortlichkeit für bestimmte Gefahrenquellen, Obhutspflichten dagegen sind Schutzpflichten für bestimmte Rechtsgüter. Im vorliegenden Fall könnten A, B und C Sicherungsgaranten sein. Dabei sind wiederum verschiedene Entstehungsgründe zu unterscheiden: aus Ingerenz, aus der Eröffnung einer Gefahrenquelle und aus der Pflicht zur Beaufsichtigung anderer.[37]

Zu denken ist zunächst an Ingerenz. Die Garantenpflicht aus gefährdendem Vor- 35 verhalten ist Ausdruck des alten Grundsatzes, niemanden zu schädigen (neminem

---

[33] Zur Kausalitätsprüfung bei Unterlassungsdelikten *Baumann/Weber/Mitsch*, AT, § 15 Rn. 22 ff.

[34] Zu der Struktur unechter Unterlassungsdelikte im Einzelnen *Haft*, AT, G III 2.

[35] Moralische Pflichten genügen also nicht; ebenso wenig reicht die allgemeine Hilfspflicht gemäß § 323 c StGB aus.

[36] *Haft*, AT, G V 2 b; ausführlich *Lackner/Kühl*, § 13 Rn. 7 ff.

[37] Vgl. Schönke/Schröder/*Stree*, § 13 Rn. 11 f.; ausführlich *Kühl*, AT, § 18 Rn. 91 ff.

laede).[38] Um die Haftung nicht ausufern zu lassen, sind aber drei Einschränkungen zu berücksichtigen:

36 Zunächst reicht die Schaffung minimaler Gefahren nicht aus, um eine Verantwortlichkeit zu begründen (Bagatellprinzip). Im vorliegenden Fall geht es um die Gefahr von – teilweise erheblichen – Körperverletzungen. Das Bagatellprinzip greift deshalb nicht ein.

37 Das Vorverhalten muss außerdem objektiv pflichtwidrig sein.[39] Bereits unter Rn. 6 ff. wurde ausgeführt, dass die Produktion des Körperpflegemittels „Beauty Star" schon vor der Geschäftsführersitzung vom 1. 9. 2009 objektiv sorgfaltswidrig war, weil die Geschäftsführer die Gefahr von Gesundheitsschäden erkannten und trotzdem zunächst nichts unternahmen, um dieser Gefahr Einhalt zu gebieten. Das gefahrschaffende Vorverhalten von A, B und C war somit objektiv pflichtwidrig.

38 Die Gefahr eines Schadenseintritts muss schließlich auch nahe (adäquat) sein.[40] Die Schaffung bloß entfernt liegender Schädigungsmöglichkeiten genügt nicht. Da die schadensträchtigen Produkte hier mit dem Vertrieb unmittelbar in den Handel gelangten und von den Konsumenten gekauft werden konnten, ist die Nähe der Schadensmöglichkeit zu bejahen.

39 Im Ergebnis ist damit eine Garantenstellung kraft Ingerenz gegeben.

40 Auch eine Garantenstellung aus der Pflicht zur Überwachung von Gefahrenquellen ist zu bejahen. Die X-GmbH und damit ihre Geschäftsführer sind für die Qualität und insbesondere die Sicherheit der von ihr hergestellten Produkte verantwortlich (Verkehrssicherungspflicht).[41]

(4) Entsprechungsklausel

41 Nach § 13 Abs. 1 Hs. 2 StGB ist ferner erforderlich, dass das Unterlassen der Verwirklichung des gesetzlichen Tatbestandes durch ein Tun entspricht (sog. Entsprechungsklausel). Diese Klausel ist jedoch nur bei verhaltensgebundenen Delikten, nicht dagegen bei reinen Erfolgsdelikten von Bedeutung.[42] Sie kann deshalb hier unberücksichtigt bleiben.

(5) Mittäterschaft

42 A, B und C haben den Rückruf in bewusstem und gewolltem Zusammenwirken unterlassen, § 25 Abs. 2 StGB.

bb) Subjektiver Tatbestand, Rechtswidrigkeit und Schuld

43 A, B und C handelten vorsätzlich, rechtswidrig und schuldhaft.

cc) Zwischenergebnis

44 A, B und C haben sich damit einer[43] Körperverletzung durch Unterlassen, §§ 223 Abs. 1 Var. 1 und 2, 224 Abs. 2 Nr. 1, Nr. 5, 13, 25 Abs. 2 StGB schuldig gemacht.

---

[38] *Haft*, AT, G V 2 c cc (2).
[39] Sehr str. Wie hier *Fischer*, § 13 Rn. 6, 28; *Baumann/Weber/Mitsch*, AT, § 15 Rn. 63 ff.; *Gropp*, AT, § 11 Rn. 33, 37. Die Rechtsprechung ließ früher jedes Vorverhalten genügen, ist jedoch in späteren Entscheidungen zur h. L. übergewechselt, vgl. BGHSt 25, 218. Unklar aber BGHSt 37, 106, 117 ff., mit Besprechung von *Kuhlen*, NStZ 1990, 566.
[40] Schönke/Schröder/*Stree*, § 13 Rn. 34; *Jescheck/Weigend*, AT, S. 625.
[41] *Jescheck/Weigend*, AT, S. 626 f.
[42] *Kühl*, AT, § 18 Rn. 123 f.
[43] Bzw. mehrerer Körperverletzungen. Da ihre Zahl nicht bekannt ist, wird der Einfachheit halber von „einer" Körperverletzung gesprochen.

c) Gemeingefährliche Vergiftung, § 314 Abs. 1 Nr. 2 StGB

Es könnte ferner eine gemeingefährliche Vergiftung gemäß § 314 Abs. 1 Nr. 2 StGB **45** vorliegen.

aa) Tatobjekte bzw. Tatmittel

Tatobjekte bzw. Tatmittel des § 314 Abs. 1 Nr. 2 StGB sind Gegenstände, die zum **46** öffentlichen Verkauf oder Verbrauch bestimmt sind. Das Produkt „Beauty Star" erfüllt diese Voraussetzung.

bb) Vergiften oder Beimischen von gesundheitsschädlichen Stoffen

Das Produkt könnte von A, B und C vergiftet worden sein, Var. 1. Vergiftet ist ein **47** Gegenstand, wenn die Tathandlung dessen Eignung bewirkt, bei bestimmungsgemäßem Gebrauch die Gesundheit von Menschen durch chemische oder chemisch-physikalische Wirkung dauerhaft zu *zerstören*.[44] Anders als bei § 224 Abs. 1 Nr. 1 StGB reicht eine bloß vorübergehende Gesundheitsbeeinträchtigung nicht aus (vgl. Rn. 25).[45] Zwar ruft „Beauty Star" gewisse Gesundheitsschäden aus, ein Zerstören der Gesundheit ist jedoch nicht anzunehmen.

Dem Produkt könnten jedoch gesundheitsschädliche Stoffe von A, B und C beige- **48** mischt worden sein, Var. 2. Dies ist der Fall, wenn der veränderte Gegenstand bei bestimmungsgemäßem Gebrauch nicht bloß unerhebliche Schädigungen der Gesundheit herbeizuführen geeignet ist.[46] „Beauty Star" führte teilweise zu Hautreizungen, Atembeschwerden und akuter Atemnot. Es enthielt also Stoffe, die die Gesundheit von Menschen schädigten.[47] Auch bei § 314 StGB ist jedoch schon wegen des hohen Strafrahmens die Gefahr erheblicher und dauerhafter Schädigungen zu verlangen. Die Dauerhaftigkeit ist jedoch zu verneinen, da sich die Geschädigten wieder erholt haben.

cc) Zwischenergebnis

§ 314 StGB liegt deshalb nicht vor. **49**

d) Schwere Gefährdung durch Freisetzen von Giften, § 330a Abs. 1 StGB

Das Produkt „Beauty Star" enthält kein Gift, das die Gesundheit von Menschen zu **50** zerstören geeignet ist[48] (vgl. Rn. 47) und erfüllt somit nicht die Voraussetzungen des § 330a Abs. 1 StGB.

2. Strafbarkeit des D

a) Gefährliche Körperverletzung in Mittäterschaft, §§ 223 Abs. 1, 224 Abs. 1, 25 Abs. 2 StGB

D könnte als Mittäter der Körperverletzungsdelikte von A, B und C anzusehen sein, **51** § 25 Abs. 2 StGB. Mittäter ist, wer in bewusstem und gewolltem Zusammenwirken mit den übrigen Tätern handelt.[49] Nach der Tatherrschaftslehre muss der Mittäter zu-

---

[44] Vgl. *Fischer*, § 314 Rn. 3.
[45] Schönke/Schröder/*Heine*, § 314 Rn. 14.
[46] Vgl. *Fischer*, § 314 Rn. 3, 7.
[47] Eine Gesundheits*zerstörung*, wie im § 319a. F. StGB gefordert, ist gemäß § 314 StGB nicht mehr notwendig.
[48] Schönke/Schröder/*Lenckner/Heine*, § 326 Rn. 4.
[49] *Haft*, AT, H. III. 3; *Wessels/Beulke*, AT, Rn. 524.

mindest einen Teil des Geschehens „in seinen Händen halten", während die subjektive Teilnahmelehre („animus-Theorie") darauf abstellt, ob der Mittäter die Tat „als eigene" will.[50] Nach beiden Ansichten ist D im vorliegenden Fall nicht als Mittäter anzusehen: Weder war er als Stimmberechtigter an dem Beschluss, das Körperpflegemittel „Beauty Star" weiter zu produzieren und die bereits in den Handel gelangten Packungen nicht zurückzurufen, beteiligt, noch sah er diese Taten bzw. Unterlassungen „als eigene" an. D nahm an der fraglichen Sitzung vielmehr bloß als Sachverständiger teil. Daraus lässt sich eine Mittäterschaft an den Körperverletzungsdelikten der Geschäftsführer nicht herleiten. D ist nicht strafbar wegen gefährlicher Körperverletzung in Mittäterschaft.

b) Anstiftung zur gefährlichen Körperverletzung, §§ 223 Abs. 1, 224 Abs. 1, 26 StGB, bzw. zur gefährlichen Körperverletzung durch Unterlassen, §§ 223 Abs. 1, 224 Abs. 1, 13, 26 StGB

52   In Betracht kommt jedoch eine Anstiftung zur gefährlichen Körperverletzung, §§ 223 Abs. 1, 224 Abs. 1, 26 StGB bzw. zur gefährlichen Körperverletzung durch Unterlassen, §§ 223 Abs. 1, 224 Abs. 1, 13, 26 StGB.

aa) Objektiver Tatbestand

53   Eine vorsätzliche, rechtswidrige Haupttat liegt vor, vgl. Rn. 23 ff.
D hat den Geschäftsführern erklärt, er halte eine Rückrufaktion für nicht erforderlich. Es ist anzunehmen, dass A, B und C durch diese Äußerung dazu bewegt wurden, das in den Handel gelangte „Beauty Star" nicht zurückzurufen und weiter zu produzieren. Dass es sich bei A, B und C um omnimodo facturi[51] gehandelt haben könnte, ist nicht ersichtlich. Der objektive Tatbestand der Anstiftung ist erfüllt.

54   **Hinweis:** Natürlich ist auch eine andere Sachverhaltsauslegung möglich. Wollten A, B und C „Beauty Star" ohnehin weiterproduzieren und wurden sie hierin von D bestärkt, so ist an psychische Beihilfe gemäß § 27 StGB zu denken.

bb) Doppelter Anstiftervorsatz

55   Fraglich ist, ob D auch mit dem erforderlichen doppelten Anstiftervorsatz gehandelt hat. Der Vorsatz des Anstifters muss sowohl die Anstiftungshandlung als solche als auch die Vollendung der Haupttat umfassen.[52] Ihm war bewusst, dass die Entscheidung hinsichtlich der Rückrufaktion auf seinem Gutachten basieren wird. Fraglich ist jedoch der Vorsatz hinsichtlich der Haupttat, die Verletzung der Kunden. Es ist dabei davon auszugehen, dass D sein Gutachten nach bestem Wissen und dem Stand der Technik angefertigt hat. Da ein Zusammenhang des Produkts mit den Verletzungen nicht eindeutig festgestellt werden konnte, kommt nur ein Vorsatz in Form von dolus eventualis in Betracht. Dafür ist erforderlich, dass der Täter den Erfolgseintritt für möglich hält und ihn billigend in Kauf nimmt.[53] In den Augen des D besteht diese Möglichkeit zwar, jedoch beruft er sich bei seiner Einschätzung auf den mangelnden Nachweis der Kausalität, geht also gerade nicht von einer Gefährlichkeit des Produkts aus. D hat sich nicht wegen Anstiftung zur Körperverletzung strafbar gemacht.

---

[50] *Baumann/Weber/Mitsch*, AT, § 29 Rn. 38 ff., 59 ff.; *Baumann*, JuS 1963, 85, 90.
[51] Vgl. *Kühl*, AT, § 20 Rn. 177.
[52] *Otto*, AT, § 22 Rn. 41; *Schmidhäuser*, AT, 10/124.
[53] Sog. Billigungstheorie, vgl. BGHSt 36, 1 (9 f.); *Zieschang*, AT, S. 39.

c) Fahrlässige Körperverletzung, § 229 StGB

Da nicht davon auszugehen ist, dass D eine objektive Sorgfaltspflicht verletzt hat, **56** kommt eine Strafbarkeit wegen fahrlässiger Körperverletzung gem. § 229 StGB nicht in Betracht. D hat sich nicht wegen fahrlässiger Körperverletzung strafbar gemacht.

Hinweis: Ein anderes Ergebnis ist, auch im Bezug auf die Anstiftung, gut vertretbar. Es ist auch **57** denkbar darauf abzustellen, dass D mit der Schlussfolgerung, eine Rückrufaktion sei nicht erforderlich, die Grenzen eines bloßen Sachverständigenvortrages überschritten hat. In der Praxis werden Sachverständige übrigens kaum je belangt.

3. Gesamtergebnis

A, B und C sind strafbar nach §§ 224 Abs. 1 Nr. 1, 5; 224 Abs. 1 Nr. 1, 5, 13; 25 **58** Abs. 2; 52 StGB. Die vor der Geschäftsführersitzung mittäterschaftlich verwirklichte fahrlässige Körperverletzung gem. § 229 StGB steht dazu in Tatmehrheit, § 53 StGB.
D ist nicht strafbar.

Fallbeurteilung

Dieser Fall ist vor allem deshalb von besonderer Schwierigkeit, weil an sich bekannte Probleme des AT – Kausalität, Abgrenzung von Tun und Unterlassen, Garantenstellung – in unbekanntem Rahmen geprüft werden. Die Produkthaftung wird vielen Studierenden im Studium nicht begegnet sein, und so ist es erforderlich, die erlernten Herangehensweisen auch bei neuartigen Problemen nicht aus den Augen zu verlieren. Letztlich können viele Probleme des Falles, insbesondere die Kausalitätsproblematik, mit guter Argumentation gelöst werden. Dies erfordert jedoch ein hohes Maß an eigenständiger Begründungsfähigkeit.

Wenn die Entscheidungen des BGH zu den Problemen bekannt sind, erleichtert sich die Falllösung für die Studierenden zwar erheblich. Allerdings ist auch dann noch darauf zu achten, dass die Probleme richtig verortet werden und von den Entscheidungen nicht nur die Ergebnisse, sondern auch die Gründe bekannt sind. Dies vor allem deshalb, weil zumindest die Holzschutzmittel-Entscheidung keineswegs unproblematisch ist und in der Klausur wohl vieles dafür spricht, zu einem abweichenden Ergebnis zu kommen. Hier ist eine fundierte Kenntnis der Kausalität, der Frage der objektiven Zurechnung und fundamentaler Grundsätze wie „in dubio pro reo" erforderlich. Hinzu kommt die Frage der Garantenstellung: Diese muss dogmatisch sauber, insbesondere ohne Vermischen der verschiedenen möglichen Garantenstellungen, diskutiert werden.

Neben diesen Schwierigkeiten ist der Fall auch dadurch von Bedeutung, dass er wichtige Probleme der Fahrlässigkeitshaftung und der Täterschafts- und Teilnahmestrafbarkeit anspricht. Diese sind Prüfungsschwerpunkt in vielen strafrechtlichen Klausuren und können gerade dadurch gut eingeübt werden, dass sie in unbekannten Konstellationen zu diskutieren sind. Gerade die Frage, inwieweit D Mittäter oder Anstifter ist, ist in diesem Kontext sorgfältig zu erörtern.

Ein weiteres, kleineres Problem des Falles ist die Auseinandersetzung mit selten vorkommenden Qualifikationen. Hier ist vom Studenten im Mindesten zu erwarten, dass er trotz möglicher Unkenntnis der Definitionen – etwa von Gift – durch juristische Fähigkeiten zu annehmbaren und gut begründeten Ergebnissen kommt.

Weiterführende Hinweise: BGHSt 37, 106 (NJW 1990, 2560–2569 – „Lederspray"); BGHSt 41, 206 (NJW 1995, 2930–2933 – „Holzschutzmittel").

Hilgendorf, Kausalitäts- und Zurechnungsprobleme bei der strafrechtlichen Produzentenhaftung, 1994; *Kühne,* Strafrechtliche Produkthaftung in Deutschland, NJW 1997, 1951–1954; *Landrock,* Das Produkthaftungsrecht im Lichte neuerer Gesetzgebung und Rechtsprechung, JA 2003, 981–989; *Molitoris,* Produkthaftungsrecht. Produktbeobachtung und -rückruf, 2007; *Schwartz,* Strafrechtliche Produkthaftung, 1999.

Fall 14. LKW-Unfall

Sachverhalt

Ein Lkw verunglückt in einer einsamen Gegend und fängt Feuer. Der Lkw-Fahrer A ist eingeklemmt und kann nicht mehr befreit werden. Hilfe ist nicht erreichbar. Als sich die Flammen immer weiter nähern, bittet er seinen unverletzt gebliebenen Beifahrer B, ihn schnell zu töten, um ihm das Verbrennen zu ersparen. Unter extremen Gewissensqualen kommt B diesem Wunsch schließlich nach und erschlägt A mit einem schweren Schraubenschlüssel.

Wie hat sich B strafbar gemacht?

Abwandlung 1: Wie der Ausgangsfall, doch diesmal unternimmt B nichts und sieht zu, wie A verbrennt. Hat er sich dadurch strafbar gemacht?

Abwandlung 2: C befindet sich zufällig in der Nähe des Unfalls und hat das ganze Geschehen zutreffend erkannt. Als er sieht, wie B den Schraubenschlüssel hebt, um A zu töten, stößt er B so heftig zur Seite, dass B eine Platzwunde erleidet. Wie hat sich C strafbar gemacht?

Abwandlung 3: Ändert sich an der Bewertung der Konstellation von Abwandlung 2 etwas, wenn C nur handelt, weil er A möglichst grausam sterben sehen möchte?

Gliederung

Lösung

I. Tötung auf Verlangen, § 216 Abs. 1 StGB

1   B könnte sich durch den Schlag mit dem Schraubenschlüssel auf den Körper von A wegen Tötung auf Verlangen, § 216 Abs. 1 StGB, strafbar gemacht haben.

1. Tatbestand

a) Objektiver Tatbestand

Als anderer Mensch ist A taugliches Tatobjekt im Sinne des § 216 Abs. 1 StGB, der **2** durch B getötet wurde. Da A nicht selbst gehandelt hat, liegt keine (straflose) Teilnahme an einer Selbsttötung vor.[1]

Es müsste ein ausdrückliches und ernstliches Verlangen des Getöteten vorliegen. **3** Verlangen bedeutet dabei mehr als bloßes Einwilligen. Das Opfer muss seine Tötung ernstlich begehren und das Verlangen ausdrücklich kundtun.[2] Ernstlich bedeutet, dass das Verlangen auf einer fehlerfreien Willensbildung beruht. Auch muss dieses Verlangen noch im Augenblick der Tathandlung fortbestehen.[3] Hier bittet A den B ausdrücklich, ihn schnell zu töten, um ihm weitere Qualen durch das Verbrennen zu ersparen. Das Verlangen lag beim Schlag mit dem Schraubenschlüssel noch vor, zudem wurde B hierdurch zur Tötung bestimmt.

Der objektive Tatbestand des § 216 Abs. 1 StGB ist damit erfüllt. **4**

b) Subjektiver Tatbestand

B müsste vorsätzlich gehandelt haben, § 15 StGB, also mit Wissen und Wollen den **5** objektiven Tatbestand verwirklicht haben.[4] B zweifelt zwar zunächst, ob er dem Wunsch des A entsprechen soll, schlägt jedoch im Anschluss mit dem Ziel, den A zu töten, zu und handelte damit mit Wissen und Wollen zur Tatbestandsverwirklichung.

2. Rechtswidrigkeit

a) Einwilligung

Als Rechtfertigungsgrund kommt zunächst die Einwilligung in Betracht. Umstritten **6** ist, ob die Einwilligung nicht rechtfertigend, sondern tatbestandsausschließend wirkt, letzteres ist jedoch aufgrund des eindeutigen Wortlauts des § 228 StGB abzulehnen.[5] Im Rahmen des § 216 StGB kommt eine Einwilligung nach allgemeinen Regeln aber von vornherein nicht in Betracht, da die Zustimmung des Rechtsgutsträgers schon im objektiven Tatbestand, der eine Privilegierung gegenüber § 212 StGB darstellt, berücksichtigt wird. Der Gesetzgeber wollte das Rechtsgut Leben nicht zur Disposition des Inhabers stellen. Somit scheidet eine Einwilligung als Rechtfertigungsgrund hier aus.

b) Notwehr

Die Tat könnte durch Notwehr, § 32 StGB, gerechtfertigt sein. Die Notwehr setzt **7** einen gegenwärtigen rechtswidrigen Angriff voraus. Angriff ist die Bedrohung rechtlich geschützter Interessen durch ein menschliches Verhalten.[6] Hier liegt zwar eine drohende Verletzung der körperlichen Unversehrtheit des A durch das Feuer vor, jedoch gerade nicht durch das Verhalten eines Menschen. Somit liegt schon kein Angriff vor, eine Notwehr scheidet aus.

---

[1] Zur Abgrenzung ausführlich Schönke/Schröder/*Eser*, § 216 Rn. 11.
[2] *Fischer*, § 216 Rn. 7.
[3] *Wessels/Hettinger*, BT 1, Rn. 156 f.
[4] *Kühl*, AT, § 5 Rn. 6.
[5] *Kühl*, AT, § 9 Rn. 21 ff.
[6] *Lackner/Kühl*, StGB, § 32 Rn. 2; *Zieschang*, AT, S. 54.

c) Notstand

8   In Betracht kommt ein rechtfertigender Notstand nach § 34 StGB.

aa) Notstandslage

9   Es muss eine Notstandslage vorliegen, also eine gegenwärtige Gefahr für ein notstandsfähiges Rechtsgut bestehen. Als ein solches Rechtsgut kommen grundsätzlich sämtliche Rechtsgüter in Betracht.[7] Aufgrund des Brandes besteht hier sowohl eine Gefahr für die körperliche Unversehrtheit als auch für das Leben des B. Diese stand im Zeitpunkt des Eingreifens durch B unmittelbar bevor, war also gegenwärtig. Eine Notstandslage liegt somit vor.

bb) Notstandshandlung

10   Die Rettungshandlung müsste auch erforderlich gewesen sein, die Notstandslage zu beseitigen. Erforderlich ist sie, wenn durch die Handlung Rettungschancen für das gefährdete Rechtsgut bestehen, sie also geeignet ist, und wenn sie das relativ mildeste Mittel ist.[8] Ob der Handelnde die Gefahr von sich oder einem anderen abwenden möchte, ist gleichgültig, das Gesetz rechtfertigt auch die Notstandshilfe.[9]

11   Der Schlag mit dem Schraubenschlüssel war geeignet, um die Gefahr des qualvollen Verbrennens zu beseitigen. Da sich beide Personen in einer abgelegenen Gegend befinden, somit Hilfe nicht rechtzeitig ersichtlich ist, spricht vieles dafür, in einem Schlag das relativ mildeste Mittel zu sehen. Vielleicht könnte man daran denken, dass ein leichter Schlag, der nur zur Bewusstlosigkeit des A führt, ausgereicht hätte, dem A die Schmerzen zu ersparen, jedoch ist es schwer, die Schlagintensität in einer solchen Situation richtig zu steuern. Somit ist auch die Notstandshandlung gegeben.

cc) Interessenabwägung

12   Die Tat ist nicht rechtswidrig, wenn bei der Abwägung widerstreitender Interessen, namentlich der betroffenen Rechtsgüter und des Grades der drohenden Gefahren, das geschützte Interesse das beeinträchtigte wesentlich überwiegt. Man könnte hier darauf abstellen, dass mit dem Schlag des B das Rechtsgut Leben beeinträchtigt wird. Dann wäre unbeachtlich, ob damit die körperliche Unversehrtheit oder das (qualfreie) Leben geschützt wird. Jedenfalls würde kein Überwiegen des geschützten Interesses vorliegen.[10]

13   Man könnte die in Rede stehenden Rechtsgüter allerdings auch anders abwägen. Zum einen ist möglich, darauf abzustellen, dass Schmerz, Pein und Qualen das Leben des Einzelnen so sehr beeinträchtigen, dass die Achtung der Menschenwürde auch die lebensverkürzende Schmerzlinderung rechtfertigt, wenn es nur noch eine Frage der Zeit ist, bis der Betroffene der Unerträglichkeit der Schmerzen erliegt.[11] Zum anderen kann man berücksichtigen, dass das Leben des A ohnehin verloren ist. Dann kann man bei der Interessenabwägung den Schmerz und die Qualen bei gleichzeitigem fehlenden Lebenswillen und damit das Selbstbestimmungsrecht als das Leben des A überwiegend

---

[7] *Kühl*, AT, § 8 Rn. 21.
[8] *Wessels/Beulke*, AT, Rn. 308.
[9] *Wessels/Beulke*, AT, Rn. 308.
[10] H.M.; vgl. m.w.N. LK/*Jähnke*, § 216 Rn. 1, 17.
[11] *Otto*, BT, § 6, Rn. 32.

erachten.[12] Mit dieser Argumentation kommt man jeweils zum Ergebnis, dass das geschützte Interesse die beeinträchtigten Interessen wesentlich überwiegt.[13]

Hinweis: Folgt man dieser Ansicht nicht und hält sich an die herrschende Meinung, kommt eine **14** Entschuldigung nach § 35 StGB in Betracht. Hier fehlt es jedoch am persönlichen Näheverhältnis. Zwar sind A und B Arbeitskollegen, jedoch sind beide nicht so eng verbunden, dass eine Gefahr für den A auch von B selbst als Drucksituation empfunden werden kann wie zum Beispiel bei Verwandten, Lebensgefährten, *nahen* Freunden, Hausgenossen.

Lehnt man somit eine Entschuldigung wegen fehlenden Näheverhältnisses ab, könnte noch der **15** übergesetzliche entschuldigende Notstand in Betracht kommen. Diese Figur ist rechtlich stark umstritten. Sie kann zur Anwendung kommen, wenn der Täter ein anderes rechtlich gleichwertiges Rechtsgut aufopfern muss, um ein bedrohtes Rechtsgut zu retten.

dd) Subjektives Rechtfertigungselement

Der Täter müsste gehandelt haben, um die Gefahr von sich oder einem anderen ab- **16** zuwenden. Ist das subjektive Rechtfertigungselement, der Rettungswille, nicht gegeben, ist umstritten, ob sich der Täter wegen vollendeter Tat oder wegen Versuchs strafbar gemacht hat.[14] Hier schlägt der B mit dem Schraubenschlüssel auf den A ein, um ihm ein qualvolles Verbrennen zu ersparen. Somit ist auch das subjektive Rechtfertigungselement zu bejahen.

ee) Zwischenergebnis

Der rechtfertigende Notstand in Form der Nothilfe ist gegeben. **17**

d) Ergebnis

B ist gerechtfertigt, hat sich also nicht gemäß § 216 Abs. 1 StGB strafbar gemacht. **18**

II. Endergebnis und Konkurrenzen

B hat sich nicht gemäß § 216 Abs. 1 StGB strafbar gemacht. Die tatbestandlich er- **19** füllten Körperverletzungsdelikte sind ebenfalls nach § 34 StGB gerechtfertigt.

Abwandlung 1

I. Totschlag durch Unterlassen, §§ 212 Abs. 1, 13 StGB

B könnte sich durch das Zusehen und Nichteingreifen beim Verbrennen wegen Tot- **20** schlages durch Unterlassen gemäß §§ 212 Abs. 1, 13 StGB strafbar gemacht haben.

1. Tatbestand

a) Objektiver Tatbestand der §§ 212 Abs. 1, 13 StGB

Mit dem Tod eines anderen Menschen ist der Erfolg des § 212 Abs. 1 StGB eingetre- **21** ten. B ist untätig geblieben und hat damit eine Rettungshandlung unterlassen. Das Unterlassen ist kausal, wenn das gebotene Verhalten nicht hinzugedacht werden kann, ohne dass der tatbestandliche Erfolg mit an Sicherheit grenzender Wahrscheinlichkeit entfiele.[15] Hier kann keine Rettungshandlung hinzugedacht werden, die den Erfolg (Tod des A) entfallen ließe. Es war nicht mehr möglich, ihn zu retten.

---

[12] *Herzberg*, NJW 1996, 3043, 3048.
[13] Grundlegend zur Frage des rechtfertigenden Notstands bei aktiver Sterbehilfe NK/*Neumann*, Vor § 211 Rn. 127 ff.
[14] *Fischer*, § 34 Rn. 17 ff. m. w. N.
[15] *Fischer*, Vor § 13 Rn. 39.

b) Zwischenergebnis

22   Der objektive Tatbestand wurde mangels (Quasi-)Kausalität nicht verwirklicht. Eine Pflicht zur Bewahrung des A vor weiteren Qualen, etwa durch Handlungen wie in der Grundkonstellation, besteht mangels Garantenstellung nicht, dazu sogleich. Zudem wäre die Zumutbarkeit entsprechender „Rettungshandlungen" höchst zweifelhaft.

2. Ergebnis

23   B hat sich somit nicht wegen Totschlags durch Unterlassen gemäß §§ 212 Abs. 1, 13 StGB strafbar gemacht.

II. Unterlassene Hilfeleistung, § 323 c StGB

24   B könnte sich durch das Zusehen beim Verbrennen wegen unterlassener Hilfeleistung nach § 323 c StGB strafbar gemacht haben.

1. Tatbestand

25   Dafür muss ein Unglücksfall, eine gemeine Gefahr oder Not gegeben sein. Ein Unglücksfall ist jedes plötzlich eintretende Ereignis, das die unmittelbare Gefahr eines erheblichen Schadens für andere Menschen oder fremde Sachen mit sich bringt.[16] Eine gemeine Gefahr ist ein Zustand, bei dem die Möglichkeit eines erheblichen Schadens an Leib oder Leben oder an bedeutenden Sachwerten für unbestimmt viele Personen nahe liegt.[17] Eine gemeine Not bedeutet eine Notlage der Allgemeinheit.[18] Hier ist durch den LKW-Brand eine erhebliche Gefahr für A gegeben. Eine Hilfe hat B dem A nicht geleistet.

26   Eine Hilfeleistung müsste erforderlich gewesen sein. Das ist hier zweifelhaft. A konnte gerade nicht mehr gerettet werden, eine Hilfe war mithin nach objektiver nachträglicher Prognose von vornherein aussichtslos. Es liegt daher keine Hilfspflicht vor.

2. Ergebnis

27   B hat sich somit nicht wegen unterlassener Hilfeleistung nach § 323 c StGB strafbar gemacht.

III. Aussetzung, § 221 Abs. 1 StGB

28   B könnte sich durch das Zusehen beim Verbrennen wegen Aussetzung gemäß § 221 Abs. 1 Nr. 2 StGB strafbar gemacht haben. Dafür ist erforderlich, dass A bei B in Obhut oder einer sonstigen Beistandspflicht stand, also eine Garantenstellung besteht.[19] Hier kommt allein eine Garantenstellung aus engem Vertrauensverhältnis in Betracht. Ein enges Vertrauensverhältnis liegt vor, wenn Personen auf Gedeih und Verderb miteinander verbunden sind (zum Beispiel die Teilnehmer einer Bergbesteigung). Davon abzugrenzen ist jedoch die Gefahrengemeinschaft. Diese ist gegeben, wenn beispielsweise bei einem Schiffsunfall „alle in einem Boot sitzen".[20] Hier ist nicht ersichtlich, dass A und B ein Vertrauensverhältnis über die Arbeit hinaus haben. Folglich scheidet

---

[16] *Wessels/Hettinger*, BT 1, Rn. 1044.
[17] *Lackner/Kühl*, § 323 c Rn. 3.
[18] *Lackner/Kühl*, § 323 c Rn. 3.
[19] *Fischer*, § 221 Rn. 4 f.
[20] *Kühl*, AT, § 18 Rn. 67.

eine Garantenstellung aus besonderem Vertrauensverhältnis hier aus. B hat sich somit nicht wegen Aussetzung gemäß § 221 Abs. 1 Nr. 2 StGB strafbar gemacht.

IV. Körperverletzung durch Unterlassen, §§ 223 Abs. 1, 13 StGB

Auch eine Körperverletzung durch Unterlassen, §§ 223 Abs. 1, 13 StGB scheidet 29 mangels Quasikausalität aus.[21]

V. Endergebnis und Konkurrenzen

B hat sich nicht strafbar gemacht. 30

Abwandlung 2

I. Körperverletzung, § 223 Abs. 1 StGB

C könnte sich durch das Stoßen des B wegen Körperverletzung, § 223 Abs. 1 StGB, 31 strafbar gemacht haben.

1. Tatbestand

a) Objektiver Tatbestand des § 223 Abs. 1 StGB

Zunächst muss der objektive Tatbestand verwirklicht sein. C müsste B körperlich 32 misshandelt oder an der Gesundheit geschädigt haben. Eine körperliche Misshandlung ist jede üble und unangemessene Behandlung, auf Grund derer das körperliche Wohlbefinden oder die körperliche Unversehrtheit nicht nur unerheblich beeinträchtigt wird.[22] B wird so gestoßen, dass er eine Platzwunde erlitt. Er wurde körperlich misshandelt. Dadurch wurde auch ein pathologischer (krankhafter) Zustand[23] hervorgerufen, B also auch an der Gesundheit geschädigt. Der objektive Tatbestand des § 223 Abs. 1 StGB wurde in beiden Alternativen verwirklicht.

b) Subjektiver Tatbestand

C wusste, dass er den objektiven Tatbestand durch das Stoßen verwirklichen würde 33 und wollte dies auch, handelte also mit Vorsatz, § 15 StGB.

2. Rechtswidrigkeit

C müsste auch rechtswidrig gehandelt haben. Das wäre nicht der Fall, wenn Recht- 34 fertigungsgründe eingreifen würden.

a) Notwehr

C könnte durch Notwehr gerechtfertigt sein, § 32 StGB. Dafür muss eine Notwehr- 35 lage vorliegen. Ein gegenwärtiger – weil unmittelbar bevorstehender[24] – rechtswidriger Angriff ist in dem Ausholen mit dem Schraubenschlüssel zu sehen. Fraglich ist, ob der Angriff rechtswidrig war, also objektiv im Widerspruch mit der Rechtsordnung steht.[25] Hier handelte B jedoch im Rahmen seines Notstandsrechtes (vgl. oben

---

[21] Siehe oben Rn. 21.
[22] *Wessels/Hettinger*, BT 1, Rn. 255.
[23] *Wessels/Hettinger*, BT 1, Rn. 257.
[24] Vgl. Schönke/Schröder/*Lenckner/Perron*, § 32 Rn. 14.
[25] Schönke/Schröder/*Lenckner/Perron*, § 32 Rn. 19 f.

Rn. 8 ff.). Der Angriff war damit nicht rechtswidrig, eine Notwehrlage bestand somit nicht.

b) Notstand

36   Als Rechtfertigungsgrund kommt allerdings der rechtfertigende Notstand in Betracht, § 34 StGB.

aa) Notstandslage

37   Zunächst muss eine Notstandslage vorliegen, also eine gegenwärtige Gefahr für ein notstandsfähiges Rechtsgut bestehen. Hier sind Leib und Leben des A in Gefahr, durch den Schlag des B beeinträchtigt zu werden. Der Schlag steht zudem unmittelbar bevor. Eine Notstandslage ist gegeben.

bb) Notstandshandlung

38   Die Notstandshandlung muss objektiv erforderlich sein. Hier stößt der C den B beim Ausholen zur Seite. B kann die Tötungshandlung nicht zu Ende führen. Das Leben des A bleibt (wenn auch nur vorübergehend) geschützt. Somit ist die Handlung geeignet. Im Rahmen der Erforderlichkeit stellt sich außerdem die Frage nach dem relativ mildesten Mittel. Zwar könnte C erst B ansprechen, um ihn davon zu überzeugen, den Schlag nicht auszuführen, jedoch kann durch diese Alternativhandlung das Rechtsgut nicht mit Sicherheit geschützt werden, da sich B gerade im Schlagvorgang befindet. Somit ist die Notstandshandlung zu bejahen.

cc) Interessenabwägung

39   Des Weiteren muss die Interessenabwägung positiv ausfallen, das geschützte Rechtsgut müsste das beeinträchtigte also wesentlich überwiegen. Geschütztes Rechtsgut ist hier das Leben des A. Beeinträchtigtes Rechtsgut ist die körperliche Unversehrtheit des B. Jedoch ist wie im Ausgangsfall zu beachten, dass auf der Seite der beeinträchtigten Rechtsgüter auch die Menschenwürde des A steht. Durch den Schlag will B den qualvollen Tod des A gerade vermeiden, der ohnehin in Kürze eintreten würde. Der Stoß führt dazu, dass die Qualen des A verlängert werden, andererseits führt er nicht dazu, dass das Leben des A gerettet wird. Das geschützte Rechtsgut überwiegt das beeinträchtigte aus diesem Grunde nicht.

40   **Hinweis:** Mit entsprechender Argumentation kann man schon die Notstandshandlung als nicht geeignet sehen, da das Rechtsgut (Leben des A) ohnehin verloren ist und somit das Stoßen des B nicht geeignet ist, um dieses zu retten.

dd) Zwischenergebnis

41   Auch der rechtfertigende Notstand greift nicht. Weitere Rechtfertigungsgründe sind nicht ersichtlich. C handelte rechtswidrig.

3. Schuld

42   C müsste auch schuldhaft gehandelt haben. Das wäre nicht der Fall, wenn Schuldausschließungsgründe eingreifen würden.

a) Entschuldigender Notstand

43   Es könnte der entschuldigende Notstand gemäß § 35 StGB in Betracht kommen. Die Notstandslage im Rahmen des § 35 StGB muss eine gegenwärtige Gefahr für Leben, Leib oder Freiheit darstellen. Des Weiteren müsste eine persönliche Nähebeziehung gegeben sein. Hier ist zwar eine gegenwärtige Gefahr für das Leben des A anzunehmen, jedoch ist aus dem Sachverhalt keine persönliche Nähebeziehung zwischen A und C erkennbar. Somit ist der entschuldigende Notstand nicht gegeben.

b) Erlaubnistatbestandsirrtum

Es könnte jedoch ein Erlaubnistatbestandsirrtum des C vorliegen, wodurch die **44** Schuld entfallen könnte. Ein solcher liegt vor, wenn der Täter über die sachlichen Voraussetzungen eines anerkannten Rechtfertigungsgrundes irrt, er also irrig Umstände annimmt, die im Fall ihres wirklichen Vorliegens die Tat rechtfertigen würden.[26] C erkennt jedoch die Umstände zutreffend. Ebenso ist davon auszugehen, dass er erkennt, selbst rechtswidrig zu handeln. Er irrt nicht über Voraussetzungen, die einen Rechtfertigungsgrund zulassen würden. Somit liegt kein Erlaubnistatbestandsirrtum vor.

c) Verbotsirrtum

Des Weiteren könnte hier ein Verbotsirrtum (§ 17 StGB) vorliegen. Dieser ist gege- **45** ben, wenn der Täter eine Verbotsnorm nicht kennt, diese für ungültig hält oder infolge unrichtiger Auslegung zu Fehlvorstellungen über ihren Geltungsbereich gelangt und aus diesem Grunde sein Verhalten als rechtlich zulässig ansieht.[27] Auch kann dieser Irrtum vorliegen, wenn es dem Täter an der Unrechtseinsicht fehlt.

> **Hinweis:** Früher wurde auch die Vorsatztheorie vertreten, die im Vorsatz auch das Unrechtsbe- **46** wusstsein sah.[28] Liegt dieses nicht vor, entfalle der Vorsatz. Diese Theorie würde jedoch zu Strafbarkeitslücken in den Bereichen führen, in denen Fahrlässigkeitsdelikte fehlen. Somit ist sie überholt.

Nichts deutet darauf hin, dass sich C über die Situation unzureichend Gedanken **47** gemacht hätte. Da C die Lage zutreffend erkennt und auch nicht ersichtlich ist, dass es ihm an der Unrechtseinsicht fehlt oder über die Anwendung einer Verbotsnorm irrt, ist hier kein Verbotsirrtum gegeben.

d) Zwischenergebnis

C handelte schuldhaft. **48**

4. Ergebnis

C hat sich wegen Körperverletzung zum Nachteil des B gem. § 223 Abs. 1 StGB **49** wegen Stoßens des B strafbar gemacht.

II. Endergebnis und Konkurrenzen

C hat sich der Körperverletzung zum Nachteil des B gem. § 223 Abs. 1 StGB wegen **50** Stoßens des B strafbar gemacht. Eine Strafbarkeit des C zum Nachteil des A ist auszuschließen, da im Sachverhalt keine Hinweise auf eine vorsätzliche oder fahrlässige Begehung einer Tat zum Nachteil des A gegeben sind.

---

[26] *Wessels/Beulke*, AT, Rn. 467.
[27] *Wessels/Beulke*, AT, Rn. 461.
[28] So etwa *Schmidhäuser*, JZ 1979, 361, 365 ff.

Abwandlung 3

I. Körperverletzung, § 223 Abs. 1 StGB

51   C könnte sich durch das Stoßen des B wegen Körperverletzung zum Nachteil des B gem. § 223 Abs. 1 StGB strafbar gemacht haben.

1. Tatbestand des § 223 Abs. 1 StGB

52   Der objektive und subjektive Tatbestand liegt vor (siehe oben).

2. Rechtswidrigkeit

53   Auch die Rechtswidrigkeit liegt vor. Notwehr, Nothilfe (§ 32 StGB) oder Notstand (§ 34 StGB) kommen nicht in Betracht, da es C gerade auf die Tötung des A ankommt. Somit ist kein Rettungswille gegeben. Es fehlt also zumindest das subjektive Rechtfertigungselement.

3. Schuld

54   Auch handelte C schuldhaft. Ein Erlaubnistatbestandsirrtum ist auf Grund des fehlenden Rettungswillens nicht gegeben. Auch liegt kein Unrechtsbewusstsein vor.

4. Ergebnis

55   C hat sich folglich wegen Körperverletzung gem. § 223 Abs. 1 StGB zum Nachteil des B strafbar gemacht.

II. Mord, §§ 212 Abs. 1, 211 StGB

56   **Hinweis:** Da nun A tatsächlich verbrennt, weil C ein Eingreifen des B erfolgreich verhindert hat und selbst nicht eingreift, stellt sich die Frage, ob C sich dadurch seinerseits strafbar gemacht hat.

57   C könnte sich durch das Stoßen des B wegen Mordes zum Nachteil des A gem. §§ 212 Abs. 1, 211 StGB strafbar gemacht haben.

1. Objektiver Tatbestand des § 212 Abs. 1 StGB

58   Zunächst müsste der objektive Tatbestand des Grunddelikts, des Totschlags, verwirklicht sein. C stößt B zur Seite. A stirbt durch den Brand. Handlung und Erfolg sind gegeben. Die Handlung müsste kausal für den Erfolg sein. Hätte C den B nicht weggestoßen, wäre A dem Brand nicht zum Opfer gefallen, sondern dem Schlag des B. Da C hier fremde Rettungsbemühungen vereitelt, liegt der Schwerpunkt des vorwerfbaren Verhaltens in einem aktiven Tun und nicht im Unterlassen eigener Rettungsbemühungen.[29] Der Stoß war kausal für den Tod des A. Der objektive Tatbestand des § 212 Abs. 1 StGB wurde somit verwirklicht.

2. Objektiver Tatbestand des § 211 StGB

59   C könnte auch ein objektives Mordmerkmal verwirklicht haben. In Betracht kommt hier das Mordmerkmal „grausam" gemäß § 211 Abs. 2, 2. Gruppe StGB. Grausam tötet, wer dem Opfer im Rahmen der Tötungshandlung aus gefühlloser, unbarmherziger Gesinnung durch Dauer, Stärke oder Wiederholung der Schmerzverursachung be-

---

[29] Vgl. *Wessels/Beulke*, AT, Rn. 701.

sonders schwere Qualen körperlicher oder seelischer Art zufügt.[30] A stirbt durch Verbrennen, also durch besonders schwere körperliche Qualen. Das ist aufgrund der Dauer und Schmerzverursachung eine grausame Tötung. Weitere objektive Mordmerkmale sind nicht ersichtlich.

3. Subjektiver Tatbestand

C muss vorsätzlich gehandelt haben. Er wusste, dass A durch den Stoß nicht vor 60 den Qualen gerettet werden würde, und wollte, dass A durch die Flammen stirbt. C erstrebte den Erfolg sogar, handelte also absichtlich. Der Vorsatz bezieht sich auch auf die Grausamkeit, C wollte gerade den grausamen Tod des A.

4. Rechtswidrigkeit, Schuld

C handelte rechtswidrig und schuldhaft.   61

5. Ergebnis

C hat sich wegen Mordes gemäß §§ 212 Abs. 1, 211 StGB zum Nachteil des A straf- 62 bar gemacht.

III. Endergebnis und Konkurrenzen

C hat sich wegen Körperverletzung gem. § 223 Abs. 1 StGB zum Nachteil des B sowie 63 wegen Mordes gem. §§ 212 Abs. 1, 211 StGB zum Nachteil des A strafbar gemacht.

Fallbeurteilung

Dieser Fall entspricht im Grad seiner Schwierigkeit einer schweren Klausur. Der Stoff ist überschaubar, die Fragestellungen sind aber ungewöhnlich und anspruchsvoll. Der Bearbeiter sollte juristisch und nicht rechtspolitisch oder ethisch argumentieren. Entscheidend kommt es hier auf die richtige Schwerpunktsetzung an.

Problemkreise ergeben sich vor allem im Rahmen der Unterlassungsdelikte, der Rechtswidrigkeit und der Schuld. Die Interessenabwägung bei § 34 StGB ist ein zentraler Punkt. Der Bearbeiter muss generell zeigen, dass er die Tötungsdelikte sicher beherrscht. Auch sollte die unterlassene Hilfeleistung zumindest kurz erwähnt werden.

Bei guter Argumentation und Begründung würde gerade angesichts der hoch umstrittenen Fragestellungen ein von diesem Lösungsvorschlag abweichendes Ergebnis nicht negativ bewertet werden. Der Bearbeiter sollte klar die Probleme erfassen, aufzeigen und überzeugend lösen.

Mit einem solchen Fall sollte man als Student vor allem im Rahmen einer Hausarbeit rechnen, da er detailliertes Wissen auf einem nicht ganz alltäglichen Problemfeld zum Thema hat.

Weiterführende Hinweise: *Herzberg,* Sterbehilfe als gerechtfertigte Tötung im Notstand?, NJW 1996, 3043–3049; *ders./Scheinfeld,* Der praktische Fall. Strafrecht: Aktive Sterbehilfe, JuS 2003, 880–887; *Lüderssen,* Aktive Sterbehilfe – Rechte und Pflichten, JZ 2006, 689–695.

---

[30] *Wessels/Hettinger*, BT 1, Rn. 102.

Fall 15. Fußballspiel

Sachverhalt

Die Mannschaften von A-Land und B-Land spielen im Endspiel um die Weltmeisterschaft im Fußball. Der durch Spielwetten reich gewordene X bietet dem Schiedsrichter S 100.000 Euro, wenn er das Spiel zugunsten der Mannschaft von A-Land manipuliert. Dieser erklärt sich einverstanden und erhält das Geld. X setzt eine hohe Summe auf den Sieg der A-Mannschaft. In Wirklichkeit hatte S nie vor, das Spiel zu manipulieren. Das Geld allerdings will er für sich behalten.

Das Endspiel zieht viele Menschen an. Y stellt an einem Farbkopierer zwei Dutzend Karten her, die den Eintrittskarten täuschend ähnlich sehen, und verkauft sie gewinnbringend. Weder die vom Veranstalter verkauften Originalkarten noch die von Y kopierten sind individualisiert. Eine davon erwirbt Z, der allerdings als einziger die Täuschung durchschaut. Dennoch will Z die Karte benutzen, um in das Stadion zu gelangen. Bei der Einlasskontrolle fliegt er auf und wird festgenommen.

Trainer T hat dem Spieler A1 ohne dessen Wissen ein Mittel gegeben, das dessen Ausdauer wesentlich erhöht, dabei aber in einem von 10 Fällen zu einem – nicht lebensgefährlichen – Kreislaufzusammenbruch führt. A2, der dies erfährt, droht T mit einem Skandal, wenn er ihm (dem A2) das Mittel nicht ebenfalls verabreiche. A2 will bei dem Spiel möglichst gut „herauskommen", um großzügig dotierte Werbeverträge abschließen zu können. Den A1 informiert er nicht. T lässt sich jedoch darauf nicht ein.

Das Spiel beginnt. A2 gelangt in Ballbesitz und stürmt auf das gegnerische Tor zu. B1 stellt sich ihm in den Weg. Als ihn A2 umspielen will, lässt sich B1 fallen und schreit laut auf. Daraufhin pfeift der Schiedsrichter einen Freistoß für B1. A2 ist ob der zerpfiffenen Großchance empört. Er ruft A1 zu, sie sollten sich den B1 einmal „vornehmen". Allerdings hört A1 den A2 nicht, was wiederum A2 nicht bemerkt. Als B1 wieder am Ball ist, nähern sich ihm A1 und A2 von links und rechts. A1 erreicht den B1 als erster und foult ihn so hart, dass B1 zu Boden geht. Dies ist genau das, was A2 zusammen mit A1 erreichen wollte.

Das Publikum rast. Auf den Tribünen formt sich bei den Anhängern der A-Mannschaft der Schlachtruf: „Mannschaft B – Versagertruppe!". Mittendrin sitzt W und skandiert begeistert mit. Die A-Mannschaft gewinnt schließlich 3:1.

Prüfen Sie die Strafbarkeit aller Beteiligten nach dem StGB!

Gliederung

Lösung

I. Erster Tatkomplex: Die Vereinbarung zwischen X und S

1. Strafbarkeit des X

a) Vorteilsgewährung, § 333 StGB

1   Durch die Vereinbarung zwischen X und S könnte sich X wegen Vorteilsgewährung nach § 333 StGB strafbar gemacht haben.

aa) Tatbestand

2   Dazu müsste S Amtsträger nach § 333 Abs. 1 StGB sein. Der Begriff des Amtsträgers ist in § 11 Abs. 1 Nr. 2 StGB definiert. Jedoch ist S hier Schiedsrichter eines privaten Fußballspiels und steht insbesondere weder in einem öffentlich-rechtlichen Amtsverhältnis noch nimmt er Aufgaben der öffentlichen Verwaltung war. Somit ist S kein Amtsträger. Auch ist S kein Schiedsrichter im Sinne der privatrechtlichen Schiedsgerichtsbarkeit nach §§ 1025ff. ZPO, §§ 101–110 ArbGG.[1]

bb) Ergebnis

3   Eine Strafbarkeit des X gem. § 333 StGB scheidet somit aus.

b) Bestechung, § 299 Abs. 2 StGB

4   Durch die Vereinbarung zwischen X und S könnte sich X wegen Bestechung nach § 299 Abs. 2 StGB strafbar gemacht haben. § 299 StGB liegt jedoch ebenfalls bereits tatbestandlich nicht vor: Ein Schiedsrichter ist weder Angestellter oder Beauftragter eines geschäftlichen Betriebes,[2] noch hat seine Spielleitung etwas mit dem Bezug von Waren oder gewerblichen Leistungen zu tun.[3] Eine Strafbarkeit des X gem. § 299 Abs. 2 StGB scheidet somit aus.

c) Betrug zum Nachteil des Wettanbieters, § 263 Abs. 1 StGB

5   Durch das Abschließen des Wettvertrages könnte sich X wegen Betruges nach § 263 Abs. 1 StGB strafbar gemacht haben.

aa) Tatbestand

6   Dazu müsste X den Wettanbieter über Tatsachen getäuscht haben. Eine Täuschung durch ausdrückliche Erklärung liegt jedoch nicht vor. In Betracht kommt aber eine konkludente Täuschung durch Abgabe des Wettscheins. Hierin könnte nämlich die Aussage enthalten sein, der Spielausgang sei nicht vorherbestimmt worden. Der Spielausgang blieb aber trotz Abrede unsicher – er ist schließlich auch nicht wie zwischen X und S vereinbart eingetreten.

7   Es könnte aber die Erklärung enthalten sein, dass X auf das Spielergebnis und damit auch auf das Wettrisiko überhaupt keinen Einfluss genommen hat. Legt man einen objektiven Erklärungsempfänger zugrunde, wird man davon ausgehen müssen, dass in der

---

[1] Schönke/Schröder/*Heine*, § 331 Rn. 11 a, 12.
[2] *Fischer*, § 299 Rn. 8 f.
[3] Vgl. Schönke/Schröder/*Heine*, § 299 Rn. 21 f.

Abgabe des Wettscheins die Erklärung enthalten ist, dass der Spielausgang nicht manipuliert wurde oder wird.[4] Eine Täuschung durch schlüssiges Verhalten liegt damit vor.

Hinweis: Lehnt man eine konkludente Täuschung ab, ist an eine Täuschung durch Unterlassen zu 8 denken. Dabei ist aber zu beachten, dass eine Täuschung durch Unterlassen, also zumeist durch Verschweigen, nur dann in Betracht kommt, wenn der Täter die ihm nach den Umständen mögliche Aufklärung unterlässt, eine dem Vermögensschutz dienende Garantenpflicht zur Aufklärung besteht und das Unterlassen im Sinne der sog. Entsprechensklausel der Tatbestandsverwirklichung durch ein Tun entspricht.[5]

Eine gesetzliche Garantenstellung liegt hier nicht vor, insbesondere schützt die Schiedsrichterord- 9 nung des DFB gerade nicht den Wettanbieter. Wenn eine Aufklärungspflicht ausdrücklich vereinbart wurde, ist eine Garantenstellung aus dem Wettvertrag begründbar.[6] Bei Spielwetten ist das aber in der Regel nicht der Fall. In Betracht kommt allenfalls eine Aufklärungspflicht als Nebenpflicht. Jedoch kann man generell keine Aufklärungspflicht aus dem Gebot von Treu und Glauben (§ 242 BGB) herleiten, da dies mit dem Bestimmtheitsgrundsatz nicht vereinbar ist.[7] Die Aufklärungspflicht wird nur dann bejaht, wenn sie für die Willensentschließung des Vertragspartners von wesentlicher Bedeutung ist, also zum Beispiel die Gefahr eines besonders großen Schadens droht.[8] Ob das bei Fußballwetten der Fall ist, ist zweifelhaft.

Generell ist festzuhalten, dass eine Täuschung durch Unterlassen einen Ausnahmefall darstellt und 10 in der Klausur im Zweifel eine konkludente Täuschung angenommen werden sollte.

Durch die Täuschung muss ein Irrtum erregt worden sein. Das ist jeder Wider- 11 spruch zwischen der subjektiven Vorstellung des Getäuschten und der Wirklichkeit.[9] Hier stimmt die Vorstellung des Wettanbieters mit der Wirklichkeit überein; der Spielausgang wurde nicht manipuliert. Es liegt also kein Irrtum vor.

bb) Ergebnis

X hat sich nicht wegen Betruges nach § 263 Abs. 1 StGB strafbar gemacht.   **12**

d) Versuchter Betrug zum Nachteil des Wettanbieters, §§ 263 Abs. 1, 22, 23 Abs. 1 StGB

Durch das Abschließen des Wettvertrages könnte sich X wegen versuchten Betrugs 13 nach §§ 263 Abs. 1, 22, 23 Abs. 1 StGB strafbar gemacht haben.

aa) Vorprüfung

Der Versuch des Betrugs ist strafbar nach §§ 23 Abs. 1 Var. 2, 12 Abs. 2, 263 Abs. 2 14 StGB. Die Tat ist nicht vollendet (s. o.).

bb) Tatentschluss

Dazu muss X den Tatentschluss gefasst haben. Tatentschluss beinhaltet Vorsatz (§ 15 15 StGB) in Bezug auf den objektiven Tatbestand und etwaige subjektive Merkmale. Hier hatte X Vorsatz bezüglich der konkludenten Täuschung, auch wollte er dadurch einen Irrtum erregen. Der Wettanbieter sollte davon ausgehen, dass alles in Ordnung sei.

Des Weiteren liegt auch Vorsatz bezüglich der Vermögensverfügung vor. X wollte 16 den Abschluss des Wettvertrags. Fraglich ist aber, ob er Vorsatz bezüglich des Vermögensschadens hatte. In Betracht kommt hier ein Eingehungsschaden bereits beim Ab-

---

[4] *Wessels/Hillenkamp*, BT 2, Rn. 49; vgl. insb. *BGH* NStZ 2007, 151 („Fußballwettskandal").
[5] *Lackner/Kühl*, § 263 Rn. 12.
[6] *Fischer*, § 263 Rn. 45.
[7] *Wessels/Hillenkamp*, BT 2, Rn. 506.
[8] *Wessels/Hillenkamp*, BT 2, Rn. 506.
[9] *Fischer*, § 263 Rn. 54.

schluss der Wette. So liegt ein Vermögensschaden schon dann vor, wenn die Möglichkeit des endgültigen Verlustes eines Vermögensteils zum Zeitpunkt der täuschungsbedienten Verfügung so groß ist, dass daraus eine objektive Minderung des Vermögens folgt.[10] Bei einer Manipulation wird das Risikoverhältnis für den Wettanbieter verschoben, da der Wettende seine Chancen erhört, jedoch dem Wettanbieter keine Gegenleistung gewährt. Der Wettanbieter verkauft aus seiner Sicht eine Chance für ein nicht manipuliertes Spiel, obwohl die Gewinnchancen ungleich höher sind.[11] X hatte also Vorsatz hinsichtlich eines Quotenschadens. Auch hatte er Bereicherungsabsicht und Vorsatz in Bezug auf die Rechtswidrigkeit der Bereicherung.

cc) Unmittelbares Ansetzen

17   Das unmittelbare Ansetzen nach § 22 StGB liegt vor, wenn X nach seiner Vorstellung von der Tat Handlungen ausführt, die bei ungestörtem Fortgang unmittelbar ohne weitere wesentliche Zwischenakte in die Ausführung der Tat münden sollen.[12] Hier hat er schon den Wettvertrag mit dem Wettanbieter geschlossen. Somit liegt unmittelbares Ansetzen vor.

dd) Rechtswidrigkeit und Schuld

18   Rechtswidrigkeit und Schuld liegen vor.

ee) Ergebnis

19   Somit hat sich X hier des versuchten Betruges nach §§ 263 Abs. 1, 22, 23 StGB zum Nachteil des Wettanbieters schuldig gemacht.

e) Versuchter Betrug zum Nachteil der anderen Wettteilnehmer §§ 263 Abs. 1, 22, 23 Abs. 1 StGB,

20   Durch das Abschließen des Wettvertrages könnte sich X eines versuchten Betruges gem. §§ 263 Abs. 1, 22, 23 StGB zum Nachteil der anderen Wettteilnehmer schuldig gemacht haben.

aa) Vorprüfung

21   Der Versuch des Betrugs ist strafbar nach §§ 23 Abs. 1 Var. 2, 12 Abs. 2, 263 Abs. 2 StGB. Die Tat ist nicht vollendet (vgl. o.).

bb) Tatentschluss

22   Dazu müsste X Tatentschluss gehabt haben. X wollte aber niemanden anderen als den Wettanbieter täuschen. Es ist nicht ersichtlich, dass X die Wettteilnehmer zu einer irrtumsbedingten Hingabe von Vermögenswerten – dem Wetteinsatz – bewegen wollte.

cc) Ergebnis

23   Somit hat sich X nicht nach §§ 263 Abs. 1, 22, 23 Abs. 1 StGB zu Lasten der anderen Teilnehmer strafbar gemacht.

---

[10] *Fischer*, § 263 Rn. 175 ff.; Schönke/Schröder/*Cramer/Perron*, § 263 Rn. 125 f.
[11] *Rengier*, BT I, § 13 Rn. 97 f.
[12] *Wessels/Beulke*, AT, Rn. 601.

2. Strafbarkeit des S

a) Betrug zum Nachteil des X, § 263 Abs. 1 StGB

Durch die Aussage, er würde das Spiel manipulieren, obwohl er dies gar nicht vor- **24** hatte, könnte sich S wegen Betruges nach § 263 Abs. 1 StGB zum Nachteil des X strafbar gemacht haben.

aa) Tatbestand

(1) Objektiver Tatbestand

Hier täuscht S den X ausdrücklich darüber, dass er das Fußballspiel manipulieren **25** würde, obwohl er dies in Wirklichkeit gar nicht vorhatte. Es liegt also eine Täuschung über innere Tatsachen vor.[13] X geht davon aus, dass seine Vereinbarung mit S Gültigkeit habe, somit ist auch ein Irrtum gegeben. Durch die Übergabe der 100.000 Euro liegt eine Vermögensverfügung vor.

Fraglich ist, ob ein Vermögensschaden vorliegt, also ein negativer Saldo zwischen **26** dem Wert des Vermögens vor und nach der irrtumsbedingten Vermögensverfügung des Getäuschten.[14] Eigentlich hätte X hier die Spielmanipulation als Gegenleistung für seine 100.000 Euro erhalten sollen. Ob ein Vermögensschaden vorliegt, hängt also davon ab, welcher Vermögensbegriff zugrunde gelegt wird.

Nach dem wirtschaftlichen Vermögensbegriff besteht das Vermögen aus allen geld- **27** werten Gütern einer Person, ohne Rücksicht auf deren rechtlichen Bestand.[15] Demnach hätte S hier also das Vermögen des X geschädigt.

Der juristisch-ökonomische Vermögensbegriff erfasst alle wirtschaftlichen Werte ei- **28** ner Person, die ihr unter dem Schutz der Rechtsordnung oder zumindest ohne deren Missbilligung zustehen.[16] Die Abrede zwischen X und S ist an sich nach § 138 Abs. 1 BGB nichtig, so dass auch die Gegenleistung rechtswidrig ist. Da aufgrund der Einheit der Rechtsordnung der strafrechtliche Vermögensbegriff nicht weiter zu fassen ist als der zivilrechtliche Schutz reicht, läge demnach kein Vermögensschaden vor. Dem ist allerdings entgegenzuhalten, dass auch der rechtswidrig erlangte Besitz geschützt wird, etwa durch § 861 BGB. Außerdem würde man bei einer zu engen Auffassung des Vermögensbegriffes strafrechtsfreie Räume im Bereich der Ganovenkriminalität schaffen. Zudem liegt der Schaden nicht im Ausbleiben der sittenwidrigen Gegenleistung, sondern in einer wirtschaftlich sinnlosen Ausgabe des Geldes.[17] Somit liegt ein Vermögensschaden vor.

Hinweis: Solche Fälle werden auch von den Vertretern des juristisch-ökonomischen Vermögensbe- **29** griffs nicht einheitlich behandelt. Mit entsprechender Argumentation ist hier eine andere Lösung gut vertretbar.

(2) Subjektiver Tatbestand

S hatte Vorsatz bezüglich aller objektiven Tatbestandsmerkmale. Auch die Absicht, **30** sich rechtswidrig zu bereichern, liegt vor, da der Vorteil des S unmittelbar aus dem geschädigten Vermögen des X stammt und auf der Verfügung beruhen sollte.

---

[13] Vgl. Schönke/Schröder/*Cramer/Perron*, § 263 Rn. 10.
[14] *Fischer*, § 263 Rn. 70.
[15] Vgl. *Lackner/Kühl*, § 263 Rn. 35.
[16] Vgl. *Fischer*, § 263 Rn. 98; *Rengier*, BT I, § 13 Rn. 53 ff.
[17] *Wessels/Hillenkamp*, BT 2, Rn. 565.

bb) Rechtswidrigkeit und Schuld

31   S handelte rechtswidrig und schuldhaft.

cc) Ergebnis

32   S hat sich wegen Betruges nach § 263 Abs. 1 StGB zum Nachteil des X strafbar gemacht.

b) Unterschlagung zum Nachteil des X, § 246 Abs. 1 StGB

33   Durch die Annahme des Geldes könnte sich S wegen Unterschlagung nach § 246 Abs. 1 StGB zum Nachteil des X strafbar gemacht haben.

aa) Tatbestand

34   Dazu müsste er sich oder einem Dritten eine fremde bewegliche Sache zugeeignet haben. Das Geld ist eine bewegliche Sache. Problematisch ist aber, ob es für S fremd ist. So ist eine Sache fremd, wenn sie auch im Eigentum einer anderen Person steht.[18] Die Scheine könnten S aber von X nach § 929 S. 1 BGB wirksam übereignet worden sein. Hier ist keine Fehleridentität nach § 138 Abs. 1 BGB gegeben, da der sittlich zu missbilligende Erfolg nicht in der Übereignung des Geldes lag, sondern in der Manipulation des Spiels als Gegenleistung. Es ist also nach dem Abstraktionsprinzip nur das Verpflichtungsgeschäft unwirksam, nicht jedoch das Verfügungsgeschäft. Folglich ist die Übereignung wirksam, S ist Eigentümer geworden. Die Sache ist somit für ihn nicht fremd.

bb) Ergebnis

35   Eine Strafbarkeit des S zum Nachteil des X wegen Unterschlagung kommt somit nicht in Betracht.

II. Zweiter Tatkomplex: Die Eintrittskarten

1. Strafbarkeit des Y

a) Urkundenfälschung, § 267 Abs. 1, Abs. 3 StGB

36   Y könnte sich durch Kopieren und Verkaufen der Eintrittskarten wegen Urkundenfälschung nach § 267 Abs. 1, Abs. 3 StGB strafbar gemacht haben.

aa) Tatbestand

(1) Objektiver Tatbestand

37   Dazu müsste die kopierte Eintrittskarte eine Urkunde sein. Eine Urkunde ist eine dauerhaft verkörperte Gedankenerklärung, die zum Beweis im Rechtsverkehr dient und ihren Aussteller erkennen lässt.[19]

(a) Herstellen einer unechten Urkunde

38   Y könnte hier durch das Fotokopieren die Tathandlung des Herstellens einer unechten Urkunde erfüllt haben, § 267 Abs. 1 Alt. 1 StGB.

---

[18] *Fischer*, § 242 Rn. 5.
[19] *Wessels/Hettinger*, BT 1, Rn. 790.

Fraglich ist zunächst, ob die Kopien Urkundenqualität haben. Anders als eine be- **39** glaubigte Kopie ist eine einfache Kopie lediglich die bildliche Wiedergabe der im Original verkörperten Erklärung. Sie enthält nicht die Merkmale der Urkunde, insbesondere nicht Ausstellererkennbarkeit, Beweis- oder Garantiefunktion.[20] Ausnahme hiervon sind Konstellationen, in denen der Täter eine sog. scheinbare Urkunde herstellt. Diese sind dann anzunehmen, wenn die Kopie gerade den Anschein einer Originalurkunde erwecken soll.[21] Ein Indiz dafür kann die Qualität der Urkunde sein. Y erstellt auf einem Farbkopierer Karten, die den Originalen täuschend ähnlich sehen. Außerdem will er die Kopien als Original verwenden. Es handelt sich bei den Kopien daher also um Urkunden.

Eine Urkunde ist dann unecht, wenn der Anschein erweckt wird, dass der geistige **40** Urheber der Urkunde mit dem aus der Urkunde erkennbaren Aussteller nicht übereinstimmt.[22] Geistiger Urheber ist hier Y, als Aussteller der Karten erscheint jedoch der Veranstalter des Spiels. Die Urkunde ist also unecht. Herstellen ist das Hervorbringen einer Urkunde. Y hat unechte Urkunden, nämlich die Kopien, hergestellt.

(b) Gebrauchen einer unechten Urkunde

Ferner könnte Y diese unechten Urkunden auch gebraucht haben, § 267 Abs. 1 **41** Alt. 3 StGB. Ein Gebrauchen liegt dann vor, wenn der Täter die unechte Urkunde der sinnlichen Wahrnehmung zugänglich macht; zum Beispiel durch Übergeben, Vorlegen oder Bereitstellen.[23] Y verkauft hier die Karten an Interessenten. Er hat sie also gebraucht. Da das Herstellen lediglich Vortat zum Gebrauchen darstellt, liegt eine einheitliche Tat der Urkundenfälschung vor.

(2) Subjektiver Tatbestand

Y hat Vorsatz bezüglich des objektiven Tatbestandes. Außerdem müsste er die Ab- **42** sicht haben, die Urkunde zur Täuschung im Rechtsverkehr einzusetzen. Das ist der Fall, Y will die Käufer über die Echtheit der Eintrittskarten täuschen und zum Kauf der Karten bewegen.

bb) Rechtswidrigkeit und Schuld

Rechtswidrigkeit und Schuld liegen vor. **43**

cc) Strafzumessung, § 267 Abs. 3 StGB

Des Weiteren könnte Y Regelbeispiele des § 267 Abs. 3 StGB verwirklicht haben. **44**

(1) Gewerbsmäßiges Handeln, Nr. 1

In Betracht kommt gewerbsmäßiges Handeln, § 267 Abs. 3 S. 2 Nr. 1 Alt. 1 StGB. **45** Gewerbsmäßig handelt, wer sich aus wiederholter Tatbegehung eine nicht nur vorübergehende Einnahmequelle von einigem Umfang verschaffen möchte.[24] Hier verkauft Y Karten für das Endspiel einer Fußballweltmeisterschaft, also für ein begehrtes sportliches Ereignis. Es ist von einem verhältnismäßig hohen Preis pro Karte auszuge-

---

[20] *Fischer*, § 267 Rn. 12 b; BeckOK-StGB/*Weidemann*, § 267 Rn. 15 ff.
[21] BeckOK-StGB/*Weidemann*, § 267 Rn. 15; *OLG Stuttgart* NStZ 2007, 158.
[22] *Wessels/Hettinger*, BT 1, Rn. 821.
[23] *Fischer*, § 267 Rn. 23; *Kindhäuser*, BT I, § 55 Rn. 68.
[24] *Fischer*, Vor § 52 Rn. 62; *Rengier*, BT II, § 33 Rn. 43.

hen, so dass bereits beim Verkauf von 24 Karten davon auszugehen ist, dass eine Einnahmequelle von einigem Umfang vorliegt. Es handelt sich bei dem Endspiel jedoch um ein einmaliges Ereignis, so dass eine wiederholte Tatbegehung nicht in Betracht kommt. Gewerbsmäßiges Handeln liegt somit nicht vor.

(2) Erhebliche Gefährdung des Rechtsverkehrs, Nr. 3

46   Y könnte jedoch durch eine große Zahl von unechten Urkunden den Rechtsverkehr erheblich gefährdet haben, § 267 Abs. 3 S. 2 Nr. 3 StGB. Eine große Zahl wird bei etwa 20 Urkunden angenommen.[25] Hier verkauft Y 24 unechte Karten. Durch den Verkauf wird das Vertrauen in die Echtheit von derartigen Eintrittskarten allgemein erschüttert und die Sicherheit des Rechtsverkehrs gefährdet. Somit ist das Regelbeispiel erfüllt.

47   **Hinweis:** Zu den Regelbeispielen ist eine andere Lösung bei entsprechender Begründung vertretbar. Wichtig für die Klausurbearbeitung ist nur, dass die entsprechenden Vorschriften gesehen werden.

dd) Ergebnis

48   Y hat sich wegen Urkundenfälschung in einem besonders schweren Fall nach § 267 Abs. 1 i.V.m. Abs. 3 S. 2 Nr. 3 StGB strafbar gemacht.

49   **Hinweis:** Zwar hat Y 24 Urkunden gefälscht und gebraucht, dennoch liegt hier nur eine Gesetzesverletzung durch iterative Tatbegehung vor. § 267 StGB ist ein Delikt gegen Gemeinschaftswerte, die iterative Begehung verletzt somit auch nicht die Rechtsgüter verschiedener Personen, was zu mehrfacher Gesetzesverletzung geführt hätte.

b) Betrug zum Nachteil der Käufer (außer Z), § 263 Abs. 1 StGB

50   Durch den Verkauf der gefälschten Karten könnte sich Y wegen Betrugs nach § 263 Abs. 1 StGB strafbar gemacht haben.

aa) Objektiver Tatbestand

51   Y hat den Käufern vorgespiegelt, er verkaufe Originalkarten. Durch die Täuschung hat er bei den Käufern einen Irrtum erregt. Mit der irrtumsbedingten Bezahlung der Karten nahmen die Käufer eine Vermögensverfügung vor.

52   Fraglich ist, ob auch ein Vermögensschaden vorliegt. Hier haben Y und die Käufer einen Kaufvertrag über eine Inhaberkarte (§ 807 BGB) geschlossen; Y wurde also verpflichtet, den Käufern einen Anspruch auf Zugang zum Stadion zu verschaffen. Gerade aber diese Verpflichtung wollte und konnte Y nicht einhalten. Somit liegt ein Schaden der Käufer darin, dass sein Vermögensnachteil nicht durch ein wirtschaftlich gleichwertiges Äquivalent ausgeglichen wurde. Sie erhielten eine wertlose Eintrittskarte und wurden dadurch geschädigt. Dass die Fälschung bei der Einlasskontrolle nicht erkannt wurde, spielt dabei keine Rolle.

bb) Subjektiver Tatbestand

53   Y handelte vorsätzlich und in der Absicht, sich rechtswidrig zu bereichern. Der subjektive Tatbestand ist erfüllt.

cc) Rechtswidrigkeit und Schuld

54   Y handelte rechtswidrig und schuldhaft.

---

[25] *Fischer*, § 267 Rn. 40; *Kindhäuser*, BT I, § 55 Rn. 77.

dd) Ergebnis

Y ist strafbar wegen Betrugs gemäß § 263 Abs. 1 StGB. **55**

c) Versuchter Betrug zum Nachteil des Z, §§ 263 Abs. 1, 22, 23 Abs. 1 StGB

Durch den Verkauf der gefälschten Karte an Z könnte sich Y wegen versuchten Be- **56** truges nach §§ 263 Abs. 1, 22, 23 Abs. 1 StGB strafbar gemacht haben.

aa) Vorprüfung

Der Versuch ist strafbar nach §§ 23 Abs. 1 Var. 2, 12 Abs. 2, 263 Abs. 2 StGB; die **57** Tat ist nicht vollendet, da Z nicht getäuscht wurde.

bb) Tatentschluss

Y hatte Tatentschluss, auch den Z zu täuschen, ihn zu einer irrtumsbedingten Ver- **58** mögensverfügung zu veranlassen und einen Vermögensschaden herbeizuführen. Er hatte auch die Absicht, sich rechtswidrig aus dem geschädigten Vermögen des Z zu bereichern.

cc) Unmittelbares Ansetzten

Y hat die Karten schon an Z verkauft, somit hat er auch unmittelbar angesetzt. **59**

dd) Rechtswidrigkeit und Schuld

Rechtswidrigkeit und Schuld liegen vor. **60**

ee) Ergebnis

Y hat sich wegen versuchten Betruges nach §§ 263 Abs. 1, 22, 23 Abs. 1 StGB zum **61** Nachteil des Z strafbar gemacht.

2. Strafbarkeit des Z

a) Versuchter Betrug zum Nachteil des Spielveranstalters, §§ 263 Abs. 1, 22, 23 Abs. 1 StGB

Durch die Benutzung der gefälschten Karten könnte sich Z wegen versuchten Be- **62** truges nach §§ 263 Abs. 1, 22, 23 Abs. 1 StGB strafbar gemacht haben.

aa) Vorprüfung

Y fliegt bei der Einlasskontrolle auf, die Angestellten bzw. der Veranstalter haben **63** sich also nicht über die Echtheit der Eintrittskarten geirrt. Die Tat ist demnach nicht vollendet. Der Versuch ist strafbar nach §§ 23 Abs. 1 Var. 2, 12 Abs. 2, 263 Abs. 2 StGB.

bb) Tatentschluss

Bei der Einlasskontrolle sollten die Angestellten des Spielveranstalters über die **64** Echtheit der Karten getäuscht werden. Somit liegt Vorsatz des Z bezüglich der Täuschungshandlung vor. Auch wollte Z einen Irrtum über den Aussteller der Karten bei den Angestellten hervorrufen.

65 Fraglich ist, ob hier Z Vorsatz bezüglich einer Vermögensverfügung hatte. Eine Vermögensverfügung ist jedes Tun, Dulden oder Unterlassen, das sich unmittelbar vermögensmindernd auswirkt.[26] Die Nichtgeltendmachung eines Zahlungsanspruchs des Veranstalters gegenüber Z könnte eine Vermögensverfügung darstellen. Aus Sicht des Z sollten die Angestellten des Spielveranstalters jedoch gerade davon ausgehen, Z habe seine Karte bereits bezahlt. Die Vermögensverfügung liegt vielmehr bereits im Gewähren des Zugangs zum Stadion. Somit liegt Vorsatz bezüglich einer Vermögensverfügung vor.

66 Z müsste zudem Vorsatz gehabt haben, durch diese Vermögensverfügung einen Vermögensschaden herbeizuführen. Das Spiel hätte ohnehin stattgefunden; selbst wenn Z einen Zuschauerplatz bekommen hätte, wären dem Veranstalter die gleichen Kosten entstanden. Ein Schaden läge allenfalls dann vor, wenn Z den letzten Platz im Stadion ergattert hätte und der Veranstalter einen anderen potentiellen Besucher hätte abweisen müssen, oder wenn die Karten sitzplatzgebunden sind. Dafür gibt es aber keine Anhaltspunkte. Ein Vermögensschaden kann jedoch auch im Vorenthalten der Gegenleistung liegen. Dies liegt vor, wenn bei einem Austauschverhältnis die dem Opfer zufließende Gegenleistung hinter dem Geschuldeten zurückbleibt.[27] Hier wollte der Z gerade keine Gegenleistung erbringen und dennoch Zutritt zum Endspiel erlangen. Der Veranstalter erlangt somit keine Gegenleistung. Dies stellt den Schaden dar, bezüglich dessen Z Vorsatz hatte. Auch wollte sich Z aus dem geschädigten Vermögen des Veranstalters rechtswidrig bereichern.

cc) Unmittelbares Ansetzen

67 Z wurde bei der Einlasskontrolle ertappt, er hat nach seiner Vorstellung Schritte unternommen, die unmittelbar in die Tatbestandsverwirklichung einmünden, also unmittelbar zur Tatbestandsverwirklichung angesetzt.

dd) Rechtswidrigkeit und Schuld

68 Rechtswidrigkeit und Schuld liegen vor.

ee) Ergebnis

69 Somit hat sich Z wegen versuchten Betruges nach §§ 263 Abs. 1, 22, 23 Abs. 1 StGB zum Nachteil des Spielveranstalters strafbar gemacht.

b) Versuchtes Erschleichen von Leistungen zum Nachteil des Spielveranstalters, §§ 265 a Abs. 1, 22, 23 Abs. 1 StGB

70 Durch die Benutzung der gefälschten Karten könnte sich Z wegen versuchten Erschleichens von Leistungen nach §§ 265 a Abs. 1, 22, 23 Abs. 1 StGB strafbar gemacht haben. § 265 a Abs. 1 StGB enthält jedoch eine Subsidiaritätsklausel.[28] Hier hat sich Z schon wegen versuchten Betruges nach §§ 263 Abs. 1, 22, 23 Abs. 1 StGB strafbar gemacht. Somit liegt ein Fall der Gesetzeskonkurrenz vor – § 265 a StGB wird verdrängt.

c) Urkundenfälschung, § 267 Abs. 1 StGB

71 Z könnte sich wegen Urkundenfälschung nach § 267 Abs. 1 StGB strafbar gemacht haben.

---

[26] *Fischer*, § 263 Rn. 70; *Rengier*, BT I, § 13 Rn. 23.
[27] *Fischer*, § 263 Rn. 119.
[28] *Fischer*, § 265 a, Rn. 30; *Eisele*, BT II, Rn. 681.

aa) Objektiver Tatbestand

Einschlägig könnte hier das Gebrauchen einer unechten Urkunde nach § 267 Abs. 1 **72** Var. 3 StGB sein. Die kopierte Eintrittskarte ist eine unechte Urkunde (vgl. o.). Ein Gebrauchen liegt dann vor, wenn der Täter die unechte Urkunde der sinnlichen Wahrnehmung zugänglich macht; zum Beispiel durch Übergeben, Vorlegen oder Bereitstellen.[29] Z hat bei der Kontrolle den Angestellten des Veranstalters die kopierte Eintrittskarte vorgelegt, somit liegt ein Zugänglichmachen, folglich ein Gebrauchen einer unechten Urkunde vor.

bb) Subjektiver Tatbestand

Z wusste, dass die Urkunde unecht ist. Fraglich ist, ob er auch Absicht hatte, die **73** Urkunde zur Täuschung im Rechtsverkehr zu gebrauchen. Gegenstand dieser Täuschung muss eine Tatsache sein, die im Rechtsverkehr erheblich ist.[30] Z handelte in der Absicht, die Angestellten des Veranstalters über die Echtheit der Eintrittskarte zu täuschen, um Zugang zum Spiel zu erhalten. Bei Inhaberkarten (vgl. § 807 BGB) besteht zunächst ein Vorvertrag, der eigentliche Vertrag kommt erst bei Einlass zu Stande; somit liegt in der Vorlage der kopierten Eintrittskarte ein rechtserhebliches Verhalten. Z hatte auch Täuschungsabsicht; dass die Täuschung keinen Erfolg hatte, ist unbeachtlich.

cc) Rechtswidrigkeit und Schuld

Rechtswidrigkeit und Schuld liegen vor. **74**

dd) Ergebnis

Z hat sich wegen Urkundenfälschung nach § 267 Abs. 1 Var. 3 StGB strafbar gemacht. **75**

III. Dritter Tatkomplex: Das Ausdauermittel

1. Strafbarkeit des T

a) Gefährliche Körperverletzung zum Nachteil des A1, §§ 223 Abs. 1, 224 Abs. 1 StGB

Durch das Verabreichen des Mittels könnte sich T wegen gefährlicher Körperverlet- **76** zung, §§ 223 Abs. 1, 224 Abs. 1 StGB, zum Nachteil des A1 strafbar gemacht haben.

aa) Tatbestand

(1) Objektiver Tatbestand

(a) Objektiver Tatbestand des Grunddelikts, § 223 Abs. 1 StGB

Zunächst müsste eine Körperverletzung nach § 223 Abs. 1 StGB vorliegen. Dafür **77** müsste T eine Person körperlich misshandelt oder an der Gesundheit geschädigt haben. Eine körperliche Misshandlung nach § 223 Abs. 1 Alt. 1 StGB liegt vor, wenn das körperliche Wohlbefinden nicht nur unerheblich beeinträchtigt wird,[31] wofür es hier keine Anhaltspunkte gibt.

---

[29] *Fischer*, § 267, Rn. 23; *Kindhäuser*, BT I, § 55 Rn. 68.
[30] Schönke/Schröder/*Cramer/Heine*, § 267 Rn. 87 a.
[31] *Fischer*, § 223 Rn. 3 a; Schönke/Schröder/*Eser*, § 223 Rn. 3.

78   Jedoch könnte hier eine Gesundheitsschädigung nach § 223 Abs. 1 Alt. 2 StGB vorliegen. Diese liegt vor, wenn ein pathologischer Zustand hervorgerufen oder gesteigert wurde.[32] A1 hat keinen Kreislaufzusammenbruch erlitten, das Mittel führte sogar zu einer Leistungssteigerung. Jedoch liegt auch darin eine Abweichung vom körperlichen Normalzustand, so dass ein pathologischer Zustand gegeben ist. Das Mittel wurde auch nicht zu Heilzwecken erfolgt, so dass eine Gesundheitsschädigung jedenfalls vorliegt.

79   **Hinweis:** Ähnlich gelagert sind ärztliche Heileingriffe, bei denen nach h.M. ebenfalls eine tatbestandliche Körperverletzung gegeben ist, vgl. dazu Fall 10 („Der eifrige Zahnarzt").

(b) Objektiver Tatbestand der Qualifikation, § 224 Abs. 1 StGB

80   Auch könnte T hier eine Qualifikation des § 224 Abs. 1 StGB erfüllt haben. Das Mittel könnte ein Gift oder einen anderen gesundheitsschädlichen Stoff im Sinne des § 224 Abs. 1 Nr. 1 StGB darstellen. Gift ist jeder Stoff, der unter bestimmten Bedingungen durch chemische oder chemisch-physikalische Wirkung nach Art und eingesetzter Menge generell geeignet ist, ersthafte gesundheitliche Schäden zu verursachen.[33] Das Dopingmittel wirkt chemisch und führt in einem von zehn Fällen zu einem Kreislaufzusammenbruch. Ein solcher Fall kann auch einen ernsthaften gesundheitlichen Schaden darstellen. Das Mittel ist also Gift im Sinne des § 224 Abs. 1 Nr. 1 Var. 1 StGB.

(2) Subjektiver Tatbestand

81   T handelte mit Wissen und Wollen bezüglich des Grunddelikts und der Qualifikation.

bb) Rechtswidrigkeit

82   Eine Einwilligung des A1 ist nicht ersichtlich, da T ohne Wissen des A1 handelte. Somit liegt auch die Rechtswidrigkeit vor.

cc) Schuld

83   T handelte schuldhaft.

dd) Ergebnis

84   T hat sich wegen gefährlicher Körperverletzung nach §§ 223 Abs. 1, 224 Abs. 1 Nr. 1 Var. 1 StGB zum Nachteil des A1 strafbar gemacht.

b) Betrug zum Nachteil der Zuschauer, § 263 Abs. 1 StGB

85   T könnte sich, indem er die Spieler aufgestellt und damit konkludent vorgetäuscht hat, die Spieler seien frei von Dopingmitteln, wegen Betrugs nach § 263 Abs. 1 StGB strafbar gemacht haben. Zwar kann noch davon ausgegangen werden, dass die Zuschauer die Eintrittsgelder im irrtümlichen Glauben an ein faires, den Wettkampfregeln entsprechendes Spiel gezahlt haben und dies zu einem Schaden geführt hat. Die Bereicherung des T wäre jedoch nicht „stoffgleich", da keine Hinweise auf eine finanzielle Beteiligung an den Eintrittsgeldern vorliegen.

---

[32] *Fischer*, § 223 Rn. 6; Schönke/Schröder/*Eser*, § 223 Rn. 5.
[33] *Fischer*, § 224 Rn. 3.

c) Betrug zum Nachteil der B-Mannschaft, § 263 Abs. 1 StGB

Ein Betrug zu Lasten der Mitkonkurrenten muss mangels Vermögensschadens ver- **86** neint werden. Ein Unterlassen, etwa die Nichtgeltendmachung der Spielanfechtung durch die B-Mannschaft, führt bei dieser nicht unmittelbar zu einem Vermögensverlust, es wird lediglich die Chancen auf eine eventuelle Gewinnprämie verringert. Darüber hinaus müsste Stoffgleichheit verneint werden, da die Bereicherung auf der Auszahlung durch den Veranstalter, nicht hingegen auf der Verfügung der B-Mannschaft beruhen würde.

2. Strafbarkeit des A2

a) Versuchte Erpressung zum Nachteil des T, §§ 253 Abs. 1, 22, 23 Abs. 1 StGB

A2 könnte sich durch das Gespräch mit T wegen versuchter Erpressung nach §§ 253 **87** Abs. 1, 22, 23 Abs. 1 StGB zum Nachteil des T strafbar gemacht haben.

aa) Vorprüfung

Die Tat ist nicht vollendet, da sich T auf die Drohung des A2 nicht eingelassen hat **88** und das Mittel nicht verabreichte. Der Versuch der Erpressung ist nach §§ 23 Abs. 1 Var. 2, 12 Abs. 2, 253 Abs. 3 StGB strafbar.

bb) Tatentschluss

Es müsste Vorsatz bezüglich der Nötigungshandlung, also bezüglich Gewalt oder **89** einer Drohung mit einem empfindlichen Übel gegeben sein. Eine Drohung mit einem empfindlichen Übel liegt hier in dem angekündigten „Skandal", also dem Bekanntmachen des Dopings. Vorsatz bezüglich der Drohung mit einem empfindlichen Übel liegt demnach vor.

Des Weiteren müsste Vorsatz bezüglich des Nötigungserfolgs bestehen. A2 wollte, **90** dass T auch ihm das Mittel verabreicht. Vorsatz bezüglich des Nötigungserfolgs liegt vor. Auch ist Vorsatz bezüglich der Vermögensverfügung und des Vermögensnachteils durch die Verabreichung des vermögenswerten Mittels ohne entsprechende Bezahlung gegeben.

Die Bereicherungsabsicht muss vorliegen. Problematisch ist hier die Stoffgleichheit **91** zwischen Vermögensvorteil des Täters und Vermögensschaden des Opfers. Der Vorteil muss unmittelbare Folge der Vermögensverfügung sein, die einen Schaden des Opfers herbeiführt.[34] Ziel des A2 ist zwar primär, gut dotierte Werbeverträge abzuschließen, er erstrebt jedoch auch die Bereicherung um das Dopingmittel. Der Vermögensnachteil des T ist daher notwendiges Zwischenziel. Bereicherungsabsicht liegt vor.

cc) Unmittelbares Ansetzen

A2 hat unmittelbar zur Tatbestandsverwirklichung angesetzt, da er das Dopingmit- **92** tel bereits unter Androhung eines Skandals von T verlangt hat.

dd) Rechtswidrigkeit und Schuld

Rechtfertigungsgründe sind nicht ersichtlich. Nach § 253 Abs. 2 StGB muss die Tat **93** aber auch verwerflich sein. Dies wäre problematisch, wenn die Drohung in einem rechtlich erlaubten Verhalten, zum Beispiel im berechtigten Stellen einer Strafanzeige,

---

[34] *Fischer*, § 263 Rn. 187; *Eisele*, BT II, Rn. 599.

liegen würde. A2 droht aber mit der Erregung eines Skandals, es geht ihm also primär um die öffentliche Bekanntmachung. Zwischen der Drohung mit einem Skandal und dem Zweck der eigenen Leistungssteigerung besteht kein innerer Zusammenhang. Es handelt sich um eine rein willkürliche Verknüpfung, so dass die Erpressung auch verwerflich war.[35] Die Tat war rechtswidrig und schuldhaft.

ee) Ergebnis

94 Somit hat sich A2 wegen versuchter Erpressung nach §§ 253 Abs. 1, 22, 23 Abs. 1 StGB zum Nachteil des T strafbar gemacht.

b) Versuchte Nötigung zum Nachteil des T, §§ 240 Abs. 1, 22, 23 Abs. 1 StGB

95 A2 hat sich auch wegen versuchter Nötigung nach §§ 240 Abs. 1, 22, 23 Abs. 1 StGB zum Nachteil des T strafbar gemacht. Diese tritt jedoch hinter der versuchten Erpressung zurück.

IV. Vierter Tatkomplex: Das Spiel

1. Strafbarkeit des A1

a) Körperverletzung zum Nachteil des B1, § 223 Abs. 1 StGB

96 A1 könnte sich durch das Foul wegen Körperverletzung nach § 223 Abs. 1 StGB zum Nachteil des B1 strafbar gemacht haben.

aa) Tatbestand

(1) Objektiver Tatbestand

97 Bei Sportverletzungen wird diskutiert, ob die Tatbestandsmäßigkeit des § 223 StGB überhaupt gegeben ist.[36] Handelt es sich um eine sozialübliche Verletzung, liegt eine Risiko-Einwilligung vor, die bereits den Tatbestand ausschließt.[37] A1 foult B1 so hart, dass er zu Boden geht. Somit kann man hier schon von einer mittelschweren Missachtung der Spielregeln sprechen, ein Tatbestandsausschluss auf Grund einer sozialüblichen Verletzung kommt nicht in Frage. Eine körperliche Misshandlung liegt durch das Foul vor. Ob auch die Gesundheit des B1 verletzt wurde, geht aus dem Sachverhalt nicht hervor. Der objektive Tatbestand ist gegeben.

(2) Subjektiver Tatbestand

98 A1 wollte den B1 hier foulen und zu Boden strecken, somit ist Vorsatz gegeben.

bb) Rechtswidrigkeit

99 A1 könnte durch eine Einwilligung des B1 in die Körperverletzung gerechtfertigt sein. Die Einwilligung ist eine bewusste vorherige Erklärung der Zustimmung zu dem tatbestandsmäßigen Verhalten einer bestimmten Person.[38] Bei einem Fußballspiel ist davon auszugehen, dass es zu fahrlässigen Verletzungen kommen kann. Jedoch ist be-

---

[35] Vgl. Schönke/Schröder/*Eser*, § 240 Rn. 23.
[36] LK/*Hirsch*, § 228 Rn. 12.
[37] *Fischer*, § 228 Rn. 22; LK/*Hirsch*, § 228 Rn. 12; a.A. BGHSt 4, 88, 92; NK/*Paeffgen*, § 228 Rn. 109; Schönke/Schröder/*Stree*, § 228 Rn. 16, wonach nur die Rechtswidrigkeit ausgeschlossen ist.
[38] *Fischer*, § 228 Rn. 5; *Frister*, AT, § 15 Rn. 7.

wusst regelwidriges Verhalten nicht mehr von einer Einwilligung gedeckt.[39] Ein derart hartes Foul, wie es von A1 begangen wurde, kann nicht mehr als sozialadäquates Verhalten angesehen werden. B1 hat nicht in die Körperverletzung eingewilligt, A1 handelte damit rechtswidrig.

cc) Schuld

Er handelte auch schuldhaft. 100

dd) Ergebnis

A1 hat sich durch das Foul wegen Körperverletzung nach § 223 Abs. 1 StGB zum 101 Nachteil des B1 strafbar gemacht.

b) Gefährliche Körperverletzung zum Nachteil des B1, §§ 223 Abs. 1, 224 Abs. 1 StGB

A1 könnte sich durch das Foul wegen gefährlicher Körperverletzung nach § 224 102 Abs. 1 StGB zum Nachteil des B1 strafbar gemacht haben.

aa) Tatbestand

Das Grunddelikt des § 223 Abs. 1 StGB liegt vor (s.o.). A1 könnte die Körperver- 103 letzung mittels eines gefährlichen Werkzeugs im Sinne des § 224 Abs. 1 Nr. 2 Alt. 2 StGB begangen haben. Ein gefährliches Werkzeug ist jeder bewegliche Gegenstand, der nach seiner objektiven Beschaffenheit und seiner konkreten Verwendung im Einzelfall dazu geeignet ist, erhebliche Körperverletzungen zuzufügen.[40] Einem Schuh kann unter bestimmten Voraussetzungen die Qualität eines gefährlichen Werkzeugs zukommen.[41] Hier fehlen jedoch genauere Angaben über die konkrete Ausgestaltung des Fouls, so dass zu Gunsten des A1 davon auszugehen ist, dass die Körperverletzung nicht mittels eines gefährlichen Werkzeugs begangen wurde.

bb) Ergebnis

A1 hat sich nicht nach § 224 Abs. 1 StGB strafbar gemacht. 104

2. Strafbarkeit des A2

a) Körperverletzung in Mittäterschaft zum Nachteil des B1 §§ 223 Abs. 1, 25 Abs. 2 StGB

A2 könnte sich durch das Foul des A1 wegen Körperverletzung in Mittäterschaft 105 nach §§ 223 Abs. 1, 25 Abs. 2 StGB zum Nachteil des B1 strafbar gemacht haben. A2 war selbst an der Tatausführung des A1, dem Foul, nicht direkt beteiligt. Ihm könnte jedoch die Tat zugerechnet werden, wenn er Mittäter war.

Zunächst müsste ein gemeinsamer Tatplan gegeben sein. A2 rief dem A1 zu, sie sol- 106 len sich B1 einmal „vornehmen". Er wollte also gemeinsam mit A1, gerade durch ihr Zusammenwirken, die Körperverletzung begehen. Auch hatte A2 die Vorstellung, den Plan zusammen mit A1 auszuführen. A1 hat A2 jedoch nicht gehört, so dass kein gemeinsamer Tatplan vorliegt. A2 hat sich demnach nicht wegen einer mittäterschaftlichen Körperverletzung nach §§ 223 Abs. 1, 25 Abs. 2 StGB strafbar gemacht.

---

[39] *Fischer*, § 228 Rn. 22.
[40] *Fischer*, § 224, Rn. 9.
[41] Vgl. *BGH* NStZ 1999, 616; 2003, 662; *Hettinger*, JuS 1982, 895.

b) Versuch einer in Mittäterschaft begangenen gefährlichen Körperverletzung zum Nachteil des B1, §§ 223 Abs. 1, 224 Abs. 1, 22, 23 Abs. 1, 25 Abs. 2 StGB

107   Durch das Zurufen und Losstürmen könnte sich A2 wegen des Versuchs einer in Mittäterschaft begangenen gefährlichen Körperverletzung gem. §§ 223 Abs. 1, 224 Abs. 1, 22, 23 Abs. 1, 25 Abs. 2 StGB zum Nachteil des B1 strafbar gemacht haben.

aa) Vorprüfung

108   Eine vollendete mittäterschaftliche Körperverletzung liegt nicht vor. Der Versuch ist nach §§ 23 Abs. 1 Var. 2, 12 Abs. 2, 224 Abs. 2 StGB strafbar.

bb) Tatentschluss

109   A2 müsste Vorsatz bezüglich der mittäterschaftlichen Körperverletzung gehabt haben. A2 wollte B1 zusammen mit A1 regelwidrig foulen, also körperlich misshandeln. Außerdem hatte A2 die Absicht, das Foul in Zusammenarbeit mit A1 zu begehen, sodass das Merkmal „mit einem anderen Beteiligten gemeinschaftlich" im Sinne des § 224 Abs. 1 Nr. 4 StGB in den Vorsatz mit aufgenommen wurde.

cc) Unmittelbares Ansetzen

110   Fraglich ist aber, ob A2 nach seiner Vorstellung unmittelbar zur Tatbestandsverwirklichung angesetzt hat, § 22 StGB. Zunächst rief A2 dem A1 zu und lief los, dadurch ist jedoch noch keine Gefährdung des B1 eingetreten. Das unmittelbare Ansetzen könnte jedoch im Foul selbst zu sehen sein. Allerdings foulte nicht A2, sondern A1. Fraglich ist daher, ob man die Handlung des A1 dem A2 zurechnen kann. Nach der Gesamtlösung ist dies möglich. So wird schon die Schwelle zum Versuch für alle Mittäter überschritten, wenn einer von ihnen zur Verwirklichung des Tatbestandes ansetzt.[42] Hier hat A1 den Tatbestand der Körperverletzung sogar verwirklicht.

111   Problematisch ist jedoch, dass A1 überhaupt keine Kenntnis von den Absichten des A2 hat.[43] Der BGH leitet aus den Grundsätzen des untauglichen Versuchs ein unmittelbares Ansetzen her. So sei nach § 22 StGB allein die subjektive Vorstellung des Täters für das unmittelbare Ansetzen entscheidend.[44] Wenn nach Meinung des Täters ein Mittäter angesetzt hat, liege auch ein unmittelbares Ansetzen des Täters vor. Bezeichnend für den untauglichen Versuch sei gerade, dass die Handlung nicht zum Erfolg führen kann.[45]

112   Dieser Auffassung wird jedoch entgegengehalten, dass auch für einen untauglichen Versuch die Schwelle zum Versuchsbeginn objektiv überschritten werden müsse. Eine Zurechnung sei nur möglich, wenn ein gemeinsamer Tatplan vorliege.[46] Ein gemeinsamer Tatplan zwischen A1 und A2 ist aber gerade nicht gegeben (s.o.). Mangels unmittelbaren Ansetzens käme nach dieser Meinung daher nur eine Alleintäterschaft in Betracht. Diese Auffassung ist vorzuziehen. Der bloße Glaube an das Bestehen eines gemeinsamen Tatplans, ist noch nicht rechtlich zu missbilligen. Somit hat A2 nicht unmittelbar zur Tatausführung angesetzt.

113   **Hinweis:** Es ist hier natürlich ebenso gut möglich, der ersten Auffassung zu folgen.

---

[42] *Wessels/Beulke*, AT, Rn. 611.
[43] Vgl. *Beulke*, Klausurenkurs II, Rn. 240; *Kühl*, AT, § 20 Rn. 123 a; *Wessels/Beulke*, AT, Rn. 612.
[44] *BGH* NJW 1995, 142; *Küpper/Mosbacher*, JuS 1995, 488, 491.
[45] Mittlerweile hat der BGH diese Auffassung etwas eingeschränkt, vgl. *BGH* NStZ 2004, 110; *Krack*, NStZ 2004, 697.
[46] *Kühl*, AT, § 20 Rn. 123 a; *Küpper/Mosbacher*, JuS 1995, 488; *Wessels/Beulke*, AT, Rn. 612; *Zieschang*, AT, S. 130.

dd) Ergebnis

A2 hat sich demnach nicht wegen einer versuchten gefährlichen Körperverletzung in **114** Mittäterschaft nach §§ 223 Abs. 1, 224 Abs. 1, 22, 23 Abs. 1, 25 Abs. 2 StGB zum Nachteil des B1 strafbar gemacht.

c) Anstiftung zu einer Körperverletzung zum Nachteil des B1, §§ 223 Abs. 1, 26 StGB

Durch das Zurufen und Losstürmen könnte sich A2 wegen Anstiftung des A1 zu **115** einer Körperverletzung nach §§ 223 Abs. 1, 26 StGB strafbar gemacht haben.

aa) Objektiver Tatbestand

(1) Vorsätzliche rechtswidrige Haupttat

Eine vorsätzliche rechtswidrige Haupttat ist in der Körperverletzung des A1 zu se- **116** hen.

(2) Anstiftungshandlung (Bestimmen, § 26 StGB)

A2 müsste bei A1 den Tatentschluss hervorgerufen haben. Hier rief zwar der A2 **117** dem A1 zu, sie sollten sich den B1 einmal vornehmen, jedoch hört A1 den A2 nicht. Somit wurde kein Tatentschluss bei A2 hervorgerufen.

bb) Ergebnis

Eine Strafbarkeit nach §§ 223 Abs. 1, 26 StGB kommt somit nicht in Betracht. **118**

d) Versuchte Anstiftung zu einer Körperverletzung zum Nachteil des B1, §§ 223 Abs. 1, 30 Abs. 1 StGB

A2 könnte sich aber durch das Zurufen und Losstürmen wegen versuchter Anstif- **119** tung des A1 zu einer Körperverletzung nach §§ 223 Abs. 1, 30 Abs. 1 StGB strafbar gemacht haben.

Die Anstiftung darf nicht vollendet sein. Wie soeben gezeigt liegt kein Bestimmen **120** im Sinne des § 26 StGB vor. Somit ist die Anstiftung nicht vollendet. Die Anstiftung zu einer Tat ist jedoch nur strafbar, wenn es sich um die versuchte Anstiftung zu einem Verbrechen handelt. Eine Körperverletzung nach § 223 StGB ist aber nur ein Vergehen, §§ 12 Abs. 1, 223 Abs. 1 StGB. A2 hat sich nicht wegen §§ 223 Abs. 1, 30 Abs. 1 StGB strafbar gemacht.

V. Fünfter Tatkomplex: Schlachtrufe von der Tribüne – Strafbarkeit des W

1. Üble Nachrede, § 186 StGB

Durch den Ausruf „Mannschaft B – Versagertruppe" könnte sich W wegen Übler **121** Nachrede nach § 186 StGB strafbar gemacht haben.

a) Tatbestand

Fraglich ist hier zunächst die Beleidigungsfähigkeit der Spieler der B-Mannschaft. **122** Mehrere Einzelpersonen können als Angehörige einer Personenmehrheit unter einer Kollektivbezeichnung beleidigt werden.[47] Dafür muss aber diese Personenmehrheit

---

[47] *Fischer*, Vor §§ 185–200 Rn. 9.

zahlenmäßig überschaubar und auf Grund bestimmter Merkmale so umgrenzt sein, dass sie deutlich aus der Allgemeinheit hervortritt.[48] Hier sind die Spieler als Zugehörige der B-Mannschaft klar von der Allgemeinheit abgegrenzt und zudem zahlenmäßig überschaubar. Somit liegt die Beleidigungsfähigkeit vor.

123   Gegenstand der Tat müsste eine Tatsachenbehauptung sein. Tatsachen sind äußere Geschehnisse und Zustände, die überprüfbar sind. Die B-Mannschaft hat das Fußballspiel verloren, so dass eine Nachprüfbarkeit nicht von vornherein ausgeschlossen erscheint. Bei der Abgrenzung von Tatsachenaussage und Werturteil kommt es jedoch auf den Schwerpunkt an. Der Ausruf „Mannschaft B – Versagertruppe" stellt eher die Kundgabe eines Meinens und Wertens dar und ist somit als Werturteil zu sehen. Somit liegt keine Tatsachenaussage vor. Der Tatbestand ist nicht gegeben.

b) Ergebnis

124   Somit hat sich W nicht nach § 186 StGB strafbar gemacht.

2. Beleidigung, § 185 StGB

125   Durch den Ausruf „Mannschaft B – Versagertruppe" könnte sich W aber wegen Beleidigung nach § 185 StGB strafbar gemacht haben.

a) Tatbestand

126   Die Beleidigungsfähigkeit der B-Mannschaft liegt vor, der Schlachtruf ist ein Werturteil (s. o.). Fraglich ist, ob das Werturteil ehrverletzend ist. Für die Beurteilung müssen die Umstände der Kundgabe im konkreten Einzelfall Berücksichtigung finden. So kommt es unter anderem auf die örtlichen und zeitlichen Verhältnisse, die Gewohnheiten und Gebräuche, die Persönlichkeit des Akteurs und die gesellschaftliche Ebene an.[49] Hier stammt die Aussage von einem Zuseher eines emotionsgeladenen Fußballspiels, dessen Mannschaft gerade dabei ist, das Spiel um die Weltmeisterschaft zu gewinnen. Der Schlachtruf ist daher als sozialadäquat einzustufen und nach den Gesamtumständen nicht geeignet, den sozialen Achtungsanspruch der Spieler zu verletzen. Er war also nicht ehrverletzend.

b) Ergebnis

127   W hat sich nicht nach § 185 StGB strafbar gemacht.

VI. Gesamtergebnis

128   Im ersten Tatkomplex haben sich X nach §§ 263 Abs. 1, 22, 23 Abs. 1 StGB zum Nachteil des Wettanbieters und S nach § 263 Abs. 1 StGB zum Nachteil des X strafbar gemacht.

Im zweiten Tatkomplex hat sich Y nach § 267 Abs. 1 i. V. m. Abs. 3 S. 2 Nr. 3 StGB in Tateinheit mit § 263 Abs. 1 StGB zum Nachteil der Käufer, §§ 263 Abs. 1, 22, 23 Abs. 1 StGB zum Nachteil des Z strafbar gemacht. Z hat sich nach §§ 263 Abs. 1, 22, 23 Abs. 1 StGB zum Nachteil des Veranstalters und nach § 267 Abs. 1 Var. 3 StGB in Tateinheit (§ 52 StGB) strafbar gemacht.

---

[48] *Wessels/Hettinger*, BT 1, Rn. 473.
[49] LK/*Hilgendorf*, § 185 Rn. 14 ff., 21; *Wessels/Hettinger*, BT 1, Rn. 509 f.

Im dritten Tatkomplex hat sich T nach §§ 223 Abs. 1, 224 Abs. 1 Nr. 1 StGB zum Nachteil des A1 strafbar gemacht. A2 hat sich nach §§ 253, 22, 23 StGB zum Nachteil des T strafbar gemacht.

Im vierten Tatkomplex hat sich A1 nach § 223 Abs. 1 StGB zum Nachteil des B1 strafbar gemacht, A2 ist straflos.

Im fünften Tatkomplex ist W straflos.

Fallbeurteilung

Der Fall hat den Schwierigkeitsgrad einer schwierigeren Hausarbeit in der Übung für Fortgeschrittene.

Im ersten Tatkomplex sollte der Bearbeiter gute Kenntnisse im Bereich der Vermögensdelikte zeigen. So sollte die Figur des Eingehungsbetruges und des Quotenschadens bekannt sein. Eine klare Abgrenzung, ob ein Betrug zum Nachteil des Wettanbieters durch Unterlassen oder durch konkludente Täuschung vorliegt, fällt bei der Bearbeitung positiv ins Gewicht.

Der zweite Tatkomplex befasst sich mit Urkundsdelikten. Positiv ist zu bewerten, wenn ein Bearbeiter zwischen den verschiedenen Tathandlungen des § 267 StGB korrekt differenziert. Die Urkundsqualität einer Kopie ist ein Standardproblem. Zusatzwissen zu den Regelbeispielen des § 267 Abs. 3 StGB rundet diesen Teil ab. Des Weiteren sollten im Rahmen des versuchten Betruges zum Nachteil des Z der Vermögensschaden, sowie im Rahmen des versuchten Betruges zum Nachteil des Veranstalters die Vermögensverfügung und der Vermögensschaden problematisiert werden.

Beim dritten Tatkomplex geht es zum einen um gefährliche Körperverletzung, zum anderen um Erpressung zum Nachteil des T. Für die Rechtswidrigkeit der Drohung im Rahmen der Erpressung ist der korrekte Anknüpfungspunkt, hier die Bekanntmachung des Skandals, entscheidend.

Der vierte Tatkomplex behandelt Probleme des allgemeinen Teils, insbesondere Einwilligung, Mittäterschaft (§ 25 StGB) und das Problem der nur vermeintlichen Mittäterschaft.

Im letzten Tatkomplex wird vom Bearbeiter Grundwissen zu Ehrdelikten (§§ 185, 186 StGB) erwartet. Er sollte zwischen Tatsachenaussagen und Werturteilen abgrenzen können und die Figur der Beleidigung unter einer Kollektivbezeichnung kennen.

Weiterführende Hinweise: *OLG Stuttgart* NJW 2006, 2869–2870 (Falschparken mit fotokopiertem Schwerbehinderten- und Sonderparkausweis).
Jahn/Maier, Die Anwendung und Interpretation des mysteriösen § 228 StGB, JA 2009, 421–425; *Jahn/Maier,* Der Fall Hoyzer. Grenzen der Normativierung des Betrugstatbestandes, JuS 2007, 215–219; *Küpper/Mosbacher,* Untauglicher Versuch bei Mittäterschaft (zu *BGH* NJW 1995, 142), JuS 1995, 488–492; *Radtke,* Sportwettenbetrug und Quotenschaden, Jura 2007, 445–451; *Saliger/Rönnau/Kirch-Heim,* Täuschung und Vermögensschaden beim Sportwettenbetrug durch Spielteilnehmer. Fall „Hoyzer", NStZ 2007, 361–368; *Schlösser,* Der „Bundesliga-Wettskandal". Aspekte einer strafrechtlichen Bewertung, NStZ 2005, 423–429; *Valerius,* Schneller, höher, reicher? Strafbarkeit von Wettbetrugsfällen im Sport, SpuRt 2005, 90–93.

Sachverzeichnis

Die **fett** gesetzten Zahlen verweisen auf die Fallnummern des Buches,
die mageren auf deren Randnummern.